프랑스에서 만난
공간, 그 감각의 생

장계현

프랑스에서 만난
공간, 그 감각의 생

초판 1쇄 발행: 2020년 7월 1일
지 은 이: 장계현
펴 낸 이: 양태철
펴 낸 곳: 현대시문학

등록번호: 1999. 6. 11 제13-619호
주   소: 서울 서대문구 연희로 18안길1, 201호
전자우편: ahju@daum.net 010-9892-6115

ⓒ 장계현 2020 Printed in Seoul, Korea

ISBN 979-11-90742-63-4

이 책 판권은 지은이와 현대시문학에 있습니다.
양측의 서면 동의 없는 무단 전제 및 복제를 금합니다.

프랑스에서 만난
공간, 그 감각의 생

장계현

나의 오빠에게

프롤로그

한국이 나의 최초의 삶의 공간이라면, 프랑스는 나의 정신적 삶의 공간이리라. 먼 동양에서의 나의 이국 취향을 부추긴 자는 다름 아닌 보들레르였고, 그리하여 나의 이국 취향의 욕망의 극이 결국 나의 태생적 삶의 공간을 탈출케 했던 것. 하지만 그의 삶의 공간인 파리를 나의 유목 속 정박의 공간으로 선택했다면, 이 먼 나라에서 다시 돌아와 영원한 정박의 생을 열게 된 나의 태생적 삶의 공간에서 행복한 변증법적 생을 난 열어내지 못했을는지도 모른다. 다시 말해 나의 생의 지평선은 책 속에서 보여준 지평선이나 그림에서 말하는 지평선, 즉 타인이 제시한 지평선을 넘어보는 일 없이 그 선만을 사는 일에 머무르는 인식의 지평선을 긋고만 난 돌아왔으리라. 즉 어쩌면 상아탑에서만 열리는 지평선, 그 탑 너머에서는 열릴 줄 모르는 지평선, 결국 그 탑 안에서의 지평선을 만나는 법 밖엔 모른 채 나의 최초의 삶의 공간으로 돌아왔으리라. 그리하여 내 조국의 신비한 삶의 공간에서 삶의 감각을 닫은 채, 책 속 추상의 지평선만을 사는 슬픈 추상적 생을 살게 되었을는지도 모른다. 요컨대 프랑스의 공간 중 그르노블을 나의 유목 생의 정박의 공간으로 두지 않았더라면, 산을 담고 있어 특별한 이 공간을 경이를 가르쳐 준 존재로서 만나지 않았더라면, 나의 생 속에서 감각은 오로지 주어진 감각의 선을 따라 그 너머를 알 일 없는 듯 고요히 그 안에 머무르는 일에 만족했을는지도 모른다. 이는 다름 아닌 그르노블의 산과 거리 그리고 이들과 함께 하는 '순수한 문명'-참으로 이들의 역설적인 공존이 나로 하여금 그렇게 명명하도록 하기에- 의 총체가 나도 모르게 나의 감각을 최초로 여는 일을 용감히 이끌어내게 하였고, 이로써 책이나 그림 속의 지평선, 그곳에서 가리키는 지평선을 만나는 일을 넘어, 그로부터 걸어 나와 세상이라는 총체적 텍스트 속에서 나의 고유한 지평선을 그리게 하는 경이를 낳게 하였던 것이니.

그리하여 파리가 아닌, 즉 속도와 분류적인 문명과 유용성의 공간이 아닌, 산과 함께 신선한 호흡을 열어냄으로써 여유와 순수한 문명의 빛깔과 그로 인한 무용성의 미소를 담고 있는 공간 그르노블, 그가 아니었다면, 나의 감각은 자신도 모르게 서서히 열리는 법을, 그리고 서서히 열린 감각이 모호함의 지대를 거치며 자신의 고유한 감각을 열어내는 법을 영원히 몰랐을는지도 모른다. 즉 감각이 기존의 눈을 잃는 일, 감각이 모호한 지대로 들어가는 일 그리고 이 모호한 지대를 통과한 후 감각이 자신만의 눈, 고유한 눈을 갖게 되는 일을 난 결코 알지 못했을는지도 모른다. 이것이 바로 보들레르가 최초로 제시한 '환기'로 가는 일이요, 이는 또 내면 속의 무의식을 거쳐 결국엔 사물 속 무의식, "사물-감성"으로 가는 길인 것을, 그리고 바로 이러한 감각의 길이 프랑스 현대시의 진정한 정점으로 난 길, '경이'로 난 길을 걷게 된다는 것을, 그르노블이라는 특별한 공간이 아니었다면 난 단지 추상적 지식으로만 만나고 돌아왔을는지도 모른다. 그리하여 책 밖의 지평선에서 오히려 감각이 열리게 된다는 것을, 그리고 무엇보다 이 공간의 특별한 힘, 원초와 폐허라 불리게 될 존재들의 힘이 나의 감각에 분명함이 아닌 모호함을 부여하여, 그로부터 감각, 그가 천천히 몽상을 달고 지상의 지평선을 넘어가게 된다는 것을 난 결코 만나지 못했을는지 모른다. 또한 이로부터 몽상 속 나의 감각이 웅얼웅얼 거리는 언어로 도달하게 될 나의 지평선, 나의 생의 지평선, 결국 나의 감각 생의 지평선을 만나는 일을 난 결코 갖지 못했을는지도 모른다.

그리하여 나의 엑조티시즘이 부른 먼 나라, 프랑스에서 나의 최초의 정박의 공간이었던 그르노블, 그 곳 까페 공간은 최초의 방문을 연한 동양인에게 '생은 고행이기보다는 유희일 수 있다'는 참으로 놀라운 생의 방식을 예고해 주었거늘(I 부: <까페, 감각과 몽상의 스승>), 이제 긴 정박을 풀어 놓은 자에게 생은 이러한 새로운 감성의 열림이 낳게 할 '일상에서 경이를 끌어내는 일'이라는, 첫 번째 전언보다 더 감동적인 생의 방식을 전해 주게 되었던 것이다. 그리고 이러한 경이가 다름 아닌 프랑스 현대시가 궁극적으로 지향하는 몸짓이라는 것을 난 나중에 알게 되었으니, 그르노블 공간은 진정 그곳에서의 생 자체만으로 지난한 현대시, 그 살의 감동적인 이해로 가는 길목이 되어 주었던 것이다. 이로써 생은 유희를 넘어 더 능동적인 차원, 더 능동적인 생의 지평선 즉 '일상 생에서 경이를 뽑아내는 일'이 되어야 한다는 프랑스 현대시의 전언을 나의 생의 새로운 구제 방식으로 얻게 되었던 것이다. 왜냐하면 현대시는 아는 일이 아니라 생을 바꾸는 일이므로.

 요컨대 이는 궁극적으로 내 앞에 펼쳐진 세상의 모든 존재가 나의 감각과 교류하게 되는 일이고, 이로써 내 속의 깊은 지평선 -그토록 내밀하고 깊숙한 곳에 묻혀있던 나를 만나는 일, 다시 말해 나의 정체성 다름 아닌 감각의 정체성을 그려 줄- 을 만나는 일이요, 결국엔 나를 웅얼거리며 말해줄 이 생의 지평선이 생의 정수의 지평선을 사는 일로 도달하게 된다는 것을, 그리고 이것이 바로 '진정한 경이'를 의미하게 되는 일임을 난 그르노블의 오랜 정박의 공간을 통해 깨닫게 되었던 것이다.

 결국 현대시는 감성을 여는 일에서 시작하여 진정한 사물에 도달하는 일에 다름 아닌 것을. 그리하여 감성이 사물의 정수를 만나게 되고 이는 곧 감성의 정수에 도달하는 일에 다름 아닌 것을. 이는 "사물-감성" -현대시의 요약이 된 시인 샤르의 공식- 의 가장 높은 차원이요, 이는 결국 생의 가장 높은 차원에 도달하는 일에 다름 아닌 것을. 다시 말해 "사물-감성"의 합일을 통해 생이 지상 위의 가장 큰 지복을 누리는 일, 그리하여 생의 정점, 생의 지식의 정수에서 생의 진정한 주인이 되는 일에 다름 아닌 것을.

그런데 이러한 경이의 생, 현대시의 진정한 벡터는 실은 단지 이성에서 멀어짐, 그것의 여백, 즉 문명 밖으로 갈 수 있는 작은 용기에서 시작되는 일임을 그리고 이러한 최초의 용기를 난 그르노블 공간으로부터 지극히 귀한 선물로 받았던 것임을 이제 고백하려는 것이다. 고로 분명함보다 웅얼거림의 더 큰 행복을 이 공간이 피우는 총체적인 폐허 빛으로부터 말없이 전수받은 것임을 치명적인 행복 속에서 난 고백하고 싶은 것이다. 결국 '문명'이라는 연대기가 아닌 '문명 밖' 탈 연대기에 대한 본능적인 끌림, 이는 참으로 놀랍게도 전자는 들려준 적 없는 생의 정수의 연대기를 우리에게 웅얼거리며 말해주게 된다는 것을, 이는 단지 문명 밖의 감성으로부터 이미 시작된다는 것을 난 뜨거운 가슴으로 여기서 고백하고 싶은 것이다.

마지막으로, 현대시의 궁극적 벡터, 기존과 다른 새로운 현실은 결국 경이를 지칭하는 일이요, 이는 사물-감성을 통해 도달되는 일이라는 것을, 이때 문명 밖 공간은 특별한 <사물>이 되어 모호한 <감성>을 열게 하는데, 이때 감성은 일상 속 탈 연대기의 순간과 만나게 하고, 이 탈 연대기 현실에서 장차 생의 정수의 연대기는 열리는 것이니, 이것이 우리가 만나고자 하는 경이인 것이다. 이리하여 일상을 경이로 전환시키는 생의 연금술엔 바로 감성이 가장 귀중한 열쇠인 것이고, 그리고 이 열쇠를 작동시키는 것은 다름 아닌 특별한 공간, 문명 밖 공간이라는 것을, 이 귀중한 이야기를 천천히 들려준 존재가 긴 정박을 펼친 서구의 한 공간, 원초 빛과 폐허 빛을 품은 그르노블이었던 것이다.

I. 공간과 경이

1. 공간에서 경이로

1. 공간에서 경이로

1. 그르노블 최초 공간의 다른 생의 차원

Ⅰ부(<까페, 감각과 몽상의 스승>)에서 만난 마지막 까페, 그르노블 역 앞 까페에서 난 랭보의 먼 길 떠나는 유목 생 대신, 그르노블 최초의 존재들의 감동을 다시 확인하면서 이 최초의 정박의 공간에서 다시금 정박의 생을 이어가기로 마음먹었다. 그리고 이 최초의 공간에서 난 특별한 공간 체험을 하게 되었음을 고백했었다.

그르노블 역 앞 어느 한 지점의 공간에서만 획득되었던, 사방팔방으로 통하는 그리하여 명명하기 어려운 어느 순간으로 이르는 감각의 특별한 이동, 이는 무엇을 의미하는 것이었을까. 이 공간만이 평범한 일상 공간 한가운데서 일상의 공간을 뚫고 이와 동시에 일상의 감각을 뚫는 일, 다시 말해 일상과 다른 사방팔방의 뚫림의 차원에서 시작되어지는 이해 밖의 감각이 세워지는 일, 바로 이런 일을 낳는 공간이 된다면, 이는 무엇을 의미하는 것일까. 요컨대 일상의 것과 평범함을 한 순간 다 날려 버리고, 그 위로 상승하는 듯한 공간, 일상과 평범함을 뚫고 어떤 특별한 지대, 알지 못할 지대로 가 버린 공간. 그럼에도 불구하고 생의 변두리의 지대가 아닌 생의 어떤 정점에 가 버린 듯한 지대, 다시 말해 어쩌면 일상이라는 잉여가 다 떨어져 나가고, 오로지 생의 정수에 도달된 듯한 지대. 그리고 심지어는 생의 근원점에 도달된 듯, 나의 무의식 속에서 늘 지향해 오던 바로 그 곳인 것 같은 지대. 그리하여 넘치는 충일감을 주체할 수 없을 만큼 흥분되는 예감으로 채워나가는 지대. 그렇다면 이런 공간, 이런 지대는 무엇을 의미하는 것일까.

그르노블 역 앞 어느 골목의 한 지점이 내게 묘한 집중을 안겨주게 되었다면, 이는 장차 그르노블의 총체적 공간이 내게 들려주게 될 다른 생, 미래 생의 서주는 혹 아닌 걸까. 이리하여 까페 아닌 그르노블의 총체적 공간은 장차 내게 까페가 가르쳐 준 생의 방식과 다른, 새로운 생의 방식을 알게 해 주려는 것은 아닐까.

2. 새로운 생의 방식, '경이', 현대시 벡터

이런 지대, 이런 공간이 알려 주게 될 현실이, 혹 '경이'라고 명명되는 현실은 아닐까. 다시 말해 이 지대는 프랑스 현대시에서 그토록 자주 언급되는, 그리하여 알고 보면 그것이 지향하는 궁극적 벡터 현실, '경이'와 등고선을 긋게 될 현실은 아닌 걸까.

사실 경이는 먼저 <경이와 시적 명료성 Emerveillement et lucidité poétique>(Nizet, 1977)이라는 제목 아래서 주요한 현대 프랑스 시인들 -보들레르, 꼭또, 아뽈리네르, 엘뤼아르, 생 존 뻬르스, 샤르- 의 지향 현실을 고찰한 로제 뻬이에 뷔랭 Roger-Payet Burin의 멋진 시각을 통해서나, <낯섦의 예술>과 <경이에 대한 소고>라는 제목을 통해 현대

시의 알파와 오메가를 '낯섦과 경이'로 요약하는 쟝 오니무스 Jean Onimus의 매력적인 시각을 통해서도 충분히 엿볼 수 있게 되듯이, '경이'는 현대시의 궁극적 지향 현실로 받아들여지는 일은 실은 이제 그리 낯선 일은 아닌 것 같다.

그렇다면 I 부의 그르노블 까페 공간이 내게 알게 해 준 생은 고행이 아닌 유희여야 한다는 생의 지식을 넘어, 이제 그르노블의 총체적 공간은 현대시의 궁극적인 벡터 현실이라 할 '경이'를 가르쳐 주려는 것인가. 다시 말해 서구의 한 낯선 공간은 현대시가 신탁의 목소리인 양 웅얼거리는 생의 비의, '일상을 경이로 바꾸는 일'이라는 생의 방식, 생의 또 다른 지식을 내게 열어주려는 것인가.

이 물음에 미리 행복한 결론을 둔다면, 그르노블이라는 한 서구 공간을 만나지 못했더라면 아마도 난 프랑스 현대시 그 궁극적 벡터, '경이'를 단지 추상적으로만 이해했을는지도 모른다. 이로써 현대시가 그토록 열렬히 우리에게 전수하고자 하는 천금 같은 생의 비의, '일상을 지극히 다른 현실로 바꾸는' 생의 연금술로서의 시를 참으로 추상적으로 -뜨거운 가슴의 동의가 아닌 먼 짐작으로- 이해하는데 그쳤을는지도 모른다. 나아가 현대시가 추구하는 일상과 "다른 현실들" -보들레르에게는 '영원'으로, 이브 본느프와에게는 '정수'로, 르네 샤르에게는 '근원'으로 명명되는-, 은 실은 궁극적으로는 '경이'라는 이름으로 수렴된다는 것을 난 이성적으로만 알게 될 뿐, 이렇게 뜨거운 감성의 동의로 받아들이지 못했을는지도 모른다.

요컨대, 그르노블의 까페가 고해가 아닌 유희로서의 생의 새로운 방식을 가르쳐 주었다면, 그르노블의 전 공간은 "생을 바꾸어야 한다 Changer la Vie"라는 지극히 능동적이고 긍정적인 또 다른 생의 방식 -젊은 랭보가 긴 유목의 생을 통해 최초로 알아내었고, 그의 먼 후예 샤르가 남불이라는 그의 생의 영원한 정박점에서 그토록 아름답게 확인하였던-을 내게 절절히 알려 주었던 것이다. 이 절절한 체험으로부터 그들이 살고자 했던 생의 능동적 진화론 즉, '생을 바꾸는 일'은 결국은 일상의 생을 경이의 생으로 바꾸는 일을 의미한다는 것을 난 뜨거운 동의로 전수받게 되었던 것이다. 이후부터 경이는 나의 또 하나의 귀중한 생의 방식이 되었다.

3. 감각과 공간, 경이의 촉매

현대시의 시조, 보들레르가 일상에서 영원을 끌어내어야 한다는 명제를 '인간-신'으로서 천명한 이래로, 현대시는 바로 이러한 생의 연금술, 생의 경이를 낳는 비의의 변주 연대기라 해도 무방하리라. 하지만 일상의 우물에서 이유 없이 영원이 길러질 수는 없으리라. 그렇다면 영원은 어떻게 끌어 올려질 수 있을까. 보들레르의 예언은 그 이후로부터 먼 시간까지를 비출 영원한 등대가 되었던 것이다. 이는 '감각의 새로운 방식', 그것이었다. 이는 일상 감각을 넘어서는 감각, 특별한 감각, 다름 아닌 그 자신에 의해 "환기"라 불리어진 것이었다. 이후 일상에서 경이를 길러내는 일을 이 새로운 방식의 감각에서 열 줄 아는 비의 전수자들이 현대 시인이 되었던 것이다.

그런데 난 이 특별한 감각과 더불어 특별한 '공간'이 경이를 끌어올리는 중요한 원동력이 될 것이라 여긴다. 특별한 공간과의 만남은 시인에게 그의 감각이 아마도 그 최대의 힘, 마술에 합당할 힘을 부리게 될 인연을 갖게 될 것이므로. 이러한 공간의 마술, 즉 특별한 공간은 단순히 일상의 차원에서 열어내는 즐거움에 우리를 머무르게 하지 않고, 일상으로부터 '다른 현실' -보들레르라면 '영원'이라 부를 현실- 로 힘들이지 않고 바로 데려가는 마술을 열어내게 된다는 것을, 바로 그르노블이라는 공간에서 난 감동적으로 알았기 때문이다. 특별한 감각은 특별한 공간에서 참으로 자연스럽게 열리게 된다는 것을, 달리 말해 특별한 공간은 특별한 감각을 열어내는 훌륭한 매개물이 된다는 것을, 요컨대 특별한 공간은 일상과 다른 현실, 영원이라 할 현실을 힘들이지 않고 -보들레르의 간절한 바람이듯- 만나게 함으로써 경이의 촉매가 된다는 것을, 서구 유목 속 정박의 공간 그르노블에서 난 우연히 알게 되었던 것이다. 이리하여 보들레르가 일상에서 영원을 끌어내는 경이를 만나기 위한 방법론으로 제시한 특별한 감각은 실은 어떤 특별한 공간과의 만남에서 자연스럽게 얻어진다는 비의 -파리에서 유일한 정박 생을 펼친 보들레르는 분명 몰랐을- 를 그르노블이라는 공간에서 난 최초로 알게 되었던 것이다.

4. 그르노블, 무의식과 자장의 공간

그렇다면 왜 그르노블인 걸까. 그르노블이 담고 있는 어떤 힘 때문인 걸까. 파리가 아닌 이 공간의 어떤 특별한 힘이 오히려 파리보다도 더, 보들레르가 말한 특별한 감각의 방식을 내게 무한히 열어주었던 것일까. 이는 먼저 그르노블과 그 주변 공간이 담고 있는 산이 그 해답이 되어 줄 것이었다. 이곳의 거대한 산들은 이유도 없이 늘 나의 다른 감각을 열게 하는 마술을 걸어 주었던 것이다. 그리고 분명 이 산의 힘을 그대로 살고 있는 참으로 특별한 거리 공간이 또 하나의 답이 되어 주었던 것이다. 마치 나의 그르노블 최초의 공간, 역 앞 어느 지점에서의 공간 체험이 그러했듯이. 이는 결국 그르노블의 산과 거리, 그 총체적 공간이 파리라는 문명의 공간 대신, 문명 밖 공간, 문명으로부터 여백의 공간을 열고 있었기 때문이 아닐까.

그런데 이곳의 산 공간은 특별한 감각, 즉 다른 현실을 불러오는 환기의 감각을 열게 하는 일에서 멈추지 않았던 것이다. 산과 이들 도처의 공간은 어찌된 일인지 자신의 깊숙한 내면, 그 심층으로 내려가게 하는 깊은 감각, 소위 '무의식'의 길을 터 주었고, 참으로 이상하게도 이 심층, 사물의 심층은 나의 깊숙한 내면으로 이르는 길을 터, 나 안의 심층 그 숨겨진 진실을 만나게 하는 예기치 않은 경이마저 열어 주었던 것이다.

이때 일상의 순간과는 다른 생, 이런 경이의 생의 순간은 일상 감각이 특별한 감각에 놓이는 순간, 어쩌면 일상의 감각이 마법에 걸린 순간, 그리하여 일상의 감각이 어떤 전율에 놓인 상태, 고로 감각이 소위 '자장'에 놓인 순간은 아닌 걸까. 일상의 현실이 아닌 다른 현실 속에 나타난 영원의 현실, 사물과 나의 진정한 진실을 만나는 이러한 순간은 분명 감각의 큰 떨림, 큰 전율 속에서 이루어질 것이 분명하므로. 이로써 그르노블 공간은 '경이'를 만날 때면 열리게 될 '자장'의 공간 -소위 초현실주의 거장 브르똥 A. Breton이 최초로 예술 속에서 부각시켜 그 지난한 이해를 요구했던 공간-, 바로 그 용어의 추상성을 온 몸의 전율 속에서 실체로 바로 이해하는 공간이 되었던 것이다. 이리하여 예술적 용어로 들어온 특별한 용어, '자장'을 다름 아닌 그르노블에서 난 나의 감각에서 열게 되었던 것이었다.

그리하여 이는 먼저, 보는 순간 바로 호흡을 멈추게 하는 이 곳 지형의 놀라움이 주는 경이, 이로부터 감각이 열리는 경이, 무엇보다 문명 밖인 듯 분명함이 아닌 모호함에서 감각이 지극한 행복을 열게 되는 경이, 요컨대 그렇게 명명할 수 있다면 <원초 빛>에서 열리는 '외적 경이'에서 시작되어, 때로는 운 좋게도 이 특별한 공간이 지금껏 만나본 적 없는 다른 현실로 우리를 데려가는 환기가 열어내는 경이, 또 때로는 이보다 더 깊은 무의식이 열리면서 천천히 사물의 그 가장 깊은 현실에 도달되는, 결국엔 우리 자신의 가장 깊은 현실 한가운데로 내려가 그것의 진실을 만나는 경이, 요컨대 그렇게 명명할 수 있다면 <폐허 빛>에서 열리는 '내적 경이'를 만나는 일로 이어졌던 것이다.

이리하여 프랑스 공간, 특히 그르노블 공간을 사는 일은 이러한 외적 경이와 내적 경이에 온통 빠지는 일, 소위 '자장'의 공간을 늘 사는 일이며, 이는 결국 일상의 어느 한 순간에서 열린 지극히 기쁜 전율의 순간, 자장 속 생의 순간, 그 감동의 생으로의 연금술을 직접 체험하는 일이었던 것이다. 그리고 이것이 바로 파리 공간과는 달리, 문명 밖 공간만이 줄 수 있는 힘, 즉 우리의 감각을 가장 깊숙이 무의식으로 내려가게 하는 힘, 이 순간이 들어가게 하는 자장 속의 생, 진정 마술을 열게 하는 힘이었던 것이다.

5. 일상 한가운데서의 경이와 자장

초현실주의에서 일상의 경이와 자장으로

실은 경이와 자장은 -초현실주의를 세운 브르똥이 그들의 지향 현실을 "경악"에 가까운 경이로, 그들의 실험적이고 전위적인 이즘을 대변할 시집 제목으로서 <자장 Les Champs Magnétiques>이라는 특별한 용어로 정한 이래로- 흔히 그 유명한 예술 실험 집단을 연관시키지 않고는 그 언급이 어려울지도 모른다. 하지만 그르노블 공간이 내게 가르쳐준 경이와 자장은 이들의 지향적 실천과는 좀은 다른 것 같다. 왜냐하면 그들이 경이와 자장을 획득하기 위해 무의식을 최초로 만나기 시작했는데, 이를 실내에서 환각이라는 인위적인 방법으로 의식 밖의 의식을 추구했던 것이라면, 나의 경우는 그르노블이라는 자연 공간, 그 한 가운데서, 다시 말해 인위가 아닌 자연, 산 한가운데서 나의 감성이 저절로 이르게 된 무의식이라는 점에서 분명 다른 것이었다.

이는 오히려 초현실주의 이후 현대 시인들이 사물을 만나는 방식과 닮아 있다 할 것이다. 이 후예들은 초현실주의의 단절자이면서 동시에 그 계승자라 할 수 있는데, 이는 그들이 거부하였지만 결국엔 새롭게 받아들이는 '무의식' 때문이며, 이를 통해 궁극적으로는 현대시의 계보는 이어지기 때문이다. 후예들은 귀중한 무의식의 발견을 받아들이되 진정한 방향으로 그 물줄기를 굽혀 흐르게 했던 것이다. 결국 선배의 경이와 자장이 '환각' 또는 '꿈'의 현실에 가까웠다면, 후예들은 '일상 한가운데서'의 경이와 자장을 열기를 갈망한 것이다. 이리하여 그르노블 공간이 내게 열어 준 경이와 자장은 바로 후자의 경우에 가까운 것이리라.

샤르의 경이와 자장

그르노블 공간에서 만난 나의 경이와 자장은, 이리하여 르네 샤르 – 대부분의 현대 시인들이 그러했듯이, 초현실주의에서 시를 시작하고 곧이어 혹은 궁극적으로는 이를 넘어서고자 하였고, 그리고 이를 넘어 마침내 자신만의 아름다운 현대시를 제시하였던– 의 경이와 자장에 가깝다고 말하고 싶어지는 것이다. 샤르는 일상 한가운데서 경이를 끌어내고, 그로부터 자장의 특별한 순간을 사는 일을 열었는데, 이는 그가 그의 시 생애 지칠 줄 모르고 터트리고자 했던 그의 강력한 <무기고>에서 요약될 수 있을 것 같다. 즉 먼저, 시인이 초기 초현실주의를 겨냥한 혁명적인 새로움의 경이와 자장, 그리고 이 폭발적인 생을 낳게 할 무의식을 가득 제시하려 했던 <무기고 Arsenal>(1929)에서, 이제 이를 넘어서는 일, 즉 이 이즘과의 결별 후 일상 한가운데서 펼친 그의 무의식이 알아내게 된 경이와 자장, 이를 가득 채운 시집 <분노와 신비 Fureur et Mystère>(1948), 분명 <분노>가 알아내었을 <신비>, 이를 가득 터트릴 진정한 '무기고', 요컨대 생의 신비, 생의 진실을 담고 있는 전율적인 '무기고'를 짓는 일이었던 것이리라. 이런 연유로 그의 시는 우리의 미래 생을 터트리게 할 감동의 화약고를 만나는 순간 바로 열어주었던 것이 아닐까.

 이리하여 그의 시집 <군도의 말 La Parole en Archipel>(1959)에서 보여 주듯이, 남불 들판 한가운데서 만난 일상의 한 존재 <종달새>는 시인의 경이의 원천이 되고, 경이의 존재를 만난 순간 시인은 자장에 감전된 듯 충격적인 생의 전율, 그 지극한 환희를 갖게 되었던 것이리라. 그리고 그의 경이의 전율을 독자인 우리도 자장에 걸린 듯 전달받게 되리라.

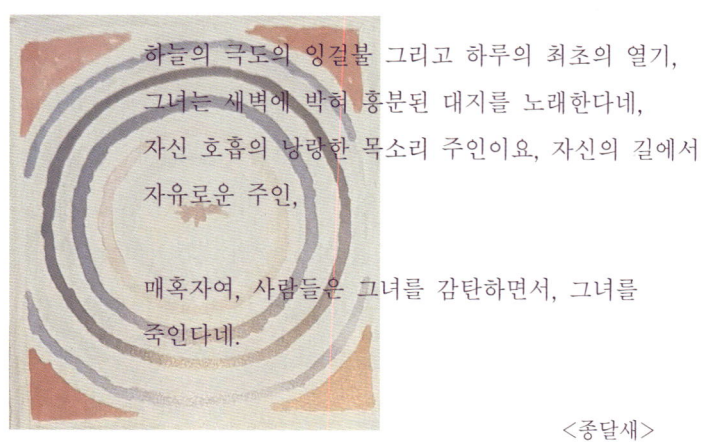

하늘의 극도의 잉걸불 그리고 하루의 최초의 열기,
그녀는 새벽에 박힌 흥분된 대지를 노래한다네,
자신 호흡의 낭랑한 목소리 주인이요, 자신의 길에서
자유로운 주인,

매혹자여, 사람들은 그녀를 감탄하면서, 그녀를
죽인다네.

<종달새>

사물-감성이 연 경이와 자장

 이처럼 실험실, 환각 또는 꿈의 공간이 아닌, 열린 세상의 공간 한 가운데서 만나고자 하는 경이와 자장은 세상의 존재 혹은 사물과의 만남을 통해 이루어지기에, 샤르로 하여금 초현실주의의 '무의식'이라는 방법론 대신 '사물-감성'이라는 소중한 공식을 탄생시키게 한 것이 아니었을까. 그의 젊은 시절 어느 시 -초현실주의와의 결별과 동시에 자신의 고유한 시학의 시작을 예고한 시집 <최초의 물레방아>- 에서 탄생된 이 표현이 장차 현대시 방법론의 공식이 되리라는 것을 그는 이미 그때 예감하였던 것일까. 결국 현대시는 오로지 나 안의 무의식과의 만남이 아니라, 사물과 만나는 무의식의 나, 새로운 감성의 나 (혹은 사물과 하나 되는 나)로부터 태어난 존재가 아닐까.

 마찬가지로 그르노블 공간과의 만남에서 얻은 나의 경이는 초현실주의에서 꽃피운 무의식이 아니라, 세상 한가운데서 저절로 피어난 무의식, 즉 사물이 저절로 알게 해 주는 무의식, 요컨대 '사물-감성'이 열어내는 생의 일화에 다름 아니었던 것이며, 이 지난한 추상적 공식을 내게 온 몸으로 깨닫게 해 준 존재가 다름 아닌 그르노블, 바로 그였던 것이다.

문명 너머 공간이 알려준 진정한 생, 그리하여 시

 만약 남불이 아니었다면 샤르는 천금 같은 공식, "사물-감성"을 알게 되었을까. 남불, 그 문명 밖 공간이 아니었다면 샤르는 이토록 멋진 무의식을 알게 되었을까. 남불, 이 문명의 여백의 공간이 아니었다면 그는 진정 경이의 진정한 도달점, 진정한 생을 만날 수 있었을까. 그리하여 남불, 그의 살의 공간, 고향인 남불이 아니었다면, 그의 시를 영원한 전율의 공간, 영원의 자장 그 자체에 둘 수 있었을까. 그리하여 일상 생을 경이로 전환시키는 그의 시가 살아 있는 진정한 파라다이스를 우리에게 증여할 수 있었을까. 결국 시란 이런 경이의 생, 그 번개처럼 빠르고도 충격적인 전율의 순간이 되는 일에 다름 아닌 것을, 그리하여 시는 일상의 생이 아닌 진정한 생의 체험임을 최초로 말한 랭보의 진정한 후예가 되는 일임을 우린 알게 되었을까. 이리하여 유목의 생, 문명으로부터 길 떠나는 생을 여는 자에게만 이런 경이, 진정한 생의 순간에 이르는 가장 귀중한 은총은 주어진다는 것을 우린 알게 되었을까. 그리하여 현대시를 연 보들레르가 그토록 진정한 생 -영원이라 불리는- 에의 열망에도 불구하고, 일상 생에서 비상의 생을 열어야 할 그의 감각의 날개가 알바트로스의 그것처럼 무겁기만 했던 이유를 아마도 보들레르, 그는 알지 못했을 것이다. 그 이유는 간단하였던 것이다. 그가 파리라는 문명을 결코 놓지 않았기에, 문명으로부터 먼 유목의 생을 열지 않았기에. 만약 보들레르가 남불에서 그의 생을 열게 되었다면, 분명 "알바트로스" 대신, 그는 사물과 저절로 녹아 하나가 될 줄 아는 "에바드네 Evadené" -그리스 신화에 나오는 아폴론의 연인- 의 비상하는 감각을 얻게 되었을 것이고, 그에게도 모벡 성이 녹는 지복의 감각으로, 그의 우울의 생 대신 파라다이스의 생을 알게 되었을 것일 텐데.

*

    결국 먼 유목의 생 대신 다시금 정박의 생을 푼 그르노블 역 앞 어느 골목에서의 특별한 공간 체험은 어쩌면 특별한 공간과의 만남이 '생에 경이를 낳는 일', 바로 프랑스 현대시가 겨냥하는 벡터, 그 심장 한가운데로 걸어 들어가게 되는 일임을 서곡으로 예고 받았던 것인지도 모른다. 그리하여 현대시를 이해하기도 전에, 이러한 경이를 만나기 위해 그르노블과 그 너머의 숱한 공간들을 방문하러 떠나는 나를 난 아주 종종 발견하곤 하는 것이었다. 그리고 경이를 만나는 일은 특별한 공간을 만나기 위한 다다름의 능동적인 몸짓과 이 특별한 공간이 자신도 모르게 끌어내는 감각의 능동적인 몸짓에서 그로 이르는 비의가 열리게 된다는 것을, 어쩌면 난 현대시를 알기도 전에 한 공간으로부터 묵시적으로 예고 받았던 것인지도 모른다. 결국 프랑스의 공간, 그 중에서도 그르노블이라는 공간, 그곳에서의 생은 바로 현대시가 난해하게 제시하는 경이, 그 마술적 생의 길로 이르는 통로가 되는 일이었음을 난 그로부터 아주 먼 미래에 깨닫게 되었던 것이다.

2. 경이의 정의, 새로운 감성
─감성, 경이의 우물─

2. 경이의 정의, 새로운 감성
-감성, 경이의 우물-

현대시, 새로운 감성의 연대기

 우리는 프랑스 현대시에 대한 귀중한 사실을 알게 되었다. 이는 경이에 이르는 여정에 다름 아니라는 것을. 그리고 경이로 이르는 여정엔 두 요소가 반드시 요구된다는 것을. 이는 사물과 감성, 그것이라는 것을. 르네 샤르가 참으로 놀라운 20대의 젊은 예지로 현대시를 요약하게 된 두 용어, "사물-감성"(<최초의 물레방아>), 그것에 현대시의 비의는 다 들어 있었던 것이다.

 하지만 이 감성은 기존, 일상에 머문 그것이 아니라, 이를 초월한 새로운 감성이었던 것이다. 그리고 실은 프랑스 현대시의 여정은 바로 이 감성의 변주의 연대기라 해도 과언이 아닐 것이다. 현대시는 새로운 감성에 의해 태어났고, 이로부터 현대시의 지향 현실인 경이가 태어나게 되었기에. 그리고 이때 감성은 혼자 태어나는 것이 아니었다. "사물-감성"을 통해 암시되듯이, 감성은 사물과 만났을 때 가능해진다. 그리하여 이 장에서는 현대시의 연대기를 낳게 한 새로운 감성을 이해해 보고자하고, 이와 더불어 새로운 감성에서 이르게 된 경이를 만나보고자 하는데, 이 고찰은 결국 한 세기를 흘러내리는 현대시의 긴 물줄기를 들여다보는 일이며, 이는 새로운 감성의 탄생, 그로 인해 변주되는 새로운 경이를 들여다보는 일이 될 것이다. 그리고 새로운 감성1은 무엇이며, 어떻게 온 것일까, 다름 아닌 새로운 상상력은 무엇이며, 어떻게 온 것일까를 답하는 일이 될 것이다. 이는 궁극적으로 일상을 경이로 끌어내는 비의, 생의 연금술은 어떻게 온 것일까를 답하는 일이 될 것이다.

 프랑스 현대 시인들이 시를 낳을 무기로 쓰게 된 새로운 감성이 자신의 궁극적인 정체성을 얻기 위해서는 무려 한 세기가 넘는 시간이 요구되었다. 요약컨대, 먼저 보들레르가 열어낸 '환기'라 불려지는 새로운 감성은, 초현실주의의 혁명적 전환으로 '무의식'으로 변모를 거친 후, 그 후예들 특히 샤르를 통해 '사물-감성'으로 태어나게 된다. 이런 감성의 변주는 현대시 그 자신의 생의 변주가 되었고, 이 순간마다 지향 현실인 경이의 변주를 낳았는데, 이로부터 경이는 다른 정의의 변주를 낳았던 것이다.

 우리는 이때 경이의 변주를 이해하는 축이 될 정의를 다음 두 가지 사실에 두고자 한다. 첫째는 경이는 감성이 일상과 '다른 현실'을 만남으로부터 오는 일이라는 것, 둘째는 다른 현실과의 만남에서 감성은 자신의 최초의 연대기, 최초의 일화를 달고자 하는 욕망을 갖는 일이라는 것이 그것이다. 그리하여 이 감성의 연대기, 감성의 일화는 현대시의 연대기를 따라 환기의 연대기, 무의식의 연대기, 사물-감성의 연대기를 낳게 되는데, 이렇게 변주되는 감성의 연대기, 감성의 일화로 현대시를 보는 것은 현대시를 이해하는 여러 길 중에서 가장 본질적인 길이라 난 강하게 믿고 싶음이다.

경이의 특별한 정의, 감성의 연대기 달기 : 시의 생 열기

그런데 이때, 경이의 정의는 '다른 현실의 열림'으로 충분할 텐데, 왜 '감성의 연대기 달기'라는 또 다른 정의를 두고자 하는가. 이는 확장의 길을 열어 우리의 능동적 생을 이끌어내고자 함에 있다. 경이의 첫 번째 정의인 다른 현실의 열림은 다름 아닌 감성의 열림으로부터 오는데, 이는 흔히 감성의 웅얼거림으로 이어진다는 사실을 우리는 매우 중시하고 있음이다. 이를 난 '감성의 연대기 달기'로 명명하는 것이다.

이는 무엇보다 우리 모두를 시인으로 초대하는 일로 열리게 된다. 시인은 애초부터 존재하는 자라기보다는 감성의 웅얼거림을 여는 자, 감성의 웅얼거림을 들을 수 있는 자라면 누구나 시인이 될 것으로 여겨진다. 현대시의 작업은 어쩌면 바로 이 행복한 미숙함으로부터 시작되었던 것이 아니었을까. 고로 문명의 존재들에게 분명함이 아닌 웅얼거림의 모호함을 말하는 현대시의 목소리를 이해하는 일은 정녕코 어려운 일이리라.

이리하여 샤르는 <입노스의 단상>에서 시인의 정의를 분명히 말하는 대신 "더듬거리는 자"로, "확신하는 순간 얼굴을 붉히는 자"로 두었던 것이리라. 이는 최초로 만나게 된 사물의 비밀 앞에서 감성이 웅얼거리는 일, 즉 이성이 아닌 감성의 언어로 그가 최초로 만난 '다른 현실', 곧 생의 비밀을 얼굴을 붉히며 미숙하게 말하는 일이 바로 현대 시인의 일임을 시인은 말하려는 것이리라. 이리하여 시인은 타고 난 자가 아니라, 사물 앞에서 자신의 최초의 감성을 풀어내는 자, 그 웅얼거림을 열어내리는 자, 그 감성의 연대기를 달리는 자는 누구나 시인이 되는 것이리라.

고로 감성의 연대기 달기가 또 하나의 경이라 불리어질 수 있다면, 사물 앞에서 감성이 연 다른 현실, 즉 생의 최초의 비밀에 필연적일 미숙한 감성 연대기를 다는 일은 결국엔 우리의 일상에서 만난 어떤 모호한 현실에서 생의 신비를 만나는 길로 들어가는 일이 되고, 이로써 우리는 일상 생을 능동적으로 행복의 생으로 전환시키는 일, 궁극적으로는 이런 생에서 우리의 일상을 구제하는 일이 될 것이기에.

우리는 이제부터 경이의 우물이 되는 감성을 현대시의 연대기, 그 길 위에서 만나보고자 한다. 보들레르가 '다른 방식의 감각'이라 부른 이 새로운 감성이 바로 현대시의 정체성을 매번 달리 낳게 한 역동적인 모터였음을 확인해 보고자 한다.

1. 그렇다면 현대 이전의 시는 감성을 알지 못했던 것인가. 엄밀히 말하여, 이는 오히려 이성의 시에 가까운, 고로 감성의 시는 아니라고 답해야 할 것이다. 왜냐하면 현대 이전의 감성은 이성의 틀 안에 머물렀기 때문이다. 요컨대 기존, 유용성, 곧 이성 (문명 혹은 사회)의 세계에 복종하는 즉 그에 봉사하는 감성이었던 것이기에. 결국 이는 감성의 그 진정한 힘 -스스로 생의 군주가 되어 진정한 진실을 드러내 주는- 을 누리지 못한 감성이었던 것이다. 시와 더불어 현대 예술의 현대성은 바로 이 새로운 감성의 힘에서 시작된다고 해도 실은 과언이 아닐 것이다.

1. 위고, '다른 현실'이라는 경이
-현대시를 연 먼 시조-

신비한 동굴, 일상을 넘어서는 신비한 울림

프랑스 낭만주의 정점에 있는 위고 V. Hugo(1802-1885), 실은 그의 그림은 그의 글보다 나의 매혹을 더 끌어당기곤 하였는데, 이는 흔히 낭만주의 시인들인 비니 A. Vigny(1797-1863) 또는 뮈세 A. Musset(1810-1857)가 보여주는 수동적인 낭만성 혹은 원기 없는 낭만성이 아니라 역동적인 낭만성, 역동적인 상상력이 무엇인지 그 정의를 보여주는 듯 했기에. 그는 파리지앵이거늘 그의 그림들을 그려내게 한 자연의 장소들은 어떤 곳이었을까. 어떤 여행으로부터 그는 그러한 신비한 동굴들의 영감을 얻게 되었던 것일까. 보는 이로 하여금 저 가슴 밑바닥으로부터 가장 신비한 지대의 매혹을, 그 검은 매혹을 다 끌어내는 듯한 그의 그림, 그곳엔 힘이 있었다. 그리고 신비가 만들어내는 공명이 있는 듯했다. 요컨대, 신비한 울림이 있었던 것이다. 아마도 신만이 알고 있을 세상 저 너머의 신비한 현실이 줄 울림 같은 것이 있었던 것이다. 위고는 그 자신의 휘몰아치는 상상력으로 우리의 상상력마저 휘몰아치게 만든다. 진정한 상상력은 이렇게 우리에게 '힘을 부여하게 되는 것'이 아닐까. 진정한 상상력의 원형이 바로 여기에 놓여있는 것이 아닐까. 즉 일상이라는 평범한 상태에 특별한 힘의 공간을 부여하는 일. 바로 이것이 상상력의 진정한 의무가 아닐까. 평범한 현실에 신비한 동굴이 낳을 현실 같은 특별한 감각 상태를 부여하는 일, 바로 이것이 상상력의 일이 아닐까.

자연의 다른 얼굴, 현대 상상력의 근원적 우물

위고는 실은 프랑스 문학사에서 상상력의 정의를 최초로 내린 자로 이해되고 있다. 현대로부터 좀 떨어진 시점에서 이미 그는 현대 상상력의 정의가 될 씨앗을 뿌리고 있었던 것이다. 이는 자연의 두 얼굴을 통해 보이는 현실 뒤의 보이지 않는 현실의 존재를 그가 최초로 이해함으로써 -실은 독일의 위대한 낭만주의 작가, 노발리스 Novalis (1772-1801)로부터 영향을 받은 결과이지만- 기존의 현실, 일상의 현실과 전적으로 다른 현실을 제시하게 되었고, 이로써 그는 현대시의 '상징'의 먼 근원을 열게 되었던 것이다. 즉 그가 그린 신비한 동굴은 자연이 담고 있는 그 이면, 진정한 얼굴을 보여주려 한 것인지도 모른다. 고로 그가 그린 동굴은 보이는 현실을 넘어서 진정한 얼굴, 초자연2의 얼굴을 우리에게 보여주려 한 시도였던 것인지도 모른다. 이러한 자연의 다른 얼굴, 진정한 얼굴, 신비한 얼굴을 만남으로써 우리는 놀라운 순간을 만나게 되는데, 이는 평범한 현실에 불러오는 특별한 힘으로서의 상상력이 경이를 낳게 되는 바로 그 순간이 아닐까.

2 그의 초자연주의는 당대의 이성, 자연주의, 계몽주의를 극복하는 것으로, "우리 신체에서 달아나는 포착되지 않는 초자연은 자연의 또 다른 얼굴"임을 말하여, 그 이후의 자연의 두 얼굴의 개념을 미리 지지함으로써, 보이는 것에 대한 보이지 않는 것의 존재를 부각시키게 된다. 그는 현대 예술의 제시의 초점인 '보이지 않는 것'을 최초로 제시하려고 시도한 자일 것이다. 그가 보여준 동굴은 바로 자연의 다른 얼굴을 이미지로 보여주고자 한 것이리라. 기존과 다른 현실이 보여주는 신비한 세계, 그것이 일상의 우리에게 주는 특별한 힘, 신비하면서도 우리 안의 깊은 진실을 만난 듯 놀라운 충격을 주는 힘을 그의 예술은 제시하고 있는 것이다. 그때까지 보이는 현실만을 신봉한 이성에 대한 강력한 반항이고, 서구 정신에 보이는 것을 넘어 보이지 않는 것의 존재를 인식케 하는, 그리하여 있는 그대로의 현실을 그 너머로 확장시키고자 한 시도를 최초로 열어낸 자일 것이다. 결국 이는 그때까지의 이성의 신봉의 극인 계몽주의 혹은 자연주의에 대한 전적인 반항의 시작이고, 보이는 세계만을 생의 지평선으로 확신하는 정신적 잉어에 대한 강력한 저항의 몸짓이었던 것이다. 낭만주의 정신이 당대 대부분 시인들에게는 보이는 세상 너머로의 도피에 대한 막연한 동경의 차원에 머물러 있었다면, 위고에게서는 자연의 다른 얼굴일, 이 너머의 세계, 이 이면의 세계, 이 뒷 나라의 존재를 확신하는 일과 이 너머의 세계, 즉 이성의 인식이 지금껏 몰랐던 그 이면, 즉 '뒷 나라'가 우리가 몸담고 있는 전면의 현실보다 더 진정한 현실, 깊은 생의 진실을 담고 있음을 그는 보여주었던 것이다. 현실 이너머 세계에 대한 관심과 그것에 부여한 생의 진실, 바로 이것이 현대 상상력의 벡터의 동기가 되는 것인데, Hugo는 그 먼 지점에서 최초로 이를 준비한 자가 되었던 것이다.

그런데 이러한 일상과 다른 순간을 불러올 수 있는 상상력은 당대의 낭만주의 회화의 대가, 들라크루와 E. Delacroix(1798-1863)로 하여금 자신의 감성을 극도로 표출하면서도 사실성 속에서 사실성을 넘어서는 무언가 다른 현실을 불러오는 듯한 그림을 그리게 하였던 것이다. 바로 들라크루와의 이러한 회화 -특히 <민중을 이끄는 여신>- 앞에서 보들레르가 현대시를 열게 된 새로운 상상력, 소위 '환기' -보이는 현실에서 그 너머의 보이지 않는 현실을 데려오는 일- 를 힌트 받았던 것이기에. 그렇다면 프랑스 현대 상상력의 먼 원조는 진정 위고로부터 나온다고 말하지 않을 수 없을 것 같다.

요컨대 위고는 그의 장엄한 상상력을 통해 검은 동굴의 신비가 줄 힘을 불러옴으로써, 우리의 평범한 일상에 몰아치는 놀라움을 데려다 주는 일, 그리하여 일상을 바꾸게 하는 일, 더 나아가 일상을 그보다 더 진실한 현실로 열리게 하는 일, 결국 상상력의 마술을 예고하였던 것이다. 다른 현실을 열어내는 힘, 이것이 바로 현대 상상력의 정의가 되는 일이기에. 이로써 그는 현대시의 지향 현실인 '경이'를 가장 멀리서 최초로 제시한 자가 된 것이리라. 경이는 평범한 일상에 특별한 힘을 불어넣는 일, 그로써 일상을 넘어 다른 현실, 진정한 현실을 열어내는 일에 다름 아닐 것이기에.

경이, 다른 현실의 샘

우리는 낭만주의 시인 뷔니나 뮈쎄의 시적 현실을 경이와 연계시키는 일은 드물지만, 보들레르 이후 현대 시인들의 시적 현실을 경이와 연계시키는 일을 흔히 본다. 현대시는 일반적으로 낭만주의가 아닌, 그 다음 사조 상징주의와 함께 시작하는 것으로 본다면, 이는 그들의 지향 현실이 '경이'라는 수렴점에 놓여있는지 혹은 아닌지로 구별하려는 의도와도 연관된 것이리라. 그런데 우리는 방금 경이라는 지향 현실의 시작점을 상징주의 계보가 아닌 낭만주의 계보의 대가, 위고로 두고자 함을 보았다. 당대의 낭만주의 시인들과는 달리 위고는 결국 무엇을 최초로 제시했기 때문인 것일까. 우리는 이미 그 해답을 예감하고 있다. 이는 다름 아닌 상상력의 차원이 그것인 것이다.

 현대시의 지향 현실인 경이는 새로운 상상력이 낳은 것이고, 낭만주의의 완성자인 위고는 동시에 당대 낭만주의를 뛰어넘는 위대한 발견을 열었는데, 이는 일상 현실을 넘어선 다른 현실, 새로운 현실을 놀라움으로 보게 하고, 또 놀라움으로 살게 하는 일이 그것이었다. 하지만 이때 놀라움의 현실, 경이란 순간 만나고 사라지는 현실이 아니라, 깊은 생의 감각을 두들기고 그로써 현재 생을 바꾸게 할 우리 생의 드문 현실이었던 것이다. 그렇다면 낭만주의 한가운데서 위고가 당당히 열어낸 이 새로운 상상력, 이런 경이를 낳게 한 상상력은 어떤 지표를 세운 것일까. 이는 다름 아닌 기존의 상상력과 현대 상상력의 경계를 세우게 하는 일이었던 것이다.

 위고가 그린 동굴은 당대의 다른 시인들이 제시한 동굴과는 다른 어떤 차원을 제시했던 것일까. 이는 후자의 동굴이 이 현실에서 바라보는 현실 제시에 머물렀다면, 그의 동굴은 현실 이면의 현실, 신비한 현실의 존재성을 부각시켰던 것이다. 바로 현실 이면의 현실, 보이는 현실 너머 보이지 않는 현실, 이를 제시한 것인데 이는 다름 아닌 상상력의 새로운 차원에서 그 가능성을 열고 있는 것이다. 요컨대 일상을 그대로 수용하는 기존의 상상력과 위고가 먼 시초가 된 일상을 넘어서고자 하는 상상력, 그 두 차원이 그들이 그렸을 동굴의 차이를 낳게 되었던 것이리라. 즉 낭만주의 -그 이전까지를 포함한- 를 전자의 상상력에 속한다고 본다면, 이러한 낭만주의 한가운데서 위고는 전자와 다른 상상력, 즉 일상을 넘어 다른 현실을 불러오는 힘, 특별한 순간을 데려오는 힘으로서의 상상력, 그리하여 우리의 현실을 더 먼 지평선으로 열어주는 상상력, 결국 기존 현실에 확장을 낳게 할 상상력을 제시함으로써 그는 후자의 상상력에 속하게 되었던 것이다. 그리고 이러한 상상력은 보들레르에 의해 구체화되었고, 이는 지금껏 현대 상상력의 신선한 물줄기를 흐르게 하는 근원이 되었던 것이다.

이리하여 위고가 그의 동굴의 이미지로 보여주게 된 놀라운 현실, 경이의 현실은 우리의 일상 즉 익숙한 현실이 아닌, 현실의 이면, 가 본 적 없는 현실, 익숙하지 않은 현실, 요컨대 전적으로 다른 현실을 의미하는 것이 되고 이와 동시에 기존 현실보다 더 진실한 현실이 되기를 또한 열망한다. 결국 경이는 '다른 현실'이요, 이를 낳는 상상력은 '다른 현실을 길어 올리는 샘'으로 정의될 수 있고, 이는 보는 자에게 매번 그토록 다른 현실을 무한히 퐁퐁 퍼 올리는 신선한 샘이 되는 것이리라.

2. 보들레르, 감성 연대기 달기의 경이

현대 상상력 : 인간 현실을 말하는 상상력

위고는 전율적인 감동의 힘, 즉 평범한 일상을 몰아칠 놀라움을 데려다주는 일, 곧 경이를 일상에서 멀리 떨어진 검은 동굴이라는 자연의 외경심을 불러일으키는 사물을 통해 우리에게 제시하였다. 하지만 경이로 이르게 되는 이러한 외경의 현실은 어쩌면 인간의 현실이라기보다는 신의 현실에 더 가까웠던 것으로, 우리의 상상력은 이를 보는 것으로 만족해야만 했다. 이는 우리의 현실 속에서 이해하게 되거나 우리가 일상 한가운데서 누릴 경이 또는 우리 생 가까이서 영향을 미칠 수 있는 경이가 아닌, 오히려 우리 생과는 멀리 떨어져 오로지 놀라움 그 자체로서 그 특별한 힘의 순간을 만날 뿐인 경이, 요컨대 인간의 경이가 아닌 신의 경이, 신만이 가담되는 경이에 더 가까웠던 것이었다. 바로 이 점 때문에 위고는 그의 전례 없는 상상력, 그 놀라운 힘에도 불구하고, 궁극적으로는 그를 현대 정신의 계보가 아닌 현대 이전의 정신, 결국 낭만주의 계보로 분류하게 되는 것이리라. 서구의 현대는 신의 꽃이 아닌 인간의 꽃을 피우게 됨을 의미하기에.

보들레르 C. Baudelaire(1821-1867)가 현대의 시작점이 되는 이유 중 하나가 바로 이러한 인식의 인간 계보학 위에 최초로 우뚝 서 있기 때문일 것이다. 먼저 그는 당대의 위대한 선배, 위고로부터 상상력의 경이적인 힘을 아마도 분명 전달받게 되었으리라. 무언가를 계시하는 듯 강력한 영감을 불러일으키는 알 수 없는 신비한 지대의 불러옴, 그로 인한 일상을 몰아낼 법한 상승하는 힘의 특별한 지대를 열어내는 일을 위대한 감각의 소유자인 보들레르가 간과했을 리 없는 것이리라.

 그런데 위고의 자연 속 검은 동굴이 불러일으키는 특별한 힘의 지대를, 어쩌면 보들레르는 그의 방에서도 이러한 동굴을 만난 듯한 특별한 힘의 지대를 만날 수 있었던 것은 아닐까. 그리하여 이러한 특별한 지대는 신의 작품인 자연에만 있는 것이 아니라, 인간의 정신, 인간의 마음 한가운데서도 존재하는 것임을 그는 알게 된 것이 아닐까. 또 하나의 전례 없는 상상력의 소유자였던 보들레르는 신의 힘을 담은 자연의 현실보다는, 오히려 인간의 현실 한가운데서 이러한 특별한 힘의 순간, 강력한 전율의 순간 즉 경이의 순간을 만날 수 있었던 것이 아닐까. 그리하여 바로 이 순간을 그는 인간의 관점에서 최초로 말한 자가 되었던 것이 아닐까. 그리하여 위고에게는 신의 특별한 힘을 열어 보인 듯한 신비한 지대, 고로 감히 인간의 설명을 달 수 없을 지대를, 보들레르는 이를 용감히도 최초로 인간의 관점하에서 붙잡으려 했던 것이 아닐까. 또한 그는 이 무언가 일상과는 다른 놀라운 현실, 하지만 인간의 심연 속 동굴, 그 숨어 있는 현실을 암시할 지대에 전적인 관심을 두었던 것이 아닐까. 결국 그는 인간의 일상 한가운데서 만날 이 특별한 순간을 신이 아닌 인간의 진정한 현실로서 만나려 했던 최초의 용감한 존재였던 것이 아닐까.

모호함, 인간의 진정한 현실의 지대

그런데 인간의 일상 한가운데서 열리는 이 특별한 순간은 그때까지 하찮은, 고로 관심의 대상이 되어 본 적 없는 지대에서 늘 시작되는 것이었다. 그리고 이 '하찮음' –심지어는 '악'이라 불리는, 신이 그려놓은 신성(함)의 반대편의 인간적 현실- 에서 '영원' –신의 현실이 아닌 인간의 현실을 꿰뚫어 본 진실- 을 끌어내는 일을 시작하였으니, 그는 인간의 관심을 천상에서 지상으로 되돌린 최초의 존재인 것이다. 하찮음의 현실은 그때까지 이성의 관심 밖에 놓여있는 현실이고, 신을 위해서도 문명의 이데올로기인 이성을 위해서도 아닌, 인간의 심연의 동굴 속에 놓여있는 인간의 진실을 드러내 줄 현실이었던 것이다. 고로 이 하찮음의 지대 속에 인간의 진정한 진실 –신이나 이성이 말해 준 적 없는- 이 담겨있고, 바로 이는 새로이 드러날 인간의 진실인 영원을 끌어낼 수 있는 매혹의 우물, 매혹의 동굴이었던 것이다. 그리하여 이 하찮음의 지대는 문명의 힘인 이성은 다가가 본 적 없는 지대, 오로지 감성 즉 상상력만이 감지하는 지대인 것이다. 소위 '모호함'으로 명명될 이 지대를 보들레르는 인간의 가장 중요한 인식 지대로 삼은 최초의 존재였던 것이다. 이후 현대시는 바로 이 모호한 지대의 드러냄, 그 제시에 놓여있다 해도 과언이 아닐 것이다. 이리하여 보들레르 이후 현대 시인의 일은 이 모호한 지대를 드러내는 일, 그 제시에 있게 된다.

경이, 모호한 현실에 감각의 연대기 달기

그런데 이 모호한 현실은 이성으로서는 다가갈 수 없는 지대이지만, 이를 순간적으로 포착하게 되는 드문 순간을, 보들레르에 따르면, 오로지 시인 존재는 만나는데, 이는 이성이 아니라, 다름 아닌 감각을 통해서 이루어지는 것이라고 그는 말했었다. 이때 감각은 낭만주의까지 이해되어온 자연스러운 오감, 일상 현실을 분명하게 이해하는 감각이 아니라, 일상 너머의 현실을 포착하는 감각, 특별한 감각, 그의 표현에 따르면 '감각하기의 다른 방식', 소위 '환기'이었던 것이다. 이는 일상이 자신 너머로 다른 것을 불러내는 일, 다시 말해 일상의 다른 얼굴, 그것의 진실한 얼굴일 다른 현실을 환기하는 일을 의미하는 것이다. 그리하여 이러한 감각의 다른 방식은 특별한 현실의 순간을 엿보게 하는 힘이 되는데, 바로 이 힘에 의해 시인은 이 특별하지만, '모호한' 현실 앞에서 오로지 자신만의 감각이 웅얼웅얼 전해 줄 새로운 현실을 엿보게 된다. 그리하여 이 모호한 현실 -시인에게 장차 경이의 현실이 될- 앞에서 감각이 웅얼거리는 일, 감각이 특별한 방식을 열게 되는 일, 나아가 특별한 감각을 달아 주는 일, 다시 말해 특별한 감각의 일대기를 써 나가는 일, 요컨대 특별한 생의 일화를 전해 주는 일이 다름 아닌 보들레르가 최초로 걸음을 시작한 또 하나의 위대한 일이었고, 이리하여 이는 장차 현대시, 현대 예술의 진정한 창조의 방향을 가리키는 이정표가 되었던 것이다. 이로써 모호한 현실은 현대 상상력이 거주하게 될 지점이 되고, 여기서는 이성이 아닌 감각이 자신의 특별한 방식을 열어, 분명치 않은 웅얼거림, 아무도 말한 적 없는 그것의 연대기를 달게 되고, 그로부터 이 모호한 현실이 담고 있을 특별한 생을 발굴하고, 궁극적으로는 우리 자신의 생의 깊은 비밀을 듣게 되는 일이 열린 것이다. 이것이야말로 현대 창조의 영원한 지향 벡터가 되는 일인 것을.

 이리하여 위고가 우리의 생 한가운데로 경이를 최초로 데려와 주었다면, 보들레르는 이 경이를 인간의 경이로 전환시키고, 이에 '고유한 감각의 연대기를 달기'라는 또 하나의 경이의 방식을 우리에게 최초로 제시한 것이리라. 이 모호한 현실 -이는 일상의 현실이 환기시킨 현실, 일상에서 불러온 다른 현실- 에 달게 될 최초의 자신만의 연대기, 자신만의 특별한 감각의 연대기, 결국 '환기'된 현실의 연대기가 다름 아닌 보들레르가 꿈꾸는 -힘들이지 않고 이해하게 되는- '상징'의 현실이 되는 것이고, 현대시는 결국 이러한 새로운 상징의 시도에 다름 아니게 되는 일인 것을. 우리는 이 모호한 현실을 '탈 연대기의 현실' -연대기 밖의 현실이기에- 이라 명명하고자 하고, 요컨대 현대시는 탈 연대기의 현실에 자신만의 연대기를, 자신만의 감각이 알아낸 연대기를 달 수 있는 지극한 감성 존재들의 용감한 모험기라 할 것이다. 고로 현대 시인들은 기존의 감각의 생을 새로운 감각, 이전보다 더 진실한 감각의 생으로 전환시키게 될 것이기에 진정한 감각 생의 프로메테우스들이라 불려 마땅할 것이다.

3. 초현실주의 경이, 무의식의 연대기 달기

경이를 가장 사랑한 이즘

위고가 시작한 그리고 보들레르를 통해 악마의 힘인 듯 혹은 심연에서 오는 듯, 권태의 일상 한가운데 휘몰아치는 특별한 힘의 순간, 마치 우리 속의 검은 동굴을 만난 듯한 순간인 경이는 실은 초현실주의의 최대 지향 현실로 부각된다. '경이'라고 말하면 바로 초현실주의를 떠올릴 정도로. 그 이후 경이는 빈번하게 쓰이어지고, 그 정의가 자주 새롭게 시도되어 왔던 것이다. 그들은 경이를 '무의식에서 만난 우리 속의 가장 깊은 곳의 진실'로 정의하고 있다.

> 초현실주의는 외관, 환영의 세계를 침투해 내기 위해서 현실 세계와 멀어진다. 이는 <존재의 가장 깊은 감성이 자신을 드러낼 수 있는 모든 기회들은 오로지 환상적인 것에 대한 접근, 즉 인간의 이성이 그의 통제를 잃을 정도에 이른 상태에서만 가능한 것이기에.> 고로 <경이는 실은 픽션 너머를 향하고, 모든 감수성에 가담된다.>
>
> <초현실주의>, 이본느 뒤쁠레시스, Que sais -Je?, PUF p.31

하지만 초현실주의 경이는 살바도르 달리 S. Dali(1904-1989)의 그림 -<나르시스의 변모>에서 왠지 만나게 된 듯한- 이 흔히 그 대표적인 예로 보여주듯이, 이는 우리 속의 검은 동굴, 신비한 동굴을 환기시키는 진실함이 빚는 힘보다는, 왠지 유희적인 혹은 우연적인 혹은 지극히 개인적인 상상 속의 경이를 제시함으로써, 우리의 가장 깊은 곳의 진실을 오래도록 공명시키지 못하는, 고로 잠시 솟아난 빛처럼 우리를 아주 순간적으로만 전율시키게 될 뿐인 것 같다. 왜 그럴까.

환각적 무의식의 연대기 달기

 보들레르 이후부터 경이는 놀라운 현실, 특별한 순간이 불러일으키는 모호한 지대, 즉 탈 연대기의 현실에 자신의 연대기, 자신만의 감각의 연대기를 최초로 다는 일로 이어지는데, 보들레르가 모호한 지대에서 일상과 다른 현실, 영원의 현실을 뽑아내기를 바라는 반면, 초현실주의는 그들의 정신적 스승으로 일상에서 영원을 이끌어내었던 보들레르 대신, 환각적 생의 선구자인 랭보를 삼음으로써 -이러한 선택은 1차 대전 이후의 서구가 가졌던 그들의 문명, 즉 이성에 대한 지극한 반항의 연장선에서 이해해야 할 터인데-, 그들은 일상 대신 환각 또는 꿈을 위한 실험실을 생의 진실 탐색을 위한 지대로 선택했던 것이다. 이 환각의 실험실은 이성 또는 의식이라는 중력을 벗어날 수 있는 무의식의 공간, 무중력의 공간이 될 수 있었기에. 고로 그들이 만나는 경이, 모호함의 현실, 탈 연대기의 현실은 무의식에서 만난 현실이고, 또한 이것에 대한 자신의 감각의 연대기, 결국 무의식의 연대기는 이성이 완전히 제거된 환각적인 무의식의 연대기, 즉 무의식이 만난 깊은 생의 일화를 써 내려가는 일의 경이를 의미하게 된다. 고로 그들의 모호함은 애초부터 일상이라는 인간의 총체적인 현실 -의식과 무의식이 공존하는 현실- 에 대해 다소 편애된 현실인 무의식에서 만난 것이었고, 이에 최초의 연대기를 다는 일, 소위 '자동 기술'écriture automatique'이라 불리는 일은 무의식이라는 편중된 감각을 통해서 이루어졌던 것이다.

무의식, 그 영원한 향기

그들이 최초로 시도한 경악에 가까운 현실, 놀라움의 현실을 그들은 '경이'로서 흔히 지칭하는데, 이 후예들은 보들레르가 추구한 모호함의 현실을 만나려는 의도까지는 그와 같은 길을 걷고 있으나, 모호함의 현실 즉 이성이 이해하지 못하는 분명한 명명을 갖기가 힘든 현실, 이 이즘에 와서는, 일상이 아니라 꿈 또는 환각이라는 우리의 한 면3의 현실에서의 모호한 현실 추구라는 점에서 선배와 다르고, 바로 이 관점으로 인해 장차 숱한 동반자들의 결별을 준비하게 되었던 것이다. 결국 초현실주의는 당대의 센세이셔널한 이즘으로 정신적 모험의 꽃이었지만, 현대 시인들은 이제 이 꽃의 향기에서 멀어져 있다. 하지만 이 후예들은 그들의 꽃 -이들의 극단적인 시도, 의식 밖의 의식, 곧 무의식- 의 피를 그대로 받은 같은 태생에서 피어난 꽃, 그리하여 향기가 다른 결국 같은 종의 꽃에 속하는 것이라 말해야 할 것이다. 왜냐하면 바로 이 꿈의 현실에서의 무의식을 현대 시인들은 일상의 현실에서의 무의식으로 전환시켰을 뿐이기에. 고로 초현실주의 이후의 시인들, 선배 이즘에 대한 반동을 실천한 현대 시인들은, 그럼에도 불구하고, 결국엔 그들과 같은 피, 무의식의 피를 가진 후예들인 것이다.

요컨대 이들이 경악 즉 경이로 삼고자 하는 이상의 꽃, 즉 "경악의 미"는 바로 이러한 무의식 속에서 피어난 꽃이고, 이런 무의식 속에서 추구한 모호함의 현실은 실은 보들레르의 의식 속에서 추구한 모호함의 현실보다 우리 속의 훨씬 더 깊은 심층의 현실을 발굴한다는 데는 아마도 이론의 여지가 없을 것이다. 그리하여 초현실주의 이후 계승된 시와 예술 속의 무의식, 이는 진정한 현대성을 이해하는데 가장 중요한 열쇠일 것이다.

3. 일상의 현실과 마찬가지로 우리의 본래를 구성하는 현실이나 그때까지 온전히 무시되어온 현실, 당대의 프로이드 S. Freud에 의해 부각된 현실, 그러나 이를 이 위대한 정신분석가가 그러하였듯이 우리의 심층에 숨어 있던 잠재되거나 억압된 성적 혹은 정신적 상처의 부정적인 측면의 발굴이 아닌, 우리의 깊은 심층에 묻혀있는 진정한 현실, 이성에 억압되어 드러나지 않은 이성 이면의 진실, 우리의 숨은 본래를 계시해 줄 현실을 의미한다.

4. 초현실주의 이후, <사물-감성>의 연대기

실험실의 경이에서 일상의 경이로

우리가 주지하듯이 초현실주의 이즘의 창설자인 브르똥 A. Breton(1896-1966)만 남기고, 대부분의 가담되었던 시인들은 결국 이 유명한 경이의 실험실을 떠나갔다. 이로써 그 이후 시인들은 더 이상 초현실주의자라 불리어지지 않는 것이다, 비록 무의식의 혈통을 여전히 승계받고 있을지라도. 그렇다면 이들이 무의식을 그대로 간직하면서 무의식의 이즘과 결별한다는 것은 무엇을 의미하는 것일까. 다시 말해 그들은 무의식을 어떻게 전수받고 또 그와 어떻게 결별한다는 것인가. 그들이 실험실에서 만난 경이, 무의식의 경이에 자신들의 모호한 연대기를 다는 일과 결별한 사실은, 우리로 하여금 이미 예상케 하듯이, 실험실에서 얻은 무의식의 현실은, 비록 그것이 우연히 가장 깊은 진실을 보게 될 경이를 가져다준다 할지라도, 우리 본래 생이 놓여있는 자연스러운 현실, 건강한 총체성의 현실에서 길어낸 진실이 아니라 여겼기 때문일 것이다. 즉 이는 진정한 진실이라기보다는 한 면의 진실 -의식의 저편- 만을 보여주는 아마도 불완전한 진실이라 여겨졌기 때문일 것이다. 그리하여 이 용감한 결별자들은 실험실 밖, 본래의 세상으로, 우리의 건강한 생이 살아 숨 쉬는 세상으로, 즉 우리의 일상 한가운데로 돌아갔던 것이리라. 세상 한가운데서 만난 그들의 경이를 이제부터 우리는 만나고자 하는 것이다.

환각적 무의식에서 <사물-감성>으로

그러면 일상 한가운데서 놀라움의 현실, 충격 혹은 경악을 줄 경이의 현실을 어떻게 만날 수 있을 것인가. 현대 시인들은 실험실이 아닌, 일상의 평범함 속에서 어떻게 경이를 만날 수 있었던 것일까. 일상 한가운데서 경이를 만나기 위한 그들의 방법론은 무엇인 걸까. 무의식의 실험실을 벗어나고자 한 그들이 선택한 방법은 무엇일까. 이는 르네 샤르의 표현에서 그 귀중한 해답을 얻을 수 있을 것 같다. 그가 그의 젊은 시절에 이미 요약한, 하지만 그의 시 생애 내내 관통하는 것으로 보아도 무방한, 그의 고유한 시론을 최초로 말한 잠언 형식의 시집, <최초의 물레방아 Moulin Premier> -짧았던 하나 강렬했던 그의 초기 파리의 초현실주의와의 연계를 단절시킨 후, 그의 고향 남불로 돌아와 쓰게 된 최초의 시집- 에서 이미 언급한 "사물-감성"이라는 표현을 통해서 그 해답을 만나게 될 것이다. 이로써 초현실주의 이후 샤르와 더불어 현대 시인들이 선택한 새로운 탐색 지대와 새로운 방법론은 이렇게 요약될 수 있을 것 같다. 즉 환각, 꿈의 인위적인 현실 대신, 일상 그 속의 자연스러운 <사물>을 그들의 탐색 지대로 삼게 되었고, 이를 환각적 무의식 대신 <감성>으로 만나는 일을 그들의 방법론으로 삼게 되었던 것이다. 우리는 이때 감성은 당연히 보들레르가 시작을 열어낸, 일상의 감성이 아닌 새로운 방식의 감각임을 잘 알고 있다.

<사물-감성>, 무의식과 만난 감각

그렇다면 다시 세상으로 돌아가, 사물 앞에 선 현대 시인들은 보들레르의 방식과 다를 바가 없지 않을까. 두 경우 모두 사물 앞에서 감성을 연다는 점에서. 하지만 이 둘 사이에는 분명 큰 차이가 존재하고 있다. 즉 현대 시인들이 실천하는 <사물-감성>에서의 감성은 보들레르의 새로운 방식의 감각인 '환기'와 동일선상에 있으면서, 이와 동시에 무의식을 담은 감각인 것이다. 이는 둘 사이에 다름 아닌 초현실주의가 놓여있기 때문인 것이다. 보들레르는 초현실주의를 몰랐지만, 이 후예들은 초현실주의를 피 속에 녹인 세대인 것이다. 이리하여 후예들은 비록 무의식과 결별했을지라도 무의식, 이 특별한 방법론의 비의적인 힘을 이미 알고 있었고, 단지 그들은 이 이즘이 행한 실험실 속에서 닫힌 무의식을 내리는 대신, 세상 한가운데서 사물과 만나 그로 열리는 무의식을 내리고자 하였던 것이다. 그리하여 후예들이 세상의 사물에 내린 무의식은, 보들레르와 그들 사이를 구별 짓는 궁극적인 차이, 즉 사물과 나의 감성 사이를 경계 짓는 이원론을 극복한 그 경계를 허물게 한 '일원론'으로부터 열리게 되었던 것이다.

<사물-감성>, 사물과 감성의 일원론

결국 보들레르와 초현실주의 이후 현대 시인들은 얼핏 보아 둘 다 '사물-감성'의 동일한 공식에서 그들의 경이를 끌어내고 있는 것 같다. 하지만 전자는 이원론 속에서, 후자는 일원론 속에서 그들의 사물-감성을 열었던 것이다. 이리하여 보들레르는 사물과의 이원론에서, 그 먼 후예들은 일원론에서 그들의 감성을 펼치고 있다. 이 위대한 현대 시조는 무의식을 만난 적이 없었기에 사물과 그의 감성은 경계를 지어 그 둘은 별개의 세계 속에 놓이게 되었지만, 반면 그의 환기라는 새로운 감성을 물려받은 먼 후예들은 초현실주의를 통해 무의식을 알게 되었기에 사물과 그들의 감성, 그 둘 사이의 경계가 허물어지는, 서로 소통하는, 일체가 되는, 고로 하나가 되는 세계를 경험하게 된다. 그리하여 전자에게는 사물과 감성이 서로 영향을 주고받는 일 없이 자신만의 세계에 견고하게 남아 있어, 감성은 사물 결국, 세상을 변화시키는 힘을 전혀 작동할 수 없게 된다. 반면 후자에게는 사물과 감성은 그 경계를 허물고, 하나가 되는 일원론을 열어, 감성의 힘이 사물을 녹여 곧 세상을 녹여 세상을 다시 태어나게 함으로써 서로 영향을 주고받게 된다. 이 사물을 변화시킬 수 있는 힘, 이를 녹일 수 있는 힘, 결국 세상을 변화시킬 수 있는 힘은 바로 이 무의식으로부터 나왔던 것임을.

일원론이 세우는 진정한 낙원

이리하여 전자, 그 이원론에서는 사물과 감성 중 사물의 힘이 더 커 사물 곧 세상의 변화는 거의 불가능했던 것이다. 고로 이분법의 세상, 이성의 세상은 감성과의 온전한 융화 없이 늘 견고하게 남아 우리의 시인 보들레르에게 얼마나 권태나 우울의 현실을 주었던 것인가. 그가 일상에서 영원을 끌어내게 되는 소위 '환기', 그 특별한 마술의 순간에만 경이가 열릴 뿐, 일상의 나머지 순간엔 그의 감성은 사물 밖에 거주할 뿐, 서로를 같은 차원의 존재로 이끌어내는 연금술을 결코 알지 못하는 생을 그는 운명으로 두었다. 고로 그의 낙원, 그의 경이의 순간은 <인공 낙원>이 될 수밖에 없었던 것이니, 이는 환기를 통해 생의 비밀 -가시적인 세계 저 너머의 진실의 세계-, 즉 '영원'을 알게 되는 순간, 숨은 상징을 이해한 순간, 결국 '인간-신'이 되는 순간, 이 드문 순간만의 낙원은 일상 전체를 채우는 대지 전체가 아니라, 일상이라는 바다 한가운데 떠 있는 작은 섬과 같아, 이 낙원의 섬은 자연스러운 일상의 호흡이 아닌 환기라는 특별한 감각의 호흡에서만 도달하기에, 그는 아마도 '인공'이라는 이름을 달게 되었던 것은 아니었을까.

이와 반면, 후자, 그 일원론에서는 사물과 감성 중 감성의 힘이 더 커 감성이 사물, 세상을 녹이고 변화시키게 된다. 고로 사물, 세상은 우리의 감성에 의해 다시 태어날 수 있는 존재인 것이다. 전자보다 후자의 시인들에게서 우울이나 권태가 덜 나타난다면, 아마도 이 전환의 연금술을 그들은 알았기 때문이 아니었을까. 사물은 감성과 경계를 허물고 서로가 녹아 전혀 격리된 존재들이 아니고, 고로 감성은 사물 밖에 거주하는 것이 아니라 사물 안에 혹은 사물과 함께 거주함으로써 고독이나 권태를 알 일 없는 진정한 행복의 차원을 알게 되었기 때문이 아닐까. 그리하여 랭보 -초현실주의자들에게 위대한 시조로 숭배받는- 가 먼 유목의 생으로부터 최초로 알아낸, '생을 바꾸어야 한다'는 연금술의 작은 시작을, 그들은 이제 일상 한가운데서 연 정박의 생에서도 생을 바꾸는 연금술, "가장 하찮은 것에서 영원을 끌어내는" 연금술을 통해, 결국 사물과 감성이 녹아 뜨거운 일원론을 열 때마다 지상은 진정한 낙원 -지상은 인공 낙원이 아니라, 그 자체가 태생적으로 낙원, 영원으로 열리는 낙원이었던 것을- 으로 전환되는 연금술을 얻게 되었던 것이리라. 이는 궁극적으로 감성의 생으로 사물의 생마저 전환시키는 연금술이었던 것이다. 그리하여 그의 시 전체가 뜨거운 일원론이고, 연금술의 장인 샤르의 다음의 신비한 목소리를 어찌 떨리는 가슴으로 우리는 만나지 않겠는가.

사로잡힌 나는 영원의 돌의 습격에 송악의 저속 운동과 혼례했던 것이다.

<아무 것도 변하지 않기를>, <분노와 신비>

결국 사물을 녹여 사물과 일치되는 일을 초현실주의가 최초로, 비록 실험실의 무의식 영역에서 일지라도, 이 푸른 피의 서구의 공간에 열었던 것이니, 그리고 이러한 무의식의 힘 즉, 사물과 감성이 경계를 지우고 서로 하나 되는 비의가 그대로 현대 시인들에게 계승되었던 것이기에, 현대 시인들은 그 단절자이면서 실은 그 진정한 승계자인 것이다. 그런 면에서 초현실주의는 예술 영역에서 진정한 현대성의

시작점이라 불리어야 할 것이다. 예술의 현대성이 생의 전환을 그 중심 지향에 두고 있다 한다면, 이는 다름 아닌 사물을 만나는 감성의 특별한 방식, 즉 사물 속을 내려가는 무의식의 비의에서 그 가능성을 열게 되었던 것이리라.

감성을 울리는 사물-공간, 그르노블

여기서 난 현대 시인들은 아마도 시의 공간으로서 파리가 아닌 다른 공간, 즉 파리의 일상이 아닌 다른 공간의 일상을 선택하게 되지 않을까 싶다. 왜냐하면 사물-감성을 펼칠 수 있는 공간, 사물과 만나 감성을 녹일 수 있는 공간은 분명 파리가 아닌 자연을 풍성히 안고 있는 공간이어야 하리라 여겨지기 때문이다. 이는 일상의 사물을 만나 감성을 녹이는 일, 나아가 탈 연대기적인 존재에 감성의 연대기를 써 내는 일 -현대시의 벡터인 경이의 시작일- 은 울림, 즉 감성의 울림의 공간에서 자연스럽게 이루어질 것이라 여겨지기 때문이다. 이는 다름 아닌 감성의 울림을 나의 일상 생의 정박 공간인 그르노블에서는 그토록 환희롭게 만날 수 있었던 반면, 잠시 정박의 생을 연 파리에서는 결코 만날 수 없었던 사실에서 연유되는 확신인 것이다. 파리는 역사적 연대기의 존재만이 나의 감성에 무한한 울림을 줄 뿐, 연대기 밖의 존재, 그 일상의 공간을 채우는 탈 연대기의 존재들, 즉 일상의 사물에서는 난 아무런 울림을 만날 수 없었던 것이다.

그렇다면 만약 그르노블이 울림의 공간이라면, 그 울림은 어디서 왔던 것일까. 이는 이 공간이 담고 있는 분명함이 아닌 모호함으로부터 왔던 것이라 여겨진다. 분명함이 기존을 감탄하는 이성의 울림만을 열게 한다면, 모호함은 새로운 감성의 울림, 무엇보다 나의 고유한 감성의 울림을 열어 주었던 것이다. 바로 이 나의 감성의 울림에서 현대시는 시작되고 있었던 것이리라. 고로 내게 파리가 분명함의 공간이라면, 그르노블은 바로 이 모호함을 풍요롭게 살게 한 공간이었던 것이다.

*

　　난 고백한다. 감성이 사물을 만나 서로 소통하게 되는 무의식, 그리고 이것이 열어내는 경이의 순간, 즉 무의식이 모호함의 현실을 만나 이것에 감성의 연대기를 달게 되는 경이의 순간을, 결국엔 프랑스 현대시의 정수가 될 현실로 이르게 될 깊은 호흡의 순간을, 난 그르노블의 공간이 아니었다면 결코 이해하지 못했을는지도 모른다. 이 공간에서의 경이를 여는 정박이 아니었다면, 현대시는 내게 한갓 추상적인 이론으로 영원히 남았을는지도 모른다. 그리하여 그르노블이라는 서구의 한 낯선 공간에서 저절로 무의식을 타고 내려가 모호함의 현실을 더듬거리던 나의 감각이 사물의 심층 지대 결국엔 나의 심층 지대, 즉 어린 시절 먼 과거 속에 숨어 버린 나 −그때까지 일상의 표층에서 만나 본 적 없는− , 잊히어진 감각 생의 골목이 들려주던 나의 정체성을 만나게 된 행운을 난 결코 가질 수 없었을는지도 모른다. 샤르가 이미 말해주었듯이, 나의 생의 잊히어진 모든 길들을 난 끝끝내 만날 수 없었을는지도 모른다. 바로 그르노블, 그가 아니었다면!

"시인은 잊히어진 생의 모든 길들을 갖고 있는 것이다."

<깨어진 고요함에>, <바닥과 정점을 찾아서>

3. 경이를 여는 사물-공간
-공간, 경이의 스승-

3. 경이를 여는 사물-공간
-공간, 경이의 스승-

모호함의 공간, 새로운 감성의 우물

 우리는 지금껏 프랑스 현대시의 지향 현실이 경이라는 것을, 그리고 경이는 감성과 사물의 만남에서 가능해진다는 것을, 이때 감성은 새로운 감성을 의미한다는 것을, 그리고 프랑스 현대시는 새로운 감성의 변주에 다름 아니라는 것을 만나 보았다.

 그런데 새로운 감성의 출발점은 한 가지 특별한 조건이 가담된다면 참으로 마술처럼 열리게 된다는 것을 난 유학을 위한 정박의 공간, 그르노블에서 알게 되었다. 이는 다름 아닌 문명 혹은 이성으로부터 벗어남이 그것이었다. 정확히 말하자면 문명이나 이성을 벗어난 사물이 그것이리라. 우리가 문명, 이성의 빛깔을 분명함으로 이해할 수 있다면, 그로부터의 벗어남을 모호함의 빛깔로 이해할 수 있지 않을까. 다시 말해, 기존의 감성이 아닌 새로운 감성이 작동되기 위해서는 특별한 사물이 요구되는데, 이는 바로 기존의 사물, 문명의 사물, 분명함의 사물이 아니라, 문명 밖의 사물, 이성의 분류 밖의 사물, 고로 모호함의 사물이 그것이리라. 고로 새로운 감성은 바로 이 탈 문명화된 사물, 분명함을 잃은 사물, 모호함의 사물에서 그 시작을 열게 되는데, 내게는 다름 아닌 그르노블이 바로 이 모호함을, 모호함의 행복을, 여백의 행복을 최초로 가르쳐 준 공간이었던 것이다. 아마도 파리 -정보 수집을 위한 아주 짧은 정박의 생을 가졌던- 가 내게는 지극히 높은 문명의 공간이었고, 고로 분명함의 공간이었으므로, 난 이곳에선 여백의 거주, 그 행복을 만나 본 적 없었던 것이리라. 이와 반면 그르노블은 전자의 멋진 미학의 도시가 결코 가질 수 없었던 모호함을 자신의 지형적 운명으로 살고 있었고, 그 안에서 사는 기쁨, 즉 문명 밖 거주, 여백의 생의 행복을 내게 처음으로 알게 해 주었던 것이다.

아마도 나의 본능은 프랑스 현대시의 본능과 내재적으로 닮아 있었던 것일까. 분명함보다는 모호함에 오히려 끌리는 기호에 있어서. 프랑스 현대시는 바로 이 모호함으로 시작되는 일이었기에. 즉 프랑스 현대시를 세우는 힘은 다름 아닌 새로운 감성이고, 이 이전과 다른 감성은 바로 이 모호함, 문명 밖의 빛깔에서 그 본능을 열기 시작하므로. 그리하여 이 모호함으로부터 감성은 문명의 강압적인 인식의 자장에서 벗어나게 되고, 그로부터 자신의 고유한 최초의 걸음을 걷기 시작하고, 결국 이 문턱을 넘는 걸음은 생의 본질, 생의 근원으로 우리를 데려갈 것이기에. 그곳에서는 샤르가 먼저 도달하여 이 근원의 연대기를 우리에게 이미 말해 주었듯이, 우리 또한 "새로운 생의 미풍"(<젊음>, <분노와 신비>) 혹은 "영원의 문턱"(<작끄마르와 쥴리아>, <분노와 신비>) 을 고요한 열락 속에서 만나게 될 것이기에. 이리하여 우리는 진정한 생의 자장 속에 들어가게 될 것이고, 진정한 경이를 내 생의 주변에 펼치는 마술을 걸어 두게 되는 것이리라. 바로 이 마술이 어느 공간보다 더 잘 걸리게 되는 공간이 있음을 알게 되었는데, 그가 바로 서구의 한 낯선 공간, 그르노블이었던 것이다. 고로, 이 장은 이러한 마술 공간으로서의 그르노블, 그것의 모호함, 여백의 열림을 말하고자 함이다. 이때 공간이 마술이 되는 일은 다름 아닌 울림을 주는 사물이 됨을 의미하는데, 이 울림은 생의 권태를 치유할 수 있기에 이는 생의 진정한 마술, 진정한 경이의 공간임을 말하고자 함인 것이다.

1. 유용성 아닌 무용성의 공간

공간은 무엇을 의미하는 것일까. 사실 프랑스 현대 예술에서 공간, '에스빠스 espace'라는 용어는 자주 접하게 되는데, 일상의 공간 외 다른 공간을 들어본 적 없는 한 동양인에게는 이 공간이라는 용어의 그토록 현기증 날 정도로 다양한 서구의 적용을 이해하는 일은 참으로 고통스러운 일이었다. 이것이 예술 작품, 텍스트 texte라는 용어와 함께 지향 현실의 공간, 즉 정신적, 감각적 지향성을 담은 총체적 공간을 의미한다는 사실을 자연스럽게 받아들이는 일은 내게는 붉은 피에 푸른 피를 수혈하는 일 만큼의 큰 고통을 동반하는 일이 되었던 것이다. 지형이라는 실체적 의미에서 지향성이라는 추상적인 의미로 전환된 이 공간에서 전자의 공간을 때론 만나기도 하지만, 이는 정신적 감각적 변형을 통해 전혀 새로운 공간으로 태어나 있기에, 흔히 이는 이해 밖의 공간으로 우리 앞에 존재하게 되는 것이다. 고로 이 후자의 공간, 즉 예술 공간은 전자의 공간, 즉 일상 공간에서 쉽게 만날 수 없는 정수를 담은 공간, 이는 전자의 공간의 정수이거나 혹은 이것이 줄 감각의 정수를 제시하는 귀한 공간이 된다는 것을 깨닫게 된 일은 아주 나중의 일이었다. 그리고 전자의 공간, 자연 공간은 후자의 공간, 정수의 공간을 끌어내기 위한 지극히 필요한 존재임을 깨닫게 된 것 또한 나중의 일이었던 것이다.

 고로 이제부터 예술 작품의 공간이 아니라 그것의 본래적 의미, 즉 지리적 혹은 지형학적 실체를 담고 있는, 요컨대 그것의 태생적 의미로서의 공간을 먼저 만나보고자 한다. 하지만 이는 나의 감각을 계속 끌어내게 하는 공간, 나의 감각으로 하여금 경이를 일깨우는 공간, 나만의 감각의 연대기를 달게 하는 공간, 결국 공간의 정수를 이해하게 하는 공간, 이는 또한 우리 감각의 정수를 이끌어내게 하는 공간이 되었으니, 이런 체험을 지형학적으로 만날 행운을 갖게 된 것은 다름 아닌 서구에서의 나의 최초의 정박의 공간, 그르노블에서였던 것이다. 그리하여 예술 공간이 미의 공간, 즉 무용성의 공간이라면, 나를 담고 있는 나의 일상을 담고 있는 이 본래적 공간은 흔히 유용성의 공간으로 이해되거늘, 이 후자가 단순히 나의 일상을 담는 존재가 아닌 무용성의 존재가 되어 나의 감각을 이끌어내고, 내게 어떤 미학과 어떤 생의 정수 혹은 근원 같은 것을 이끌어내게 하는 존재가 되는 일을 난 그르노블이라는 지형적 공간에서 최초로 알게 되었던 것이다.

 그 후로부터 '공간'은 지나가는 통로 즉 이동을 위한 것이라는 유용성의 존재가 되기를 그치고, 그를 만나러 또 그로부터 태어날 나의 감각을 만나러 또 그로부터 얻게 될 어떤 미학이나 정수 또는 근원의 현실을 만나러 가는 존재, 요컨대 내 생의 가장 귀중한 만남을 여는 존재가 되었던 것이다. 이때 일상의 시간은 유용의 시간이 아니라 미학과 정수를 끌어내는 행복한 무용의 시간이 되고, 이와 동시에 이는 일상의 평범함을 담는 공간이 아니라 이를 넘어 특별한 현실 -먼저 감각을 열고, 어떤 미학 혹은 어떤 정수나 근원마저 여는 현실- 을 담는 공간이 되는 것인데, 바로 이럴 때 공간은 다름 아닌 '경이'를 낳는 존재가 되는 것이다. 진정 그렇다면, 공간을 경이의 존재로서 만나는 일, 이는 궁극적으로는 무엇을 의미하게 되는 일일까.

2. 공간의 경이, 탈 연대기에 진정한 생의 연대기 낳기

일상의 공간을 유용성의 공간으로 만나는 일이 아니라 무용성의 공간으로 만나는 일, 즉 일상의 평범함을 뛰어넘어 특별한 순간을 여는 공간으로 만나는 일, 그리하여 공간이 '경이'가 되는 일은 구체적으로 무엇을 의미하는 것일까. 이는 먼저 공간이 담고 있는 경치의 특별함이 낳게 될 경이, 놀라움으로 감각을 칠 경이, 그렇게 이해할 수 있다면, 일상의 감각이 놀라움으로 멈추게 될 경이를 떠올릴 것이다. 하지만 특별한 순간으로 가는 여정의 시작점이 될 이러한 경이가 우리가 말하고자 하는 그것의 총체적 정의, 그 정체성의 전부가 아니라고 말하고 싶다. 우리가 궁극적으로 말하고자 하는 경이는 어떤 특별한 공간 -내게는 그르노블이 될- 이 우리의 감각 또는 감성을 열어 그

것의 모호한 지대를 만나게 하고, 이 모호한 지대에 역시 분명치 않은, 즉 모호한 이름을 달려는 시도를 낳게 되는 일을 의미하고자 한다.

그렇다면 모호한 지대에 역시 모호할 뿐인 이름을 달아 주려는 시도, 이것이 어찌 경이가 되는 것일까. 이는 일상의 공간 한가운데서 감각이 우연히 모호한 지대를 만난 순간, 이 모호함에서 평소의 일상에서 볼 수 없던 '놀라운 하지만 진실한' 현실을 만나는 일을 우리에게 열어주기 때문일 것이다. 이는 일상이라는 연대기 밖의 순간, 즉 생의 탈 연대기적인 순간이 특별한 감각에 의해 감각의 연대기, 결국 진정한 생의 연대기의 순간으로 전환되는 일이고, 이것이야말로 일상 한가운데서 세상의 가장 깊은 진실, 혹은 나의 가장 깊은 진실을 만나는 일이며, 그로써 이 감각적 진실 -나의 감각 또는 감성이 최초로 알아낸 진실한 생의 일화- 속에서 지극한 기쁨을 누리는 일인데, 이것이야말로 다름 아닌 일상에서 경이를 뽑아내는 연금술일 것이기에. 내게 이러한 경이를 열어내는 존재가, 작품의 그것이기 전에, 바로 세상의 한 공간 그것도 한 동양인에게 그토록 낯선 서구의 한 공간, 그르노블이었던 것이다.

3. 파리 아닌 그르노블

그렇다면 그르노블의 어떤 힘이 내게 이러한 경이를 알게 했던 것일까. 그르노블 공간의 무엇이 시를 공부하러 간 나에게 시의 공간,

예술의 공간보다 먼저 이 지형적 공간을 더 선호하게 만들었는가. 이 지형적 공간의 무엇이 고도의 예술 미학, 충적되어 쌓인 정신문명의 결실일 그 높은 형이상학이 알아낸 정수일 '시'의 공간보다 먼저, 그 야말로 어떤 충적된 적 없는 미학 혹은 그런 형이상학이 키웠을 뿐인, 소위 그것들의 '황무지'라 할 자연 공간으로 나를 이끌어 내었던 것일까. 아마도 이는 예술이라는 어떤 형이상학에 의해 높은 감각의 벽으로 둘러싸인 공간보다는, 그 어떤 형이상학으로부터도 자유로운, 그야말로 감각의 총체적 자유로움으로 열린 -그것의 지향점을 알 수도 또한 알 필요도 없는- 공간에 대한 나의 기호가 더 잘 어울렸기 때문이었으리라 여겨진다. 그리고 이는 무엇보다 문명보다 문명의 여백을 숨 쉬게 하는 자연 공간의 분위기에서 가능하였으리라. 분명함으로 강요하지 않는 그로부터 나의 고유한 호흡을 천천히 쉬어내는 여백의 힘을 난 본능적으로 선호하였던 것일까.

이런 연유에서인 걸까. 지극히 높은 감각의 형이상학 공간인 파리에서는 책을 덮거나 박물관을 나서면, 즉 유명한 연대기 공간의 건축물을 나서면, 파리의 일상 공간은 나를 전혀 끌리게 하는 법이 없었다. 즉 이곳에서는 미학 밖의 공간, 형이상학 밖의 공간, 연대기 밖의 공간을 걸어가면서, 나의 감각이 행복하게 열리는 일은 거의 없었던 것이다. 이때 나의 본능은 아마도 행복 지수에 온전한 제로로 응답하고 있었으리라. 고로 파리에서 정박의 생을 열었더라면, 나 또한 유명한 미학 혹은 형이상학 밖의 순간 즉 연대기 밖의 순간마다, 보들레르 그의 생처럼, 권태나 우울로 나의 유목의 생을 채우게 되었을는지도 모른다. 이러한 슬픈 생의 예언은 이곳에서 우연히 만난 어떤 생의 한 정물화로부터 시작되었고, 이 예언의 운명을 난 아직도 맹신하고 있는 것이다.

4. 권태, 그 이미지를 보여준 파리

아마도 어느 여름 토요일 늦 오후였으리라. 내가 잠시 정박의 생을 연 파리 대학교 기숙사에서 걸어 나와 길 하나 건너는 몽수리 Mont Souris 공원을 산책하던 중이었다. 꽃과 나무로 여름 미학을 펼치는 주말 오후 공원의 활기와는 너무도 대조적으로, 우연히 마주친 슬픈 폐허가 흘러나오는 한 아파트의 발코니에서 그림처럼 미동도 없이 서 있는 젊은 여인의 실루엣을 보게 되었다. 미인이었다. 지극히 고요한 늦 오후의 시간을 어둑어둑해지는 발코니에 기대어, 아무런 일도 일어나지 않음을 그대로 견디어내는 무거운 정체 속의 발코니 너머로 흘러내린 긴 머리카락의 그녀의 실루엣. 이를 보는 순간, 빠른 문명에서 온 동양인에게는 그토록 낯선 용어였던 '권태'를 그대로 하나의 이미지로서 만나게 되었던 것이다. 나의 생에서 단 한 번도 만나 본 적 없는 추상 개념으로만 이해해 온 권태를 바로 그 순간 난 아는 종족으로 분류되는 순간이었던 것이다.

이는 또한 나의 대학교 시절, 추상 용어의 목록으로 남아 있던 사르트르 J. P. Sartre의 '자유'의 등 푸른 이면, 권태라는 이면을 난 가슴으로 만나는 종족이 되는 순간이기도 했던 것이다. 인간은 자유를 그토록 열망하면서도 실은 이것의 전적인 실현이 두려워 스스로 사회 제도 즉 사회 굴레에 매인다는 진정 '자유'의 슬픈 부정적인 면 -그토록 바쁜 동양의 나라에서 자유의 푸르고 싱싱한 긍정적인 면도 만끽해 본 적이 없는 나에게는 이것의 이면, 이 푸른 자유의 등, 슬픈 이면은 나에게 추상적인 공감만을 주곤 했었는데- 을 난 바로 실체로 만나게 되었던 것이다.

어떤 공간에서 지극한 우울이나 권태를 갖는다는 것은 어쩌면 공간이 어떤 존재의 감각을 전혀 울리지 않음에서 연유하기 때문이 아닐까. 감각의 비 울림은 감각을 전혀 열리게 하지 않을 것을 의미할 것이기에. 그리하여 그의 본능은 전혀 행복의 울림을 갖지 못하게 되기 때문이 아닐까.

5. 파리가 데려간 먼 고독

권태를 이미지 자체로 보여주었던 그녀보다는 그래도 난 행복한 고독을 누렸던 것일까. 나의 짧은 파리 정박을 나의 원 태생과 아무런 연관도 없을 파리의 대학교 기숙사 Cité Universitaire de Paris의 동양관이 아닌 아르헨티나 관을 선택한 것은, 단지 그들의 외국인의 임시 정박을 탄력적으로 열어 둔 즉 정박의 기회를 가장 풍성히 열어둔 배려 깊은 이유 때문만은 아니었던 것으로 기억된다. 낮 시간의 관광과 정보로 지친 나를 포근히 달래줄 안식의 공간으로써 난 어찌하여 그토록 먼 나라의 향이 그대로 전달되는 듯한 파리보다 더 먼 이국 공간을 선택했을까. 무엇보다 바로 이 점, 이곳보다 더 먼 나라의 향, 그것이 나를 이끌었던 것이리라. 즉 이 먼 나라의 관은 현대 기숙사라는 이 큰 공간의 통일적인 방식, 현대성과는 아무 상관없는 양 자신의 나라, 먼 곳의 생의 방식, 그것도 먼 과거의 생으로부터 오는 방식을 조금도 물릴 일 없다는 듯 이 먼 원정의 공간, 파리에서 그대로 펼치고 있었던 것이다. 이는 진정 아르헨티나를 가 보지 않고도 아르헨티나를 사는 일, 그것을 열어내는 것이었다.

낮의 연대기적이고 미학적인 공간들의 바쁜 방문으로 지친 나를 맞이하는 이 과거의 공간은 크고 고요한 방이었다. 미색에 가까운 회색빛의 지극히 차분한 공간에서 아무런 장식물도 없이 오로지 조촐한 책상 하나와 낡았지만 늘 누운 독서를 유혹하는 시원하고 편한 침대 하나가, 그로부터의 높은 천정이 주는 공간 울림을 난생 처음 알게 한 크고 높은 방이었다. 하지만 문의 중후한 두께와 그 손잡이의 중후한 느낌과 침대의 은근한 고풍적인 분위기와 나무 책상의 나의 이런저런 널려지는 자유로운 책들을 다 수용할 수 있다는 듯한 풍성한 크기와 누우면 저 멀리 높이 놓여있어 나와 그의 사이에 편안한 먼 여백을 주어 이 화려한 문명 속에 누워서도 문명으로부터 멀어진 듯 현재 생으로부터 해방을 주는 벽과 이와 같은 빛깔의 은은히 어두운 미색 천정이 아르헨티나가 어떤 혈통의 공간인가를 말없이 가르쳐주고 있었던 것이다.

그리고 파리 한가운데서 나의 생을 담는 이 비밀의 공간으로 들어

가는 복도 또한 미로 속에 들어간 듯 한여름 속에서도 시원함이 아
찔함의 감각으로 나를 늘 감싼다. 미궁처럼 서로 통하게 만든 이 또
아찔한 어느 복도의 길 잃음에서 더 아찔하게 나를 유혹하는 존재를
만나게 되니, 이는 예측 밖의 작은 정원이었다. 아르헨티나 유학생들
의 공간에서 그들의 아침 물담배를 나누어 피우는 풍속도 몰랐기에
더욱 이방인이었던 나의 고독은 바로 이 작은 정원에서 때론 위로를
받곤 했던 것이다. 물론 이 고독의 미로를 따라 이 관의 입구인 큰
현관으로 이르면, 그들의 옛 영화를 그대로 보여주는 중후하고도 화
려한 생의 장식물들과 그들의 화려한 그러나 지극히 자존심 넘치는
생의 에너지를 다 실은 듯한 악센트의 인사가 나를 늘 기다리곤 했
지만 난 복도의 나를 아찔한 감각으로 이르게 하는 은밀한 소로로
돌아온다. 그 고독한 미로의 복도 어느 모퉁이가 참으로 고독한 생의
순례자를 위로하려고 열어 둔 작은 정원, 이를 만나기 위하여. 그리
고 이 공간의 어느 작은 이름 모를 꽃이 당시의 나의 감각에 작은
일화를 남겨두게 하였다.

> 이것은 혹 싹씨프라쥬 Saxifrage가 아닌가. 한 번도 본 적 없
> 는 이 꽃의 이름을 문득 떠올리는 이유는 어디서 연유되는 것
> 일까. 옥타비오 빠쯔 Octavio Paz의 유명한 시 비평집의 제목
> 에서 왔는가, 아니면, 샤르의 시에서 그의 고행을 그토록 감동
> 적으로 대변한 이유에서 왔던 것일까. 이 꽃의 태생은 바위인데
> 도 이 정원의 한가운데서 고요히 서 아름다운 고독을 감내하는
> 듯한 이 작은 꽃에 난 이유도 없이 싹씨프라쥬라 명명하고픈
> 욕망을 부려본다.

이것은 왠지 먼 훗날 되고 싶은 나의 이미지의 결정체일는지도 모른다. 잘 보이지 않는 길에, 은밀하고 아찔함이 감도는 길모퉁이에, 혹은 작은 들판에 서 있는 검은 색의 작은 나무일 것이다. 고사목도 아니련만 아주 검은 색으로 깡마르고 그 열매란 것도 바람이 불면 바스락 소리 날만큼 메마른. 오랫동안 말을 해 보지 않아 그녀가 말을 하게 되면 흰 레이스 같은 진이 바람에 조용히 흩뿌려질 것 같은. 아! 그것엔 뮈르 쏘바쥬mûre sauvage의 향기가 감돌아 다니고. 이 작은 검은 망토의 나무는 혼자 익고 익어 -태양 속에서 고독 속에서- 그 검은 풍요가 넘쳐나고 그녀가 한번 미소 지으면 알지 못할 신비가 감돌 것 같은 이보다 더 할 수 없는 영혼의 담즙액 -명증하면서도 지혜롭고, 향기로우면서도 풍요로운 통찰로 가득 찬- 으로 넘치는 빛남, 그 눈빛, 그 고요, 그 은밀한 동작으로 행복을, 이 세상에서 가장 소중한 존재와 만난 듯한 느낌을 줄 나무 같은 꽃. 이는 결코 니이체적이지 않았다. 오히려 파헬빌의 케논 같은, 알비노니의 아다지오 같은 존재에 더 가까운.

하지만 내가 파리에서 유학의 정박의 생을 풀었다면, 나 또한 보들레르의 생이 그러했듯, 생의 반 -일상 생의- 은 권태의 생에 갇혔을는지도 모른다. 지상에 유배된 자만이 갖는 위대한 운명인 양, 권태를 나의 생의 방식으로 채택했을는지도 모른다. 혹은 그녀처럼 나 또한 권태의 한 이미지로 타인에게 제시되었을는지도 모른다. 하지만 파리의 권태를 살기 전에, 참으로 다행히도 난 그르노블을 나의 정박의 공간으로 선택하게 되었던 것이다. 고로 내가 프랑스를 몰랐더라면, 아니 더 정확히는 파리 아닌 그르노블의 공간을 몰랐더라면, 내 생의 시간 -일상의 시간, 특별한 순간 밖의 시간, 명명되지 않고 그냥 흘러가는 시간- 은 보들레르가 우리에게 절실히 부각시킨 이 권태의 순간으로 채워졌을는지도 모를 일이다.

6. 연대기의 비 울림의 공간, 파리

그렇다면 파리에서의 나의 권태는 어디서 왔을까. 파리가 프랑스 史 연대기 최정점의 건축물들과 그 건축물들이 제시하는 숱한 미학들 그리고 이 모든 연대기적 미학을 가장 다양한 형이상학을 통해 제시함으로써 충격적인 깊이를 전해 주어 매 읽는 순간마다 숨죽이게 하던 사유를 담은 책들과의 만남 이외의 시간들, 소위 탈 연대기적인 나의 시간들은 권태나 우울로 고독하게 닫히게 되었으리라. 이는 무엇보다 먼저 나의 먼 엑조티시즘의 유목의 생을 유혹한 보들레르, 그가 그렇게 하였기에, 그리고 난 그의 고독한 눈빛을 닮고 싶었을 것이기에.

하지만 실은 파리라는 공간은 그 곳의 높은 미학과 높은 문명의 공간의 방문에서는 무한한 열림, 무한한 경이를 가질 수 있었지만, 이 밖의 공간, 다시 말해 미학 밖의 공간, 문명 밖의 공간에서는 나의 감각은 오히려 닫히게 된다는 사실을, 파리에 머물게 된 짧은 정박의 생 -정보 수집을 위한 두 달 간- 에서 난 알게 된 것이다. 그리고 심지어는 자연과는 동떨어진 미학의 거대한 높이로 쌓은 건축물들, 이 건축물들 사이를 거니는 동안에도 나의 감각은 종종 편안히 열릴 줄 모르는 것이었다. 즉 그들이 의도적으로 -문명의 깊이만큼 심오함의 깊이로- 제시하는 최초의 미학적 충격 그 확인 이외의 순간엔 나의 본능은 꼭 닫혀 있었다. 어쩌면 그 충격이, 그 경이가 너무나 분명하고 차가웠던가. 이 높은 연대기의 공간은 나의 본능이 숨 돌릴 그리고 서서히 덥혀질 공간, 즉 어떤 편안한 여백의 공간과는 거리가 멀었던 것일까. 이 건축물 사이를 걸어가는 -연대기의 미학을 만나는- 연대기적인 나, 그런 '나 밖의 나' 즉, 탈 연대기적인 나에게 이들은 아무런 말도 걸어오지 않았다. 나의 본능 지수를 덥히는 방법을 그들은 전혀 모르고 있었다. 이리하여 나의 굳어진 본능 또한 그들에게 아무런 말도 걸지 않았고, 결국 이 공간은 내게 아무런 울림을 주지 않았던 것이다. 내게 울림을 주지 않았다는 것은 나의 감각의 본능을 울려 주지 않은 것이니, 결국 파리는 탈 연대기적 -일상의- 인 나의 생에 행복에 관한 어떤 가르침도 어떤 방법론도 전혀 주지 않았던 것이다.

7. 파리의 연대기에 나의 모호한 연대기 달기

그럼에도 불구하고 파리의 프랑스 역사를 장식하는 연대기적인 공간, 그 유명한 공간 앞에서 난 그들의 연대기와 상관없이 나의 연대기를 펼치는 시도를 참지 못했던 것 같다. 다음은 당시의 나의 어쩔 수 없는 욕망의 부림, 이 행복한 욕망의 부림을 즐긴 나의 감각의 투정을 소개할까 한다. 연대기를 통한 그 건축물의 공식적인 정체성을 기대한 모두에게 작은 유감을 전해 드리면서.

1.

Louvre의 측면. 어떤 인간의 현란의 감동이 저 순간 바로 저 위에서 멈추어 버린 걸까. 거의 비슷한 모양의 저 점묘 형태 혹은 작은 연결 -꽃이기도 하고 별이기도 하고 비스켓 위의 작은 장식이기도 하던- 이 이렇게도 순간의 감동을 멈추어 둘 줄이야.

2.

이 건물이 진정 루브르란 말인가. 진정 보석으로 따지면 무엇이 될까? 프랑스 예술의 실체를 여기서 느낀다고 해야 할까. 로마의 예술이 영감의 풍요, 넘침이라면, 프랑스는 정제의 미학을 이루어내었다. 이는 프랑스 미학의 총 결집이 아닐까 생각된다. 섬세함. 우아함. 균형. 절제. 은은함. 조금도 거부감을 주지 않는 산뜻한 정중함. 하나하나에 들인 정성이 가히 그 무엇에도 허술함을 보여주지 않는 구조의 미학이 여기에 있다. 이태리, 로마의 풍요를 프랑스는 받아들여 가장 극도의 절제와 정제, 질서, 균형으로 다시 만들어 놓았다. 이것이 바로 프랑스 미학의 핵심이 아닌가 한다. 그 정제 미는 노트르담의 그것과 맞먹는다. 루브르궁 앞에서 난 모든 것을 다 잊는다. 말없이, 단 한마디의 이유도 설명도 없이. 그의 힘의 미학을 다 보여준 것이다. 더 이상 말할 수 없는 아름다움으로. 그의 美는 우리를 침묵케 한다.

내게 방금 웃고 간 프랑스 아이는 -얼굴에 까만 딱지가 약간씩 난 소박한 얼굴의- 어디 갔나. 내게 다정한 미소, 이해의 미소를 보내고는.

3.

내게 있어서 파리의 보석은 오페라다. 가장 강하고 위대할 수 있는 여성 혹은 아니마를 위한 시야, 그 시야를 가능케 하는 회랑의 장엄과 어둠과 신비. 사물의 탐색과 지배를 시작할 수 있는 힘의 시야. 높이와 회랑이 갖고 있는 모든 무게와 거리와 둘레들. 내게는 여기서부터 보석과 비밀과 신비가 시작된다. 가장 위대한 힘, 근원의 어둠 빛으로 내려가게 하는 힘이 파리 한가운데 보석으로 자리 잡고 있는 것이다.

4.

모처럼 숨통이 트이는 장소, 오각지대에 앉아 있다. 오페라가 나의 왼쪽에서 조용히 오후의 숨을 돌리고 있다. 그곳에는 내가 사랑했던 여신이 회랑 밖으로 몸을 내밀고 오후의 푸른 안락을 그리고 있을 것이다. 내게 아직도 온전한 열정이 남아 있다고 말할 수 있겠는가. 온 마음으로 다 사로잡히는 열정. 그 온전한 핵심으로 내려앉을 때까지 그 핵을 향해 온 마음으로 덮어가는 밀도, 온통 검은색으로 다다르는 열정. 온전한 다다름을 갈구하는 열정이었거늘. 그런데 언제부터 이 열정의 행운아가 그 순수한 힘의 보유를 분열시키게 되었는가.

5.

오랑쥬리Orangerie 미술관. 끌로드 모네 Claude Monet. 어둠 속에 나타나는 미를 포착하는 사람이다. 미를 포착하는 방법에 있어 샤르와 너무나 닮아 있는데. 그의 '인상'은 단지 빛의 실험이 아니다. 사물 속에서 한순간 만나는 미의 출현. 숲속에서 가지의 흔들림 속에, 주변과 합일 속에 빠진 상태 속에서의 환희. 미를 만나는 감동의 절대적 상태. 그는 나타내고자 하는 대상을 부각시키기 위해 주변의 장치들을 과감히 끊었다. 자신이 누리는 강력한 감동이 어떤 시각 속에서 고려되었는지를 자신 있게 표현하였다. 진정 시각적 비전의 천재이다. 떠가는 물의 느낌을 이렇게 표현할 수 있는가. 너무나 드물게 다가온 미의 만남의 순간을 이렇게 표현할 -작은 수련의 모습으로- 수 있는가. 너는 언어로써 이런 느낌을 표현할 수 있는가.

6.

뛸러리Tulerie 공원 -오랑쥬리 박물관의 배경이 되어주는- 이다. 신께 감사드린다. 이 안온한 호숫가로 이끌어 주신 것을. 물론 이는 호수가 아니고 샘이다. 이렇게 간결한 구조 하나로 모든

I. 공간과 경이 79

미학을 다 지배하는 경우를 보았는가. 적당히 너른 선으로 테두리를 치고 그 안은 고요히 흐르는 물, 그리고 이 광장 같은 수면 위에 단 하나의 장치, 아주 작은 유골 단지인 양 혹은 향로 같은 동(銅)의 물질로 된 물체를 앉혀 두었는데, 그곳으로부터 아이들의 놀이 같은 귀여움의 동작인 양 가느다란 물줄기가 뿌려지고 그대로 공중으로 작고 귀여운 원을 그리며 흩뿌려진다. 옆으로 돌아가면서 퍼지는 이 작은 물줄기의 중앙에는 바로 위로 내뿜는 좀 더 강력한 물줄기가 있는데, 이것이 걸작이다. 이 물줄기는 위로 솟아서는 한 방향에서 떨어지는데, 그 물줄기의 떨어짐이 기상으로 가득 찬 말갈족의 수슬의 기상 같기도 하고 뛰는 말의 갈기 같기도 한데. 이 작은 장치, 이 간결한 구조로써 -이 장치에 대비되는 너르고도 너른 샘의 수면- 명상으로 이끌어지는 작은 분출, 감동의 미학을 이리도 잘 표현한 것을 본 적 있는가.

7.

로댕 박물관 Musée de Rodin. 릴케R. M. Rilke가 어떻게 해서 그의 시에서 신비를 획득하였는지를 이해할 것 같았다. '다 드러내지 않는 일', 그의 스승 로댕 그 자신 바로 그것에 대해 정통한 자였음을. 그가 조소의 현대성의 문턱을 최초로 열고 나간 이유를, 그리고 그는 놀랍게도 그리스-로마 신화의 정통한 자였음을 알았다. 그 특성을 소화하여 드러내기, 그리고도 일상성 속에서 그 영원한 타입을 뽑아내어 드러내기.

8.

 여기는 꽁꼬르드Concorde 광장. 프랑수와 15세의 상statue 을 안치하기 위해 준비한 광장치고 대단한 규모, 광장을 틀 짓는 남, 북 양쪽의 호텔 Hôtel -그 쓰임이 무엇인지 잘 몰랐는데 나중에 알게 되지만 파리 박람회를 위해 지은 그랑 빨레Grand Palais와 쁘띠 빨레Petit Palais였던 것을- 이 있고, 그리고 광장 내부로 들어오면 가장 중앙에 두 개의 오벨리스크가 서 있는데, 바로 이것을 다시 틀 짓는 두 개의 샘. 이는 로마의 성 베드로 St. Pierre 사원의 그것에서 영감을 받았다고 하는데 가히 걸작이다. 인간과 물고기와 물, 그 비상의 그리고 축배의 잔의 조화이다. 샘은 그야말로 기쁨이다. 무용성의 최상의 도구 중 하나이다. 진정 로마다운 풍요로운 삶을, 휴식을, 그 넘침을 보여주는 작품이다. 물이 뿜어 나오는 물고기를 든 여섯 명의 남녀가 번갈아 가며 서 있고, 물고기의 꼬리 모양을 상징하는 어쩌면 인어의 그것일지도 모를 꼬리 위의 작은 휴식처에서는 여자들을 사이에 두고 하나의 남자인 배치로 앉아 윗몸을 모두 벗고 아래는 치렁치렁한 의복을 그대로 혹은 자연스럽게 걷어 올린 채 앉아 밖의 여섯 명의 사람들이 뿜어내는 물줄기의 시원함을 그대로 만끽하고 있다. 그 벗음에는 조금의 과장이나 과시도 없는, 성적인 느낌도 없이, 그대로 인간다운 일상의 삶에서 필요한 휴식의 한 모습을 보게 될 뿐인 것을. 이들 위로 장식의 섬세함과 아름다움 또한 굉장하다. '휴식'의 이미지를 이렇게도 아름답고 편안하고 감동적이고도 또한 삶의 일상 현실 그대로 표현한 작품이 또 있을까 싶다. 삶의 진실을 거리낌 없이 보여준 작품. 우리에게는 너무 많은 금기가 우리의 진실을 가리는데, 이렇게 풍요롭게 그 필요를 드러낼 줄 알다니.

9.

파리의 지하철 -하나의 거대한 지하 세계, 미궁-. 어느 골목에서 따뜻한 바람이 불어왔다. 그들은 가난한 사람들에게도 가능한 거리의 음악. 아름다운 남미 음악! 고통받는 사람들의 마음속에 후련한 시원함을, 저 깊은 침잠의 바다를 다 일깨우고 깊은숨을 내쉼으로써 잠시나마 살아 있음의 행복을 실어 내는, 혼돈된 행복감을 일구어내는 그들 스스로 가난도 잊고 우리 모두 물질도 잊고 그저 그 리듬에서 행복해지는 묘약. 구성된 저 악기들의 이름은 무엇일까? 거대한 자연 속에서 웅장한 폭포, 강렬한 수풀, 높은 산에서 당연히 만들어졌을 듯한 저 악기. 그 악기들의 깊은 울림. 이 공간을 감동으로 깊이깊이 울린다. 여기는 온통 자유의 나라. 아르헨티나의 음악이 영혼을 육체를 애무한다.

참으로 이상한 일. 파리의 자랑은 진정 자유다. 가난할 자유. 불쌍해 보일 수 있을 자유. 그러면서도 당당할 수 있을 자유. 어떤 규칙에도 매일 필요가 없을 자유. 어떤 인식에 의해서도, 어떤 관습, 어떤 모랄에도 매일 필요가 없는 자유. 그야말로 온전한 자유, 전적인 자유인 것이다.

8. 탈 연대기의 울림의 공간, 그르노블

 이 슬픈 공간, 권태의 공간, 그 이유에 대하여 나중에 이해하게 된 사실은 파리는 멋진 산을 알지 못한 공간이라는 점이었다. 이는 내가 정박의 생을 펼친 공간, 그르노블이 알고 있는 산 공간이 내게 가르쳐 주었던 것이다. 결국 파리가 미학의 경이를 누리게 하는 공간이었던 반면, 그르노블은 자연의 경이를 누리게 하는 공간이었던 것이다. 그리하여 연대기를 누리려는 존재에게는 파리는 많은 지식적 연대기를 울려 주게 될 것이다. 고로 역사나 이성이 분명히 명명해 주는 연대기라는 정해진 궤도, 주어진 미학의 궤도를 충실히 따라가고자 하는 존재에게는, 파리는 놀라운 경이, 하나 이성적인 경이 결국 연대기적인 경이를 무한히 열어줄 것이다. 이에 반해 그르노블이 열어주는 자연의 경이는 연대기적인 경이가 아닌 것이다. 이는 연대기를 벗어나 있는 경이인 것이다. 그리하여 자연에서 경이의 채취는 아마도 비 연대기의 미학에서 스스로 아직은 이름 붙일 수 없는 미학 -명명된 적도 인정된 적도 없는 미학- 을 스스로 이름 붙이는 일 -그 이름이 아직은 참으로 모호할지라도- 과 통하는 일일 것이다. 고로 그르노블 공간의 경이, 자연의 경이는 바로 이러한 '비 연대기적인 순간에 이름 붙이는 일'과 통하는 것이다. 아무도 명명하지 않은 것에 명명을 붙여보고자 하는 욕망, 바로 이것이 현대시의 근원적인 욕망임을 난 나중에 깨닫게 되는데, 그르노블의 경이는 이 현대시의 욕망을 말없이 전수받게 되는 지극히 행복한 생의 훈련 과정이 되었던 것이다. 그리하여 그르노블의 경이는 연대기와 연대기 사이의 시간 즉, 탈 연대기적인 시간, 다름 아닌 권태라 불리어지는 일상을 권태로 규정짓지 않는 일, 이제는 '경이'라는 특별한 순간으로 명명하는 일과 궁극적으로 통하는 일이었던 것이다.

내 무료한 생의 오랜 화두를 바로 그르노블 공간, 위대한 연대기적인 건축물 대신 탈 연대기적인 산을 거주시킨 공간이 그 답을 '자연의 경이'라는 방식으로 풀어주게 될 줄은 난 정녕코 몰랐던 것이다. 즉 연대기적인 미학이 아닌 탈 연대기적인 미학의 산, 그르노블의 멋진 산이 나도 모르게 그것에 나의 감각이 최초로 알아낸 연대기의 미학으로 답을 달게 하곤 하였는데, 요컨대 이는 중압감의 건축물, 이성의 건축물이 아닌 자연의 건축물인 산이 나의 본능을 나의 본능적 감각을 저절로 열게 했던 것이리라. 고로 파리에서는 한 번도 열리지 않던 나의 본능을 이 공간은 그토록 자연스럽게 열게 하고 또 숨 쉬게 하였던 것이다.

9. 권태의 마술적 치유 공간, 자연

이러한 탈 연대기적인 존재 앞에서 그토록 행복에 겨워 경이에 빠져 감각을 여는 일, 감각을 개화시키는 일은, 이 경이에 감각이 자신도 모르게 "가리킬 뿐 설명하지 않는" ─현대시 창조의 방향을 고대 어느 그리스 철학자가 이미 이렇게 예언했듯이─, 참으로 모호한 감각을 달게 만드는 일임을 그르노블의 생은 가르쳐 주었던 것이니, 바로 이로부터 일상의 생, 탈 연대기적인 생의 권태를 경이로 전환시키는 생의 놀라운 비의를, 분명 보들레르는 안타깝게도 몰랐을 비의를 난 배우게 되었던 것이다. 난 분명히 알고 있다. 보들레르가 파리를 거주의 생으로 두지 않고 그르노블 혹은 나중에 알게 된 열락의 공간인 남불을 그의 정박의 공간으로 삼았다면, 그의 권태나 우울은 그의 생에서 그 슬픈 거주를 몰랐으리라는 것을. 그리하여 그의 창조의 생의 순간에만 펼쳐졌던 경이가 늘상의 경이로 바뀌는 -어쩌면 남불의 시인 르네 샤르의 생이 그렇게 채워졌을- 진정한 파라다이스를 그 또한 구축했을는지도 모른다. 이렇게 함으로써 그는 그의 연대기적인 생, 즉 창조의 생에서도 경이를 그리고 이와 동시에 그의 탈 연대기적인 시간 즉, 일상의 순간에서도 산의 경이가 가르쳐 주게 되었을 모호함의 미학 -그 자신 최초로 부각시킨- 을 기르게 되는 경이를 사는 행운을 가졌을는지도 모른다. 이것이 실은 초현실주의 이후의 현대시가 은밀히 걸어가게 될 비의의 길이 된다는 것을 난 나중에 깨닫게 되었던 것이다. 자연 공간에서 획득하는 모호함의 미학을, 그리하여 사물과 하나로 녹는 절절한 감각이 주는 모호함의 미학을, 이 미학에 모호한 웅얼거림으로 답하는 진정한 행복을, 이 탈 연대기의 순간에 감각의 연대기를 다는, 그리하여 생의 진정한 주인이 되는 행운을 누리는 일이 다름 아닌 현대 시인의 생이 된다는 것을 난 나중에 알게 되었던 것이다.

 결국 지극한 권태를 치유할 존재를 난 만나게 되었으니, 이는 다름 아닌 그르노블이었던 것이다. 그는 권태로부터 벗어나는 마법을 내게 가르쳐 준 최초의 귀한 공간이었던 것이다. 그리하여 그 곳에서 일상을 경이로 전환시키는 마술을 만나게 될 줄은 그리고 이 경이가 결국엔 내 속의 나, 내 속의 먼 고대, 내 속의 먼 근원으로 이르게 하는 마술을 나의 태생에서 이토록 낯선 공간에서 만나게 될 줄을 난 그 땐 전혀 예측하지 못했던 것이다.

II. 산

1. 그르노블, 울림의 공간

1. 그르노블, 울림의 공간

1. 경이의 우물, 산 공간

파리에서 전혀 열리지 않던 나의 본능이 그르노블에서는 어찌하여 열리는 것일까. 어찌하여 그르노블은 나의 감각을 열게 하는 일 즉, 감각의 생을 울려 주었던 것일까. 이는 이 공간의 무엇에서 왔던 것일까. 난 이 울림의 비밀을 산, 그르노블이 특별히 키우는 산에서 왔노라 말하고 싶다. 산과 함께 사는 그르노블은 산 지형이 드문 프랑스에서는 진정 특별한 공간인 것이다. 남불의 산도 중불의 산도 아닌 이 동불의 산은 무엇보다 알프스 산맥으로부터 계보를 잇는 태생이어서 아름다운 폐허의 남불도 아닌, 지극한 짙 초록 밀도로 가득 채우는 중불도 아닌, 무엇보다 이해하기 힘든 추상화 또는 어떤 미학의 기하학으로 눈과의 푸른 만남을 자신의 운명으로 삼는 산 공간이었던 것이다. 우연히 프랑스어 사전의 비교급의 한 예에서 만난 그르노블 -"그르노블의 산만큼 아름다운 것은 없다"- 은 이 공간의 지형적 특징을 이미 암시하고 있다. 사전 속 정의가 이미 가 보기도 전에 예고하듯이, 이곳의 산은 그냥 산, 산의 전형적인 모습 -나의 살의 공간이 규정시켰던- 의 산이 아니었던 것이다. 나와의 최초의 만남을 연 그르노블 입구를 지키던 그 기괴한 산이 자신의 입구를 통과하게 하면서 펼쳐내는 산 정경, 그야말로 스펙타클은 보는 순간 바로 감탄을 자아내게 하는 것이었다. 내 생에 단 한 번도 본 적 없는 기상천외한 형태의 웅장함이 주는 산들은 지극한 열병마저도 단 한 순간에 날릴 그런 경이로 나를 맞이하였던 것이다. 문명 한 가운데서 바로 만나게 되는 이곳 공간 도처에 존재하는 설산의 먼 듯 가까운 정경은 아마도 어느 공간도 줄 수 없는 그르노블만의 지형적인 힘이었던 것을. 이는 진정 숙명적인 칩거의 병마저도 낫게 할 치유력 그런 힘을 부리게 됨을 보는 순간 확인하게 되리라. 도시의 지평선을 보는 각도마다 그토록 다르게 드러내는 산, 기괴함과 웅장함 그러면서도 상냥함의 변주인 산. 분명 그르노블은 이런 산 없이는 자신의 생을 영위할 수 없으리라. 그리고 자신의 생의 정체성을 정의할 수도 없으리라. 이리하여 현대 문명 한가운데서 산과의 이토록 감동적인 놀라움, 생생한 경이를 열어준 그르노블은 애초에 프랑스 미학과 그 형이상학 즉 연대기적인 지식을 만나러 간 한 동양 존재를, 애초의 이 예술 공간 특히 시 공간보다도, 세상의 공간으로 먼저 걸어가게 한 강력한 매혹의 근원이었던 것이다.

 산은 자신의 기괴함과 웅장함 그리고 스스로 정립한 미학만으로도 우리를 홀딱 반하게 함으로써 '경이', 그것의 정의적인 만남을 그토록 자연스럽게 우리에게 이끌어내는 일만으로도 충분할 텐데, 그는 그 푸른 기운으로 꽃과 눈과 하늘과 아침부터 저녁까지 변주되는 그 날의 태양과 대화하여 매번 볼 때마다 그토록 행복한 미학의 변주를 어쩌면 행복한 신의 미학이라 할 변주를 보여주곤 하였으니, 이럴 때면 자신도 모르게 신이 세우는 경이에 초대되어 감히 이를 자신의 열린 감각이 이해한 미학으로 정의 내리는 일 -신의 미학에 인간의 미학으로 감히 답하는 일- 을 난 감행케 하곤 하였으니, 이로써 난 자신도 모르게 탈 연대기에 초대되는 법을 그리고 탈 연대기에 자신만의 감각의 연대기로 답하는 법을 배우게 되었던 것이다. 요컨대 서구의 '경이'를 이해하는 일을 그르노블 공간이 열어 주었던 것이다. 이는 결국 흔적 없는 표지에서 그 아래 숨어 있던 숙명의 표지를 꺼내는 일인 것을. 이 쉽지 않은 용기의 시작을 산의 공간, 그르노블이 참으로 자연스럽게 나에게 열어 주었던 것이다. 이것이 다름 아닌 프랑스 현대시에 이르는 가장 핵심적인 길이 되는 것임을 난 나중에 알게 되었던 것이다.

2. 공간의 모호한 분위기, 매혹의 우물 빛

그런데 시를 배우러 간 자에게 시의 공간보다 자연의 공간으로 먼저 매혹의 걸음을 걷게 한 것은 그르노블 산의 경이적인 형상만이 그 매혹의 전부는 아니었다. 실은 그르노블 산만으로도 우리 일상 생이 울림을 갖게 되는 경이 즉, 우리 감각이 자연스럽게 열려 일상의 평평함이 행복의 울림을 갖게 되는 경이를 배우게 해 주었는데, 이 공간의 매혹은 여기서 멈추게 되는 것이 아님을 난 정박의 생을 계속 이어가며 알게 되었다. 산과 더불어 이 공간은 특별한 빛을 품고 있어 감각이 깊이에서 계속 울리게 된다는 것을, 다시 말해 이 공간은 특별한 빛, 즉 모호함으로 먼저 다가오는 빛으로 깊은 감각을 울리는 우물이 된다는 것을, 그리고 이 모호한 우물의 빛은 다시 두 빛깔을 통해 드러나게 된다는 것을 계속 이어진 나의 정박의 생은 가르쳐 주었던 것이다.

그르노블 산은 자신의 기괴한 외형을 통해서 우리에게 경이를 불러일으키는 일만이 아니라, 그는 아마도 전 공간에 미쳤을 특별한 분위기를 도처에 부여하는 것이었다. 이 특별한 분위기란 산이 그대로 문명 한가운데로 내려와 만들어내는 분위기일 것 같은데, 무언지 모르게 이 공간 전체를 채우는 분위기일 것 같은데, 이는 고로 도심 한가운데를 걸어가도 혹은 고요한 골목을 걸어가도 감지되는 분위기였는데, 이는 묘하게도 나의 감각을 울리고 나의 본능을 조용히 열게 하는 것이었다. 그것이 무엇일까. 결코 파리의 공간에서는 만난 적 없는, 오로지 이 도시의 어느 공간이든 걷기만 하면 나를 감싸 안는 분위기, 나의 감각과 본능을 조용히 진동시키는 것. 그것은 무엇인 걸까.

3. 첫 번째 울림, 원초 빛

아마도 그르노블이 아니었다면 난 울림을 알지 못했을는지도 모른다. 울림의 생, 그 행복을 난 알지 못했을는지도 모른다. 그리하여 바슐라르의 위대한 상상력 저서들의 요약어가 될 '울림'을 난 제대로 이해하지 못했을는지도 모른다. 시는 미학적인 수사학의 글쓰기가 아니라, 생의 행복한 울림에 그 진정한 존재론이 놓여있다는 사실을 난 진정으로 이해하지 못했을는지도 모른다. 그렇다면 이 울림, 나의 울림의 이해는 어디서 왔을까. 이 서구 낯선 공간의 어디로부터 왔을까.

참으로 이상하게도 이곳엔 원초가 있었다. 그르노블 공간은 난생 처음 그 실체적인 정의를 만난 듯한 '순수함', 그것으로 나를 맞았다. 이 최초의 순수함은 나의 정박의 생 내내 단 한 번도 다른 빛을 띤 적 없이 동일한 그것으로 숨 쉬었다. 이 서구 현대 문명 한가운데서 어찌하여 이런 순수한 기운은 늘 살포시 푸르게 이 공간의 나를 맞이하는지. 아마도 이는 산 존재가 청정함의 정의를 '도시'라는 현실적 공간을 통해 실체화시킨 일에서 오는 것이리라. 즉 산의 모든 기운이 문명 한가운데로 고스란히 내려와 있었다. 그리하여 그곳엔 지붕도 건물도 사람도 심지어는 전철마저도 신기하게도 순수한 기운을 입고 있는 듯했다.

그런데 이 순수 빛은 그 자체로 무구함의 빛깔 외에 무언가 다른 것을 불러일으켜, 다른 것과 혼재되고자 하였다. 즉 원초 빛이랄까.

가장 먼 과거, 가장 먼 최초, 그 자신을 넘어 원초의 지대로 우리를 데려가는 특별한 힘이 있는 듯했다. 즉 단층의 순수가 아니라, 시간의 깊은 층을 안고 있어 그 오랜 시간 층만큼의 울림을 주는 순수함. 그리하여 원초 빛 그런 감각으로 내게 다가왔던 것이다. 고로 원초 빛, 이 공간은 오랜 세월만큼 거슬러 올라가는 울림을 내 감각에 주었던 것이다.

 그리하여 감각이 이런 울림을 갖는 일. 이는 그것으로부터 내게 온 시간의 길이만큼 그 속에 숱한 생의 지층을 담고 오는 일. 기억도 없었던 숱한 생의 일화를 불러내는 일. 탈 연대기적인 생의 일화를 갑작스럽게 끌어오는 일. 그리고 나의 탈 연대기적인 생의 일화를 넘어 인류라 할 먼 조상의 탈 연대기적인 생의 일화마저 끌어내는 일. 결국 어떤 '기원' -융 K. G. Jung이 말한 우리의 집단 무의식 속에 남아 있어 우리도 모르게 도달하게 된다는, 또한 바슐라르 G. Bachelard가 몽상이라 부른 상상력의 힘을 통해 우리가 도달할 행운을 갖게 된다는, 결국 그의 상상력의 궁극적 추구 지대를 요약할- 이라 명명할 그 순간의 일화마저 끌어내는 일인 것이다. 이러한 감각의 울림을 난 그르노블이라는 공간에서 처음으로 알게 되었던 것이다.

 4. 두 번째 울림, 폐허 빛

 그렇다면 이 감각의 울림은 그르노블의 또 무엇으로부터 왔을까. 그르노블의 산이 이 공간에 부여해 준 순수함, 즉 오랜 세월의 지층을 담은 순수함, 원초 빛을 가졌다면 이 원초 빛은 왠지 모를 폐허 빛을 또한 담고 있었다. 내가 최초로 만난 그르노블의 푸름과 흰 빛 그리고 검음은 바로 이 두 빛으로부터 나왔던 것은 아니었을까. 즉 원초 빛은 흰 푸름과 그리고 그르노블의 신비한 검음은 바로 이 폐허 빛과 연계되었던 것이 아니었을까. 그리하여 이 두 빛의 오묘한 공존이 혹 내가 최초로 만난 그르노블의 신비한 검고 푸른 빛을 뿜어내게 하였던 것이 아닐까. 그르노블의 검고 푸른 빛이 단층이 아니라, 그토록 여러 층의 깊이의 울림을 불러일으켰다면, 바로 그들의 근원일 원초 빛과 폐허 빛이 오랜 세월의 지층, 그 깊은 시간의 지층, 그 깊이만큼의 생의 울림, 그 깊이만큼 쌓인 생의 일화를 말없이 전하는 데서 연유한 것이 아닐까. 바로 이로부터 우리는 이유 없이 우리 과거 생의 일화가 웅얼거리는 일을 만나게 되는데, 이런 생은 비록 연대기 속에서는 잊혀졌지만, 비 연대기 생에서는 정수에 이른 일화가 되어 돌아오는 것이 아닐까. 그리하여 이는 그토록 진실하고 그토록 뜨겁고 그토록 신비한 것이 아니었을까, 샤르의 시가 그토록 잘 보여 주었듯이.

 결국 그르노블 산 공간이 담고 있는 원초 빛과 폐허 빛은 나의 감각을 깊이 울려 주는 두 매혹의 우물이었고, 이 우물은 굳이 분류해 본다면 장차 전자가 나의 외적 경이에 가담되었다면, 후자는 나의 내적 경이의 행복한 촉매제가 되어 주었던 것이리라.

5. 울림에서 이르는 근원, 현대시의 길

　우리는 흔히 미학의 깊은 지층에서 울림, 감각의 울림을 갖게 된다고 하는데, 탈 연대기적인 지층에서도 이러한 울림을 가질 수 있다는 것을 그르노블이라는 일상의 공간에서 난 처음으로 알게 되었던 것이다. 이러한 후자의 울림 -일상의 공간에서의- 은 정해진 미학의 길에서 오는 울림이 아니라, 스스로 최초로 이해하게 된 미학의 길, 즉 무한한 가능성의 길에서의 울림이고, 이는 결국 문명을 초월하여 원초 즉, 근원 또는 기원으로 거슬러 가는 길 동안의 -미학마저도 문명이요, 이성의 결론이기에- 울림인 것이다. 이는 또한 때로는 나의 근원으로, 때로는 인류의 근원 곧 세상의 근원으로 이르는 호흡길, 그 은밀한 길로 가는 떨림의 길 즉, 진정한 울림의 길이 되는 것이고, 이것이 바로 프랑스 현대시가 도달하고자 하는 길인 것이다. 달리 말해 이는 탈 연대기적인 지점에 모호한 형태 -미래의 감성에서 이해될- 를 부여하는 일일 것이다. 이는 결국 지금껏 이성에 의해 묻혀있거나 잊히어진 우리 생의 진정한 연대기, 즉 '기원'의 연대기를 이름 달아 주는 일이 될 것이다. 바로 이것이 프랑스 현대시가 해온 일인 것을.

　그리고 실은 이러한 탈 연대기는 먼저 연대기에서 벗어날 수 있는 지점이 되고, 미리 정해진 길이 없으면서도 무한한 가능성의 길을 열 수 있는, 소위 '여백'의 장점에서 이 모든 신화를 열어내게 되는데, 이러한 여백의 힘은 다름 아닌 이성을 물리칠 수 있는 힘, 감성 혹은 감각의 힘인 것이고, 바로 이것의 진정한 회복으로부터 프랑스 현대 예술과 현대시는 시작된다는 것을 그르노블의 공간은 내게 말없이 가르쳐 주었던 것이다.

2. 외적 경이

2. 외적 경이

1. 울림의 첫째 우물, 원초 빛

원초 빛, 창조의 '시작점'

산이 문명으로 내려와 자신의 순수한 기운을 그대로 주는 일, 이 순수 속에 먼 과거로 가는 숱한 시간만큼의 울림을 주는 일, 원초로 돌아가는 깊은 시간적 울림을 주는 일, 이는 오로지 그르노블 산이 줄 수 있는 힘일 것이다. 그런데 이 원초로 돌아가는 힘, 그 깊은 매혹의 우물은 먼 시간으로 이르는 몽상의 행복 말고도 또 하나의 행복한 힘을 우리에게 주게 되는 것 같다. 이는 내 앞의 원초적 존재를 만남으로써, 그리고 공간 속에서 원초 빛을 만나면서, 나 자신 또한 원초의 존재가 되는 일이 그것이다. 다시 말해 시간의 지층을 뚫고 세상의 원초로 돌아가는 일, 공간의 원초적 분위기를 통해 시간의 원초로 날아가는 일, 이는 다름 아닌 자신의 최초의 감각을 사는 일을 열어내는 일이 되기에. 즉 이는 자신의 감각이 기존의 미학이나 형이상학을 지운 채, 최초의 미학, 최초의 형이상학이 될 수 있음을, 그 확신을 열어주는 일이 되기에. 이는 다름 아닌 현대 창조의 몸짓과도 통하게 되는 일인데, 자신이 최초가 되는 일, 곧 자신의 감각이 최초가 되는 일, 그리하여 현대 예술의 창조에 있어서 '시작하는 자'가 되는 일과 통하는 일이 되는 것이다. 만약 그렇다면, 이는 어찌하여 가능한 것일까.

 이는 이 공간을 품는 원초 빛이 그 자신 담고 있는 모호한 빛에서 그 가능성을 여는 것으로 보여진다. 이 은은한 빛, 모호한 빛은 분명한 빛, 문명의 빛과 점진적으로 우리를 단절시키고, 그리고는 문명을 잊게 하는 것이다. 이는 문명 즉 이성의 공간으로부터 벗어나게 하는 것이다. 이는 결국 예술 공간의 정해진 미학, 정해진 형이상학으로부터 순식간에 벗어나게 하는 힘, 그리하여 문명의 여백으로 돌아가게 하는 힘을 주는 일이 된다. 바로 이 등 돌림의 용기를, 그것도 자연스럽게 -문명이 아닌 산의 힘이기에- 열락인 양 열어내는 힘으로부터 '최초'의 가능성은 나오는 것이리라. 이리하여 '최초가 되는 일'은 기존의 연계된 지식들, 그로부터의 등 돌림, 곧 건강한 망각으로부터 가능해지는데, 샤르의 한 시집 <도서관은 불타고>(<군도의 말>)에서 만나게 되는 그의 능동적인 "건망증"은 건강한 원초로 돌아가기 위한 준비 단계 즉, 시작점과 통하는 것이리라. 그리고 이 시에서 건망증은 언어의 최초 현실, 기원적 현실일 "복수"의 의미를 열어내게 된다. 인간의 최초의 현실은 모든 것이 다 살아 있는 유기체적인 현실이었거늘, 즉 모든 것을 동시에 다 있는 그대로 긍정하는 복수의 현실이었거늘, 문명의 시간을 거치면서 이성은 자신의 유용성에 부합하는 단수, 하나의 의미로 굳혀 두게 되었던 것이다.

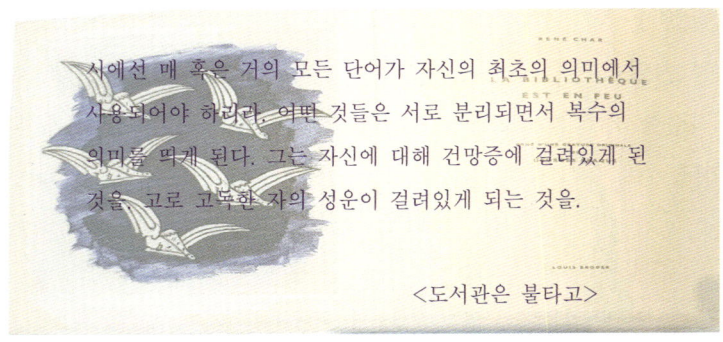

<도서관은 불타고>

 이러한 망각을 여는 일은 결국 여백을 누리는 힘과 통하는 일이고, 이 여백의 힘이야말로 시인으로 하여금 '시작하는 자' 즉, 자신의 감각이 최초로 세우게 될, 창조할 세계에서 그 자신 '시작하는 자'가 되게 하는 것이리라.

남불 포도밭, '시작하는 자'의 스승

 그런데 아마도 샤르가 '시작하는 자'를 스스로 발견하게 된 것은 그의 생의 정박점이 파리라는 문명의 공간이 아니라 남불이라는 자연의 공간이라 가능했다면, 이는 우연이 아닐 것이다. 자연이라는 특별한 공간의 힘만이 문명을 넘어서게 하고, 자연스럽게 문명을 망각하게 하고, 기존의 미학과 형이상학의 힘으로부터 벗어나는 열락, 곧 여백의 행복을 알게 할 것이기에. 자연이라는 원초를 담은 공간, 그 공간의 원초 빛이 이를 바라보는 감성의 존재로 하여금 자신의 원초의 교훈을, 즉 문명보다 더 진정한 본래의 존재, 원초의 존재가 되어야 한다는 진정한 생의 행복론을 가르쳐 주게 되기 때문이리라. 고로 이 원초 빛 공간으로부터 존재론의 최초를, 그 최초의 순간을 회복하게 하는 일을 말없이 배우게 되는데, 바로 이것이 현대시 창조 여정의 진정한 '시작점'으로 연결되는 일임을 우리는 결국 이해하게 되는 것이다.

> 서 있어라, 지속 속에서 커가는 시여, 즉위한 신비여. 떨어진 채, 공통의 포도밭 작은 길을 걷는 시인이여, 위대한 시작자여, 자동의 시인이여, 그 정맥 사이의 눈부심에 있는 어떤 자, 옆에서 드문 포도를 알고 있는 여자와 함께, 자신의 고유한 심연으로부터 불행을 끌어내는 시인이여.
>
> <형식적 공유, LIV>

남불의 한 전형적인 지형, '포도밭' 한가운데서 샤르가 만나게 된 원초로 가는 존재의 운명 즉, 진정한 창조 진정한 감성의 창조를 열고자 하는 자 소위 '시작하는 자'의 위대하고도 쉽지 않은 운명을, 그의 유명한 시집 <분노와 신비>의 소 시집 <형식적 공유>에서 이렇듯 만나 볼 수 있게 된다. 그는 문명과 떨어진 채 그 여백에서 길을 가지만, 이 여백의 공간은 지극히 개인적인 원초가 아니라, 우리 모두의 운명에 가담될 원초로 이르게 되는, 그리하여 '공통의 포도밭'이라 명명되는 그런 여백을 걷게 된다. 그가 위대한 자인 것은 기존의 것에서 벗어나 스스로 시작을 여는 '자동'의 존재이기 때문이리라. 그리고 포도밭의 '정맥', 즉 포도 넝쿨의 길 -이성에서 보아 하찮은 존재 즉, 연대기 밖의 존재에서- 에서 시인은 진정한 현실 즉, 생의 진실을 최초로 만나는 자이고, 고로 이러한 여백, 그 곡선 -포도 넝쿨이 가리키는 길- 에서 가장 귀한 진실, "드문 포도"4를 수확하는 자가 되는 것이다.

> 4. 이때, 이 드문 포도 -'신비'의 구현일-, 곧 다름 아닌 시를 가르쳐주는 시인의 동반자는 남자가 아닌 여자로 등장한다. 왜 시인은 여자를 '시의 수확'의 동반자로 갖게 되었을까. 이는 남자가 이성의 존재 즉, 문명의 존재에 더 가깝다면, 여자는 감성의 존재 즉, 여백의 존재에 더 가까울 것이고, 고로 시의 비밀, 신비의 비밀을 아는 힘은 아마도 남자가 아닌 여자의 힘으로부터 올 것이니까. 반면에 자신 속의 남성은 지속을 견디는 자, 심연으로부터 불행을 끌어낼 수 있는 자 즉, 문명의 여백을 견디어내는 자의 힘을 갖고 있는 것이다. 고로 신비에 다름 아닌 시는 여백의 힘으로부터 태어나게 되는 것을. 이는 존재 속의 여성, 그 신비는 존재 속의 남성, 그의 고행의 힘으로부터 꽃피워지는 것임을 의미한다. 이는 어쩌면 멀리 융이 말한 인간 속의 양성, 아니마 -여성성- 와 아니무스 -남성성- 가 함께 사물 속의 신비를, 결국 인간 속의 신비를 꽃피우는 것이리라.

바슐라르의 상상력, '시작'을 여는 힘

이는 나아가 현대 예술이 지향하는 진정한 창조, 이를 여는 상상력 즉, 최초를 여는 상상력, 시작을 여는 상상력이야말로 '진정한 상상력'이요, 이러한 상상력의 산물인 이미지는 당연히 최초의 현실을 드러내 주게 되는데, 바로 이러한 스스로 최초가 되는 이미지일 때, 이는 '진정한 이미지'가 되는 것이라고 말한 바슐라르의 상상력, 결국 20세기의 상상력 -기존 현실의 재현으로서의 상상력이 아닌, 새로운 현실의 제시로서의 상상력을 의미할- 에 가담하는 것이 된다. 그런데 바로 이러한 두 상상력의 차이가 현대 서구의 상상력과 동양의 상상력 -여전히 재현에 더 가까울- 의 차이를 만드는 일이 아닐까 난 여겨진다. 이런 이유로, 현대 서구의 창조 세계는 '기존에 이미 제시되었던 혹은 이해되었던 혹은 이미 살았던 현실의 재현 représenter은 궁극적으로 창조가 아니다'라고 말하게 되고, 이로 인해 진정한 창조를 추구하는 현대 예술 -시를 포함한- 은 한 번도 제시된 적 없는 혹은 이해된 적 없는 혹은 살아 본 적 없는 현실 즉 최초의 현실의 제시, 그야말로 진정한 제시 présenter를 낳게 되는데, 바로 후자에만 '창조'를 명명할 수 있다는 이 참으로 푸른 피의 상상력, 소위 초월적 상상력을 동양의 자연스럽고 천진한 붉은 피의 존재가 이해하는 일이 지난한 것은 참으로 당연한 일이었으리라. 결국 그들에겐 이미 고대 그리스 철학자, 헤라클레이토스가 신탁의 언어로 현대 예술을 예언했듯이 '설명하는 일이 아니라, 단지 가리키는 일'이어야 하는 것이다. 그리하여 설명할 수 있다면, 이는 이미 창조가 아닌 것이다. 단지 '가리키는 일 -신탁을 가리키는 그리스 델타 신전의 검지 손가락처럼- , 이것만이 창조라 불릴 수 있는 것이다. 고로 후자의 경우만이 현대 예술에서는 진정한 상상력의 운명에 속하는 것이다.

원초를 가르쳐준 그르노블 최초의 산

나에게 이러한 원초의 몽상을 열게 하고, 자신이 소유한 원초의 힘을 통해 나에게도 원초의 존재로 가는 힘을 가르쳐 준 그르노블의 산이 하나 있었다. 산이 그냥 보는 산이기를 그치고, 거대한 울림을 낳는 우물 존재가 되는 일, 바로 공간이 이러한 경이가 되는 일을 보여준 그르노블 산이 하나 있었다. 고로 그냥 지형으로 존재하기를 그치고 나의 감각의 생과 교류하고 나의 감각적 생에 치명적인 영향을 미치는 존재가 되고자 하는 산이 그르노블에 하나 있었다. 깊이를 모를 우물이 되어 이성의 생이 아닌 감성의 생을 퐁퐁 울리는 그런 산이 하나 있었다. 깊이를 모를 모호함을 담은 원초 빛이 생의 기적을 울리게 하는 그런 존재가 된 산이 하나 있었다. 이성의 생을 멈추고 자신도 모르게 문명의 생으로부터 멀어져 행복한 여백, 편안한 변두리의 생으로 데려가는 그런 존재가 된 산이 하나 있었다. 그리고 그로부터 자신의 또 하나의 속성인 폐허라 할 은은한 분위기가 나를 알지 못할 시간의 지층, 그 먼 지층으로 데려가는 그런 존재가 하나 있었다. 그 곳은 세상의 원초인 양 먼 울림을 통해 도달되었지만 지극한 순수, 세상의 최초가 여기 앉아 있었다. 그의 최초와 더불어 나마저도 나의 최초에 도달되게 하는 그런 존재가 하나 있었다. 나로 하여금, 나의 생, 감각의 생에 '시작하는 자'가 되게 하는 그런 존재가 하나 있었다. 이 순간의 나의 상상력이 아무도 꿈꾸어 본 적 없을 최초의 상상력이라 여겨지는 그런 힘을 열어주는 그런 존재가 하나 있었다. 그리하여 이 세상 한가운데서 숨 쉬는 존재, 누구의 형이상학에도 미학에도 지식의 목록에도 올라가 본 적 없는 존재, 이 그르노블의 공간에서 신화처럼 숨 쉬고 있는 한 존재가, 나로 하여금 이정표가 될 미학이나 감각의 교과서도 없이, 스스로 최초의 존재가 되어 이 존재의 지형학에 대한 나만의 감각과 미학과 형이상학의 지형학을 시도케 한, 요컨대 이 탈 연대기적인 존재에 대한 나의 감각 생의 연대기를 달게 하는 존재가 하나 있었다.

그가 바로 그르노블 주변의 큰 산맥인 샤르트레즈 Chartreuse.인 것이다. 내게는 그르노블을 여는 원초가 바로 이 산이 아니었을까. 이 경이의 존재 앞에서 나의 구체적인 연대기를 달 수 없었던, 단지 질문 가득한 경외감의 한 찬미자, 순진무구한 한 찬미자의 궁색한 일화를 만나보자. 당시 이 감각의 연대기 생, 나의 '경이' 생의 초라한 시도가 다음처럼 남아 있다.

> 그르노블을 여는 원초 지대. 군 제신들이 하나씩 왕을 향해 보옐 해 있는 모습 같은. 가슴을 다 벗고서. 그리고 한참을 걸어가 장엄한 합주의 서곡으로 하늘 위로 넉넉히 퍼져 오르는 완만한 수직 절벽의 메아리. 이보다 더한 여유, 넉넉함이 또 있을꼬. 장엄한 가슴을 알게 해 주는.
>
> 그러나 나를 어린 시절부터 미끄러져 내려오게 만드는 저 산의 형상은 무엇인가. 도대체 무엇인가. 참 놀라운 것은 형상, 그것의 미학 -기하학- 만으로도 우리의 감각은 솟구친다는 것이다. 이로 인해 다른 곳으로 우리를 여행시키고 도달시키는 놀라운 현상. 사물, 그 자체 아무런 의미를 품지 않았음에도 불구하고 감각을 움직이는 힘의 존재. 그로 인해 도달한 '새로운 나라'에서 만나는 형태.

그르노블 산이 원초의 빛을 던져주는 시기는 겨울보다는 오히려 여름, 혹은 잎이 다 져 버린 가을이었다. 산의 골짜기를 채우는 마른 풀빛인 양 마른들 빛인 양 골과 골 사이를 흐르는 빛깔은 그대로 세상의 원초인 듯 신의 파라다이스를 불러오고, 산의 골짜기를 채우는 숱한 공간을 불러오는 기하학의 형태, 신의 작품 앞에서 난 그대로 경이의 한가운데 서 있게 될 뿐인 것이다.

마른 풀빛이 된 하늘과 마른 들빛이 된 산이 마른 대기와 흰빛을 진정한 의미에서 공유하여 신의 공간이 하늘에서 지상으로 내려온 찰나, 그러나 이상한 지속. 이 골 사이 사이의 공기의 흐름은 이상타. 음악이 그림이 되어 흐르는 유동. 골의 완전한 노출에도 불구하고 넘치는 비 이해의 비밀 빛. 아! 넌 어디에서 와서 내 영혼 속에서 이렇게 정착되는 것인가.

그르노블 겨울 산은 눈 덮인 산은 내게는 투과할 수 없는 불투명의 존재였다. 그 차단으로 결코 내가, 혹은 그가 말을 거는 법이 없었다. 그러나 지금은 눈 다 녹고 지나간 여름, 지나간 가을 그 위에서 밑바닥까지 이른 가슴의 진실을 보여준다. 신이 노는 골짜기를, 신의 바람이 지나는 골의 비밀을 하나하나 드러내 보여주고 있다.

 진정 알 수 없다. 단지 그 색상 -은은한 자줏빛의 무색- 만으로 이것이 너무나 다른 상상의 공간으로 옮겨 갈 수 있다는 것이. 이 색상만으로 난 늘 꿈꾸던 파라다이스의 공간으로 옮겨와 버린 것이다. 어떤 유사성도 없는 두 공간의 연계. 그러나 이 색상만이 그 비밀을, 그 비상의 내적 논리를 지니고 있는 것이다. 지금 내 시야 저 끝에 머무르는 산의 형태와 빛깔하며, 그리고도 산의 형태는 어디로의 연상에나 딱 알맞게끔 경사지고, 형태화되어 있다. 무엇보다 또한 색깔이 이 저녁 빛에 의해 반사되는 듯한 이 고유한 색깔이 내 마음속에 늘 꿈꾸는 파라다이스로 연결시키는 것을. 아! 부러워라. 구조화 해내면서 부를 수 있는 -사물들의- 즉흥의 힘이여.

 아! 이 산들의 이야기를 어떻게 풀어볼 수 있을까. 신들이 되어 버린 이들과 함께 있고 싶다. 이들이 울리는 진정 하늘 아래 가장 장엄한 교향곡을 듣고 싶다. 울려 퍼져 오르는 것의 진정한 의미를 감각해 보기 위해.

2. 그르노블 서쪽의 원초 빛
  -빌라르 드 랑 과 베르꼬르

a. 빌라르 드 랑

 이 원초로 이르는 우물의 존재, 이 원초 빛 경이의 최초의 존재와의 만남 이후 그르노블을 둘러싼 산의 존재만이 아니라, 이 공간을 넘어 그르노블 서쪽으로 멀리 간 곳에서 생을 풀고 있는 베르꼬르 Vercors 라는 산 -거대한 산맥이 더 정확할- 과 이 존재에 이르기 전 공간, 빌라르 드 랑 Villard-de-Lans의 산 또한 또 다른 원초를 말하는 존재임을 난 알게 되었던 것이다. 그리하여 이 탈 연대기의 존재에 나의 경이의 감각의 연대기를 달게 하는, 행복한 나의 생의 연대기를 만나기 위해 난 종종 이 베르꼬르로 가기 전 아름다운 마을, 빌라르 드 랑을 지나면서, 그곳에 세워진 산이 내게 걸어온 또 하나의 매혹으로 나의 감각의 연대기를 펼치는 일을 만나곤 하였으니, 다음의 글은 당시 이 산 앞에서 갖게 된 나의 감각의 감동의 일화일 것이다.

> 오늘 이 놀라운 베르꼬르 산의 가을에 신께서 초대해 주셨다. 빌라르 드 랑이라는 지복의 곡선 많은 장소를 맛보기 시작한다. 가을의 낙엽이 이리도 아름다울 수 있음을, 사색의 무게를 갖고 떨어지는 장소가 그르노블의 근교에 있다는 행복감. 부디 신이여! 생각이 여물어 갈 시월까지라도 이 아름다운 가을이 일요일마다 열리도록 도와주소서.

산이 알알이 보이는 장소까지 왔다. 무어라 하기 힘든 이상한 느낌을 발동시키는 회색빛 은산의 주름과 모습은, 그 어디에선가 본 듯 그 주름 하나 하나 그 사이의 공간에서 나의 과거 어린 시절의 전 공간이 들어 있음의 환기, 암시에의 즉각적인 깨달음을 준 브리앙송 Briançon의 느낌과 어떤 외관의 닮음이 없음에도 흡사하다.

시란 무엇인가. 그 어떤 자연 앞에서 형체 앞에서 사물 앞에서 감성이 우리를 어떤 나라로 데려간 곳인가. 시란 감성이 증명해 내는 진실의 나라인 것이다. 감성이 모험을 감행하는 나라, 탐색하는 나라. 감성이 혹 감각이 그 논리의 길을 찾아내는 나라.

b. 베르꼬르

베르꼬르! 이 이름은 그르노블을 사는 자에게는 친근한 실체로 다가온다. 이 평지의 나라가 어찌하여 이런 거대한 산 지형을 준비하게 되었을까. 이 거대한 산 지형은 그르노블 사람들의 여름 생, 시원한 여름 생을 캠핑의 행복으로 초대하는 일을 열곤 했다. 버너, 코펠, 텐트만을 캠핑 생, 산에서 갖는 유목 생의 유일한 조건으로 알았던 나는 산에서 볼 책을 위한 책상도 산에서 열 몽상을 위한 등불마저 들고 가는 이곳 사람들의 짐에서 바캉스의 행복, 진정 일상을 텅 비움을 의미할 바캉스vacance의 행복의 정의를 보게 되었던 것이니. 이 텅 빔은 몽상의 채움 그로 인한 행복의 채움을 향한 것이라는 생의 멋진 벡터를 그들은 알고 있었던 것이다. 하지만 이 행복한 여름 산에서 펼칠 유목의 생을 누리기까지는 개인적으로 오랜 시간을 들인 용기가 필요했었다. 이 산의 형상에 대한 아무런 예고도 받은 바 없이 이 산을 향해 들어가던 최초의 어느 날, 난 눈을 감고 말았다. 그때까지 난 산의 가장 아름다운 정의를 내 조국 청송 주왕산의 미학으로 나의 지식 서랍에 담아 놓고 있었는데, 나의 시야에 갑자기 지배를 펼치기 시작한 이 거대한 산은 그 미학은 일단 두고라도 내 생애 처음 경험하는 무시무시한 압도감이 실은 당시 유일한 나의 감상문이었다. 동화 속에서나 상상을 일으키곤 하던 공포감을 동반한 무시무시함을 정의 내릴 법한 이 존재를 보는 순간, 이는 그대로 그 이미지를 현실 속에 던져 준 존재였던 것이다. 그리하여 이 최초의 만남에서 경이를 넘어 공포를 동반한 경악의 감각을 최초로 내게 열어 준 이 국립공원의 산의 위용, 진정한 거대함의 이 존재를 겨우 다시 볼 마음을 먹게 된 것은, 그로부터 여섯 달이 지난 후에야 내가 가진 모든 용기를 내어서였던 것이다.

 이 국립공원의 입구라 할 그 기괴한 동굴 형태의 아주 짧은 통로를 지날 때까지는 그래도 골짝을 뚫어 바위를 뚫어 낸 길의 분위기가 특이했지만 괜찮았다. 하지만 이 동굴이 끝난 지점부터 시작되는 산 존재들은 어느 탄타로스 Tantalos가 있어 그의 입으로부터 토해내어 이런 무시무시한 지형을 즉, 그 거대함 자체만으로 압도할 외경과 두려움을 동시에 불러일으키는 산과 골짜기의 지형을 만들어 내었던 것일까. 난 순간 본능적으로 눈을 가렸고, 눈을 가린 채 그 긴 긴 골의 길 -그 거대한 산 높이로 한없이 낮고 작은- 을 따라 도달하게 된 고원 같은 평원에서야 겨우 난 가린 눈을 떴던 것이다. 그것은 산이 아니었다. 신이 기괴함의 미학을 인간에게 그 자체로 보여주려는 공간이었을 뿐. 하지만 무한한 용기를 갖고 그로부터 여섯 달이라는 긴 시간 후 다시금 방문했을 때, 정녕 내가 뜬 눈으로, 온전한 눈으로 천천히 자세히 보게 된 이 베르꼬르의 산과 골짜기는 진정한 신의 작품이었던 것을. 그르노블 주변의 신의 작품과는 또 다른, '외경'이라는 경이를 알게 하려 했던 신의 작품이었음을. 이와 동시에 난 원초, 그 먼 지대로 가 버린, 진정 파라다이스에 가 버린 나를 발견하였던 것이다. 다음은 당시 나의 감동의 연대기, 충격적인 감각의 연대기의 소 기록일 것이다.

> 내 곁에 원초의 신화 하나가 숨 쉬고 있는 줄은 진정 몰랐다. 숨 쉬고 있는 신화 속 고래 같다.

> 아! 여기는 어디인가. 파라다이스? 베르꼬르. 인간은 그 시각을 얼마나 교정시키며 살아야 할까. 죽을 때까지인가. 이리도 아름다운 세계가.

그리고도 베르꼬르는 외경의 미학, 신의 미학과 더불어 작은 상냥함의 미학, 소박한 행복의 미학 또한 열어내고 있었다. 그때까지의 놀라움의 감정을 이제는 그토록 부드러움으로 다스리게 한 입구이자 동시에 출구일 작은 능선으로 오르는 길, 혹은 인간의 삶에서 신의 생으로 통과하게 될 법한 오르는 길의 행복은 지상의 어떤 음악가도 작곡하지 못할 감성의 꽃일 소나타, 아름다운 정제미의 소나타로 우리의 놀란 감각을 잔잔히 다스리게 하였는데, 이는 이 거대한 산의 시초이자 끝의 공간일 바로 그 길에서의 일이었던 것이다. 그곳을 굽이굽이 돌며 오를 때마다 혹은 내려올 때마다, 즉 인간이 된 듯한 신의 향기가 혹은 신이 된 듯한 인간의 향기가 장미와 별과 어둠을 타고 돌아 나올 때마다, 생의 가장 큰 순진함의 행복을 만끽하고 또 만끽하는 것이었다.

그리고 오르게 된 이 길 끝, 이토록 높은 산에서 예상 밖에 만나게 되는 그토록 거대한 넓고 넓은 평원, 그곳에서 도란도란 이야기로 보낸 긴 밤 캠핑의 생에서 깨어난 어느 아침에 이런 거대한 산이 이토록 귀여운 미학을 품고 그 곳에 있을 줄이야. 그야말로 감동, 감동이었던 것이다.

베르꼬르에서의 아침

이토록 행복한 산책은 드문 것이리라. 바하와 들꽃. 무반주 첼로 조곡과 구릉. 구름의 자유로운 이동과 순식간의 비상, 그 스러짐 -바람에 대한 그토록 깊은 신뢰-. 영원한 연인, 두 바위의 남녀의 얼굴 -하나의 길을 사이에 두고 하늘을 향해 누운 거대한 두 얼굴-. 둘만의 영원한 이야기. 대지로 달리는 머리 위의 거대한 탯줄, 그 아름다운 시를, 아침과 바람과 태양 그리고 구름과 달과 고대의 이야기를, 그리고 이 구릉을 살고 있는 숱한 들꽃들의 숨겨진 이야기를 나누는 둘.

펜 플룻의 한 음을 옮기는 아침 새의 울음. 부드러운 윤곽의 구릉과 구릉의 이어짐. 길들의 은밀한 곡선. 레이스를 상기시키는 흰 꽃과 그토록 예쁜 미소를 간직한 보랏빛 꽃. 그리고 그 조화로운 섞임. 검은 새의 길고도 긴 아침 하늘 위에 그린 곡선.

그리고 그르노블로 다시 내려왔을 때 난 진정 확인하게 되었던 것이다. 이 공간의 산은 모두가 우리의 옆얼굴이라는 것을. 그리고 이들은 누워있는 자들임을, 서로가 사랑을 속삭이거나, 혹은 하늘과 사랑을 속삭이는 지극히 행복한 존재들로 우리 옆에 살고 있었음을. 그들의 원초 빛, 그것의 푸름, 결국 흰 푸름은 바로 이러한 그들의 사랑으로부터 날아왔음을, 그 사랑으로부터 던져진 행복의 투명 빛이었음을 난 확인하게 되었던 것이다. 다음은 이 감동적인 사랑 앞에서 쓰지 않을 수 없었던 당시 나의 감각 생의 연대기인 것이다.

그르노블 산들은 누워있는 얼굴임을 다시 한번 확인한다. 이 누운 산들로 둘러싸인 그르노블. 이 거대한 흉상들을 난 어떻게 그릴 수 있을까. 행복 그 자체인 것을. 산이 되어 누워서 보는 하늘. 바로 옆에 사랑하는 사람이 누워있고, 별 보고 함께 얘기하는, 달로 함께 몽상으로 가는, 태양과 함께 힘을 호흡하는, 이 거대한 열애자들. 세상의 모든 것 그대로 느끼는 누운 보헤미안들.

3. 그르노블의 동쪽 원초 빛

a. 여름 눈(雪)과 산, 샹후스

그르노블 공간의 기후적 생의 특징의 하나가 눈일 것이다. 이 눈이 문명의 공간인 도시에 내리면 다소 즐거움보다는 나의 생애 처음 경험하는 눈 장화가 줄 보행의 불편을 먼저 떠올리게 된다. 하지만 이 도시가 자신의 숙명으로 여기는 중후한 산에 눈이 내리면 나의 감각의 사정은 매우 달라지는 것이다. 보는 각도마다 보는 순간마다 감탄을 자아내게 될 행복한 기대를 안고 난 길을 나서게 되는 것이다. 겨울에 당연할 이 기대가 5월이라는 초여름의 시점에 이루어지면 감탄은 경탄을 넘어 그야말로 어떤 경악 하지만 이번엔 신나는 경악의 느낌까지 동반하게 되는데, 아마도 5월 1일 노동절의 휴일에 난 이 경악의 경이를 만난 것이리라. 끝도 없이 펼쳐지는 거대한 산의 전 능선을 흰 눈이 5월 여름의 시작점의 산을 덮고 있는 광경을 상상해 보라. 아마도 어떤 우울의 칩거자라 할지라도 그 눈 속으로 뛰어들어 경악에 가까운 원초적인 경이의 감탄사를 자아내지 않을 수 있겠는가. 신의 전혀 예상 밖의 작품 앞에서 자신도 모르게 전율하게 되어 그의 감각을 나의 것으로 흡수하려는 듯 거대한 눈 한가운데서 전율의 생을 어찌 펼치지 않을 수 있겠는가. 그르노블의 산과 눈의 운명적 만남은 바로 나의 경이, 나의 전율의 근원이 늘 되곤 했던 것이다. 어떤 자장 속의 전율, 자장의 정의, 요컨대 지복으로 이르게 될 자장의 정의를 아마도 내 생애 최초로 경험한 순간이었으리라.

b. 침엽수림, 그 이미지적 정의

 이리하여 이른 곳이 바로 샴후스 Chamrousse. 그르노블에서 동쪽으로 멀리 간 공간, 이곳 또한 원초 빛을 전해 주었다. 이 공간은 서쪽 베르꼬르와는 달리 눈의 존재 없이는 자신의 진정한 정체성을 보여 줄 수 없는 곳일 것이다. 고로 이 공간의 원초 빛은 다름 아닌 이 눈으로부터 온 것이리라. 그리하여 프랑스의 산과 눈의 매력은 그르노블의 동쪽 방향, 알프스가 자신의 생을 열게 될 공간을 향하는 샴후스 -그를 넘으면 동계 올림픽이 열렸던 알베르 빌 Albert Ville이, 이와 방향을 달리하여 더 이르게 되면 그 유명한 알프스 산맥의 꽃, 몽블랑 Mont Blanc이 자리 잡고 있으니, 이들은 사브와 Savoie라는 이름 아래 결국 같은 태생의 산-존재인 것- 에서 주로 만날 수 있는 일이리라.

 또한 침엽수림의 전형을 최초로 만나게 되는, 결국 침엽수림의 정의 -눈과 함께 푸른 호흡을 내 쉬는 생의 방식을 여는 식물- 를 가장 잘 보여주는 공간, 그리하여 거대한 눈을 뒤집어쓰고도 그 짙푸른 미학을 그토록 끝을 모르는 행복한 변주 속에서 전개 시키는 공간, 진정 신의 작품 앞에서 또 한 번의 외경을 느끼게 하는 공간. 아무런 연대기에도 기록된 적 없는 그 날 이 신의 작품, 그의 작품의 공간 앞에서 나의 감각은 무한히 열리게 되어 나의 고유한 연대기를 기록하는 일은 참으로 자연스러운 나의 욕망으로부터였으리라.

c. 절망과 희망의 대위법, 신의 작품

 그리고 이 샴후스를 오르기 전, 반드시 거쳐 가는 마을, 진정 예쁜 미학의 마을, 생 마르떵 뒤리아쥬 St-Martin-d'Uriage는 일상 생이 전개할 수 있는 유희, 그 기쁨을 그대로 보여준 공간이었다. 어찌 이런 미학을 매 순간 맛보면서 살 수 있는 것일까. 너무도 시샘 넘치는 시선이 이 공간을 지나면서 고물 자동차의 창에 고정시켜지게 된다. 이 미학을 그대로 연장한 마을을 전혀 예측할 수 없는 곡선으로 돌고 돌면, 어느 순간 난 이 일상의 공간에서 너무나 순식간에 멀어진 그 야말로 갑작스러운 초월이 있었던 양, 난 이미 다른 공간에 놓여있는 것이다. 다름 아닌 인간의 미학마저 버린 산과 눈의 공간에. 그리고 문명과 상관없이 스스로 그날의 미학의 최초의 존재로서 신이 지어낸 특별한 공간 안에 이미 난 들어서 있는 것이다. 그리고 신의 이 위대한 작품 앞에서 부러움과 그로 인한 나의 창조에 대한 절망을 동시에 맛보는 대위법적 인식을 전개시키는 공간을 맞이하는 것이다. 그리고 이 절망을 딛고는 그곳의 하늘빛을 나의 감각의 생에서 최초의 연대기로 답하려는 작은 시도를 열고자 했던 것이다. 이미 본 베르꼬르의 여름 산과는 완전히 다른 생을 펼치는 샴후스의 겨울 산, 눈 덮인 산의 생이 줄 수 있는 경이를 만나게 된, 그리하여 이 탈 연대기적인 존재 앞에서 나의 감각의 연대기를 세우게 된 당시의 나의 감각 생의 일화가 다음과 같이 남아 있다.

날씨가 축복을 주었다. 밝고 활짝 갠 겨울 한 나절의 푸른빛에 이끌려 가볍게 떠났다, 샴후스를 향해서. 오늘은 평소 오르던 길과는 다른 길을 택했다. 아! 행운이여! 오늘은 그르노블만이 보여줄 수 있을 모든 것이 담겨 버린 날씨라고 해야 할까.

지금 여기는 샴후스 정상. 생 마르땡 뒤뛰아쥬의 굴곡과 전경들을 지나 이곳 정상까지의 잠시의 길이 꿈같다. 진정 꿈을 본 것이 아닐까? 꿈을 통한 하나의 영상이 아니었을까? 정녕코 눈이 보여주는 하나의 스펙타클이었다. 이는 눈의 숱한 테마들을 담은 분명 신의 걸작인 것을. 눈으로서 보여준 현 순간의 즉흥이 빚는 창작. 우리는 현재 진행 중인 그의 창작 행위에 초대받은 자, 그 순간에 선택받은 자로 이 무한한 변주를 막연하게 감동되어 바라볼 뿐, 결국 바라보는 자로 남을 뿐. 이 순간 그 어떤 테마를 열어내고자 하는 어떤 사람도 이 잠시 한밤중의 신의 창작에 맞먹을 자는 없을 것이리니. 아! 절망이여! 아! 질투여!

먼저 침엽수림의 행복인 양 차가운 명증인 양 눈 덮인 모습은, 나태의 길만을 만들어 낼 줄밖에 모르는 그리하여 극단 속에서 지속할 줄 모르는 무른 의식의 소유자에게는 애달픈 동경으로 다가올 뿐. 감탄과 고통을 동시에 느끼는 한 존재에게는 애달픈 동경으로 다가올 뿐. 다음으로 나타난 것은 눈 덮인 가지들의 미학이었다. 이는 정녕 신만이 만들어낼 작품, 장인 정신의 표상일 것이다. 신이 만든 미를 혹은 미학을 난 지금 훔쳐본 것이 아니었을까? 그것은 선의 미학의 극치, 눈꽃의 극치인 것을.

　이로부터 한 가지 중요한 사실, 미의 정의를 내게 영감처럼 던져준다. 이 신의 미학이 인간의 미학마저 이해하게 만들었으니. 미는 영원한 신비인 것. 그리하여 미는 추상성에서 그 본질을 사는 것이다. 그것은 결코 풀 수 없는 것, 결코 설명될 수 없는 것. 보는 이로 하여금 그것의 온전한 이해 없이도 그토록 행복감을 -미를 감지한 감각 자체가 가져다주었을- , 자신도 모르게 이끌리는 무아지경을 주는 것. 또한 그 본질에 결코 범접할 수 없음에도, 전 감각의 순간적인 생생함을 낳는 것. 미는 단순히 '이 세상에서 존재함'으로 족한 것. 이는 결코 그 본질을 설명하지 않는다. 그는 영원한 신비의 원 속에 말없이 잠겨 명상하는 것. 그리하여 미는 침묵을 동반자로 하는 것.

　눈과 침엽수림, 이들이 만든 눈꽃의 미학, 이와 더불어 또한 연한 하늘빛. 흰빛의 구름 비로드와 연한 하늘색의 조화는 우리의 감각을 가장 행복하게 만드는 것 중의 하나가 아닐까? 이는 색깔이 줄 수 있는 가장 은은하고 가장 고상하고 가장 무위롭고 가장 유희로운 -인식 없이 그대로 가장 자연스러운- 빛깔의 조화가 아닐까? 그것은 그 자체 그대로 꿈인 것이다. 이 색깔의 조화는 꿈의 이미지인 것을. 신은 이 순간에 모든 행복을 다 담아 주고자 했음이 분명하다. 이는 힘이 들어가지도 그렇다고 없지도 않은 '중성'이라 할 수 있는 순수한 17세의 행복의 색. 슬픔조차도 예뻐질 수 있을 것 같은, 그런 빛깔인 것을.

d. 파노라마의 욕망

그리고 난 이 공간을 다녀오면 늘 파노라마의 공간에 대한 욕심을 갖게 된다.

    샴후스로 가고 있다. 불안스런 짙은 안개를 지나 이곳은 그야말로 파노라마 그 자체이다. 영원한 알프스의 테마를 담고 있는 곳. 엄청 높고 힘찬 산과 그 산의 어깨들, 능선. 그 수평의 능선. 눈의 축제. 그리고 흐린 날이면 더욱 뚜렷해지는 푸른 빛. 그리고 침엽수림. 그것들만이 줄 수 있는 분위기. 잠시 주체할 수 없는 욕망을 갖는다. 이곳에 한 겨우내 조용한 머무름이라는. 그러나 그 체류의 끝 날에는 마른 가슴만을 갖게 된다면, 이 거대한 파노라마를 눈 아래로 내려다보면, 인간의 구체적이고 자잘한 것들은 얼마나 사소한 소묘에 불과할 것인가? 한 가지의, 이 푸르고 흰 이상만으로 만족할 작은 점으로 환원될 메마른 인간.

    무엇보다 이곳의 테마는 고독이다. 그리고 광활함이 가져다주는 그 모든 것이다. 여유로움은 우리를 편안한 그 어떤 몽상으로 이끌 것이기에. 고독을 즐기는 자는 이곳에서 가장 큰 광란의 울음과 다이나믹과 그 클라이막스를 느낄 것이다.

    어딜 가든, 한 가지 방식이 준비되어야 할 것 같다. 모든 것을 희생하더라도, '파노라마'를 내 앞에 둘 수 있는, 내 앞에 여유로운 공간을 키울 수 있는 장소를 가질 것. 무엇보다 내게 있어서는 '공간'이 엄청난 변수로 작용하기에.

어느 이태리 화가, 뤼기 뮈씨니 Luigi Mussini의 그림 <종교 음악 Musique Religieuse>에서 보았듯이, 활짝 열려 젖혀진 창 밖으로 은은한 햇살이 넓게 퍼지는 거대한 텅 빈 공간, 그 너머로 적당한 공간에 배치된 따스한 집들의 모습. 온전한 공간 속에 온전한 온기가 온전한 몽상을 줄 줄 아는 장소. 나의 귀족의 유일한 처소는 바로 이런 장소에서 길러질 것이 확실하다.

3. 내적 경이

3. 내적 경이

울림의 둘째 우물, 폐허 빛

 시를 공부하러 간 나에게 시의 공간보다 이 공간에서 걸어 나오도록 그 자신의 공간으로 이끌어낸 존재가 그르노블이라는 공간이었다. 이 매혹의 첫 번째 근원, 그 울림의 우물이 이 공간이 담고 있는 원초 빛이었음을 우리는 조금 전 만나 보았다. 이제 이 매혹의 또 하나의 근원, 울림의 두 번째 우물을 이 공간이 담고 있는 또 다른 빛 즉, 폐허 빛이라 명명될 어떤 분위기라 난 이해하고 싶다. 즉 그르노블은 푸르고 흰 원초 빛 옆에 또 다른 빛깔 즉, 폐허 빛이라 불릴 빛깔을 담고 있었던 것이다. 폐허 빛, 분명 숱한 세월의 지층을 가진 과거 빛을 그르노블은 자신의 현대 문명 한가운데 존재 시켜 폐허 빛 존재들을 함께 공존케 함으로써 참으로 묘한 분위기를 살고 있었던 것이다. 이 폐허 빛은 먼저 산으로부터 내려오고 있었고, 이 빛깔은 다시 그르노블 공간 도처에 스며있었다. 그리곤 이 빛은 내게 늘 알지 못할 고대를 연상시켜, 미지라 할 '고대' 즉 세상의 고대 혹은 나의 고대로 나를 데려가는 것이었다.

파리의 폐허와 그르노블의 폐허

 숱한 세월이라는 지층을 가진 존재들은 파리에서도 만날 수 있었다. 하지만 이들은 프랑스 사의 연대기 속에서 그 중요한 지표로 매겨져 있어 오랜 과거의 존재임에도 불구하고 폐허의 분위기는 전혀 주지 않았다. 오히려 문명의 상업적 도구로 쓰인 듯 반질반질한 과거여서, 그로부터 흔히 이르게 될 여백의 편안함, 이성적 분류의 생에서 멀어진 편안함, 이성의 흔적이 다 벗겨진 희미함, 소위 총체적으로 '모호함' 같은 것을 내포한 그런 편안함을 줄 수는 없었다.

 이와 반면에 그르노블 도처의 공간을 채우는 폐허는 파리의 그것과는 진정 대조적으로 어떤 연대기적인 생의 목록에 올라가 본 적 없는 듯, 혹은 그 목록으로부터 잊히어진 듯, 시간의 길이를 모를 오랜 과거가 만들어낸 듯한 희미함, 모호함이 살고 있는 존재들, 진정 폐허라 명명할 만한 존재들이었던 것이다. 이 공간을 채웠던, 보는 순간 바로 나를 매료시켰던 폐허 빛 즉, 탈 연대기적인 존재에 깊은 울림을 가진 나의 감각은 이유도 없이 그것의 새로운 연대기를 세우고, 나의 감각에 각인된 그 매력의 원인을 규정 짓도록 흔히 부추기곤 하였다.

1. 환기에서 열리는 경이

1. 폐허 빛, 환기의 자궁

난 어쩌면 그르노블이 아니었다면, 나의 감각을 여는 법을 알지 못했을는지도 모른다. 정확히 말한다면 그르노블의 폐허 빛과의 만남이 아니었다면, 현대시의 시작점인 감각의 걸음마를 난 떼어놓지조차 못했을는지도 모른다. 그리하여 나의 시의 운명에서 만나게 될 보들레르의 '환기'를 진정으로 이해할 수 없었을는지도 모른다. 이를 정확히 말한다면, 현대시의 첫 발걸음인 환기는 분명함에서 시작하는 것이 아니고, 희미한 것, 소위 보들레르가 '모호한 것 allusif'이라고 말한 것으로부터 시작된다는 것을 가슴으로는 몰랐을는지도 모른다. 난 현대시의 이 위대한 창시자가 왜 '분명한 것'을 선택하지 않고, '모호한 것'을 선호하게 되었는지를 그르노블 공간과의 만남이 아니었다면 난 어쩌면 영원히 이해하지 못했을는지도 모른다. 다시 말해, 조급한 이성의 나라에서 온 한 동양인에게 이 위대한 예술의 창시자가 왜 분명함 대신 모호함에서 그의 새로운 이즘을 열려고 했는지를, 그르노블 공간의 생이 아니었다면 이는 어쩌면 영원히 이해할 수 없는 나의 지식 명제로 놓이게 되었을는지도 모른다.

그렇다면 모호한 것, 희미한 것이 어찌하여 그토록 높은 문명의 결과일 현대시의 원동력이 되었을까. 이 모호한 것으로부터 진정한 그 자신만의 감각, 그 자신만의 현실이 열리게 된다는 것을 그르노블의 공간이 아니었다면 난 진정 체득할 수 없었을는지도 모른다. 그런데 이 사실을 깨달은 것은 이 공간에서 정박을 펼치고도 한참 후의 일이었다. 당시 난 '환기'의 진정한 정의를 전혀 알지 못한 채, 이 환기를 즉 현대시로 가는 감각의 시작점을 그르노블의 공간, 그 폐허 빛에서 맞이하고 있었던 것이다.

2. 폐허 빛, 환기의 스승

그런데 폐허 빛은 첫 번째 울림이었던 원초 빛과 다른, 그보다 더 깊은 울림을 주었는데, 아마도 이는 그 '환기'의 힘으로부터 온 것이 아니었을까. 원초 빛의 존재 또한 감각의 깊은 울림을 열어 시간의 먼 지층을 거슬러 올라가 세상의 최초의 순간, 신이 어떤 미학으로 세상을 만든 최초의 순간으로 나를 되돌려주는 경이를 열어내었다. 하지만 이 경이는 때로는 나를 세상의 최초의 순간으로 데려가기도, 또 때로는 나를 신처럼 최초의 존재, '시작하는 자'가 되는 일을 열어주기도 했지만, 이것이 다른 현실을 불러오는 일, 소위 '환기의 마술'을 내게 부리지는 않았다. 다시 말해 환기의 경이는 내게 열리지 않았던 것이다. 고로 내 앞의 공간, 놀라운 존재 앞에서 나의 감각은 원초로 가는 힘을 부여받는 일 즉, 원초로 가는 울림을 갖는 경이, 그리고 이 탈 연대기의 존재에 나의 울림의 일화 -원초 빛 행복을 유일한 주제로 갖는- 를 다는 경이에 머물렀는데, 난 이를 외적 경이라 부르고자 했었다.

이와 반면, 폐허 빛과의 만남에서 나의 감각은 저절로 열리고, 나의 본능은 저절로 붉은 행복을 열곤 했는데 그 이유를 처음엔 난 분명히 알지 못했다. 이 폐허 빛 또한 문명으로부터 멀어짐, 이성으로부터 멀어짐 즉, 생의 여백에 이를 수 있는 힘을 주었던 것인데, 이는 그것이 내포한 분명함 대신 희미함으로부터 가능했을 것이다. 그런데 이 희미함이야말로 모호함이고, 모호함은 바로 보들레르 감각이 추구한 현실이 아니었던가. 원초 빛 또한 이 희미함, 모호함을 전해 주었지만, 이는 먼 최초의 시간적 지층으로 거슬러 올라가는 '유일한' 환기를 열 뿐이었다면, 폐허 빛은 진정 그 이유를 알지 못할 '숱한' 시공간대의 지층으로, 진정 낯선 혹은 진정 한 번도 만난 적 없는 시공간대의 지층으로 나를 데려가는 진정한 '환기'의 생을 열어주었던 것이다.

* 폐허 빛, 나의 환기의 스승

그런데 폐허 빛이 불러내는 나의 환기는 보들레르의 환기와 약간 다른 뉘앙스를 가진 것 같다. 보들레르는 어떤 현실이 그 현실이 불러일으키는 일상 너머의 다른 현실, 새로운 현실을, 하지만 이는 상상력이라 불리는 '다른 방식의 감각'을 통해서 감지되는 현실을, 그리하여 아직 이해되지 않는, 분명한 이성적 언어로 표현되지 않는 현실, 소위 그 유명한 '모호한' 현실을 불러낼 때, 이를 보들레르는 '환기'의 마술적 힘으로 명명하고자 했다면, 나의 경우는 먼저 폐허 빛 자체에서 모호함의 감각을 살아 모호한 현실을 만나는 것에 가깝다. 왜냐하면 폐허 빛의 존재는 보는 순간 자신의 과거 연대기, 즉 문명 속에서의 정체성의 빛깔을 다 잃은 그런 모호함을 사는 존재로 다가오는 것이기에. 그 모호함이 참으로 이상하게도 다른 현실을 불러오는 일 즉 환기를 열게 되는 것이다. 어쩌면 폐허의 모호함은 나에게 '환기'라는 보들레르의 감각의 특별한 방식을 말없이 하지만 참으로 자연스럽게 알게 해 주었던 것이다.

고로 이 위대한 시인이 어떤 사물에서 시작하여 불러내게 된 현실, 그로써 도달된 현실을 그 이성적인 명명, 언어적인 명명이 불가능한 현실 즉, '모호함'의 현실로 정의하게 됨을 우리에게 말해주었다면, 난 이 위대한 현대 시인의 방식을 새로운 현실을 불러오는 일, 환기의 (도달점이 아닌) 시작점에 두었던 것인데, 요컨대 이는 이런 특별한 이해, 모호함을 이 시인처럼 궁극점에서 사는 일이 아니라, 시작점에 사는 일이 되었는데, 이를 다름 아닌 그르노블의 폐허 빛이 알게 해 주었던 것이다. 즉 보들레르는 일상의 사물에서 모호함을 알았고, 난 모호함을 그대로 보여주는 폐허의 존재에서 모호함을 알았으니, 그가 참으로 정신적인 존재라면, 난 감각적, 정확히는 즉물적인 감각적 존재에 더 가까운 것이리라. 또한 모호함은 보는 시각적 감각에 있는 것이 아니라, 보는 것을 넘어 불러내는 감각에 있으니, 이 후자에 진정한 감각, 즉 초월적 감각이 있는 것이니, 이 위대한 시인이 아니었다면 현대 예술을 지배하는 이 내면의 감각은 열리기라도 했을 것인가. 고로 세상은 나 같은 즉물적 감각의 차원에 머물러 지금까지의 감각, 일상적 감각, 지상 위로 결코 날 수 없을 감각, 가시 현실을 넘지 못하는 감각의 차원에 이 21세기는 머물러 있었을는지도 모른다. 하지만 이 즉물적 이해 또한 결국엔 이 위대한 방식을 알게 하는 통로였기에 난 상관치 않으련다.

3. 브리앙송, 환기의 스승

무한한 투영의 행복한 거울이 곧 '환기'라는 '감각의 특별한 방식'임을 최초로 이해하게 된 것은 그르노블에서 남동으로 멀리 가 열린 갑 Gap이라는 지명의 방향을 향해 달려가다가 또 하나의 거대한 산 지형을 만났을 때의 일이었다. 이 지형은 어찌 된 일인지 사막도 아닌데 사구라는 느낌을 불러일으키는 거대한 지형들이 끝도 없이 줄을 서 누워있는 공간이었는데, 바로 이를 만났을 때의 일이었다. 이는 내 생애 영원히 지워지지 않을, 이 지형과 같은 태생을 나눈 존재일 브리앙송 Briançon을 방문하려 할 때였다. 난 그 이유를 지금도 알지 못한다. 이 길게 끊임없이 사구처럼 누워있는 지형이 어찌하여 나를 이 지상의 현실에서는 존재하지 않을 그런 어떤 특별한 시 공간대로 순식간에 데려갔는지를. 그리고 이 지형에서 난 왜 이유 없이 폐허 빛을 만나게 되어 나의 어린 시절의 지대 -하지만 한 번도 떠 올려본 적 없는, 고로 나의 인식에서 살아 본 적 없는- 로 되돌아가게 되었는지를 난 지금도 모른다. 하지만 난 브리앙송의 폐허 빛을 담은 어느 사구 같은 지형, 즉 이 탈 연대기적인 공간 앞에서 나의 감각이 그것에 대한 연대기를 세우려는 본능적인 시도를 통해, 그 모호함이 나를 데려가는 곳, 즉 분명한 지대가 아니라, 또 하나의 모호함 -역시 명명될 수 없는- 의 현실로 데려간, 소위 환기된 어떤 현실에 대한 나의 감각 생의 일화를 난 당시 남겨 두었던 것이다. 그리고 이것이 진정한 '환기'인 줄을 난 한참 후에야 깨닫게 되었던 것이다.

  브리앙송의 산. 그 천진난만한 배열. 선. 영원한 줄무늬와 둔덕. 누워있는 섬의 서 있는 모습. 그 아찔한 햇빛. 그야말로 아찔함에서 아득함으로 정신은 완전히 이성에서 벗어난다.

  살아 움직이는 지평선, 하늘과 눈 덮인 산 경계에 그토록 은은한 떨림으로 눈부신 지대가 있을 줄은. 하늘을 다 담아 버린 이 산을 어떻게 설명할 수 있을까.

  한데 브리앙송은 나의 어린 시절의 한 시간대를 그대로 간직하고 있었다. 이 시절 이후 그토록 내 이미지 속에서 찾았건만, 한 번도 발견할 수 없었던.

나의 어린 시절의 찬란한 햇빛. 온 대지에 내리는 그 아득함만으로 이미 다른 시공간의 한 존재로 서 있는 것을. 그것은 다른 세계로 뻗어가는 중간 통로임에 틀림없다. 아찔한 환상!

눈, 그리고 그토록 여유 있게 배치된 넓은 공간에 내리 비취는 햇살, 꿈속에나 그리게 될 연 하늘빛 그리고 간간이 날아가는 검은 새들.

내 영혼의 일부가 이 눈의 속성을 담기라도 한다면. 여유. 이토록 스스로 자족하고, 스스로 질서를 세우고, 어떤 변화에도 여유롭게, 그리고도 단단하게. 나도 이 눈이 되어 둔덕 위에 누워 빛나 있다면, 영원히 이 멋진 하늘과 사랑할 수 있다면.

4. 브리앙송 전 도멘느, 소박한 유추의 행복

그런데 갑 Gap 방향, 브리앙송을 가기 매우 전의 어느 공간, 도멘느 Domène와의 우연한 만남에서 이 공간이 어떤 행복한 현실들을 떠올려 주었는데, 이는 익숙한 것들의 현실, 이미 이해된 현실들을 불러오는 일이었는데, 이러한 불러옴, 떠올림은 보들레르가 최초로 제안한 '환기'가 아님을, 즉 진정한 창조를 열고자 하는 현대시의 감각의 다른 방식, 감각의 특별한 방식일 '환기'가 아님을 난 나중에 깨달았던 것이다. 하지만 이 도멘느라는 공간과의 만남이 진정한 창조를 열게 하는 환기는 아닐지라도, 이 공간의 낮은 산 능선과 작은 성, 샤또와 이 샤또 앞 귀여운 나무와의 형태적 만남이 내게 불러일으켰던 행복한 유추, 일반 생에서 흔히 찾게 될 유추, 그럼에도 불구하고, 그 공간을 되새길 때마다 즐겁기에 이를 여기에 제시한다. 이는 비록 보들레르의 유추 -새로운 현실의 떠올림- 가 아니라, 보들레르 이전의 유추 -기존 현실의 떠올림- 의 차원일지라도.

도멘느가 좋은 것은 '문득'이라는 단어를 생각게 하는 어느 지붕을 살짝 가리는 둥근 나무와 뒷산 배경과의 어울림 - 말로 표현키 어려운- , 그 기하학적인 선 때문인 것 같다. '문득'이야말로 시인이 가장 반기는 대상이 아닐까? 문득 나타난 그 나무가 보여주는 모습에서 난 미소 짓지 않을 수 없으니. 하늘에 우뚝하게 하나 예쁘게 서서 둥글고도 얌전하게 바람에 흔들리는, 또 태양에 빛나는 옆 지붕을 가리면서도 뒷배경 산을 마음껏 향유하는, 그리하여 미학의 우물로 자신을 비출 줄 아는 나무. 여기에 또 하나, 폐허를 사랑할 줄 아는 작은 집, 옛 귀족의 작은 샤또Château 즉 성 -이제는 낡고 검은 아무런 손질도 안한 모습으로 하얀 커어텐 단 창문 밖으로 보이는- 만 보면 고고한 얼굴을 한 귀족이 곧 그의 모습을 드러낼 것만 같다. 볼레 즉 덧문을 친 어두운 방에서, 어떤 우물 같은 고독 -어디서 오는지도 모를- 으로 어둠만을 사랑하며 강한 슬픔을 태울, 왠지 모를 강렬한 모습의 귀족을, 내적인 귀족을 문득 엿볼 것만 같은데. 아! 그가 하루 종일 하는 일은 무얼까? 독서인가? 음악인가? 그림인가? 몽상인가? 혹은 떼(thè, 마시는 차)를 즐김인가? 아니면 사랑? 난 어쩌면 이다지도 단순한지, 내게 좋은 일이라는 것이 이것 밖에 생각이 나지 않으니. 도대체 그런 귀족이 할 만한 더 멋진 -나도 모르는- 일은 무엇일까.

5. 브리앙송 이후의 단상

고로 진정한 환기의 이해는 도멘느를 지나 브리앙송의 사구라는 지형에 이르렀을 때야, 어쩌면 문명의 공간보다는 탈 문명의 공간에서 오히려 진정으로 만날 수 있음을 알게 되었고, 나중에 이를 반추하며 이 공간이 가르쳐 주게 된 문학 특히, 시의 존재의 비밀을 난 이해하게 되었던 것이다. 시는 가르치는 일이 아니라 또 설명하거나 묘사하는 일이 아니라, 오히려 어떤 것을 불러오는 일, 모호한 현실을 환기하는 일, 그리하여 단지 방향을 넌지시 지시하는 일만으로 자신의 존재 이유를 충족시킨다는 것을. 그리하여 시는 '존재하는 현상' (<아르뛰르 랭보>,<바닥과 정점을 찾아서>)만으로 충분하다는 샤르의 정의에 가슴으로 다가가게 되는 일인 것을. 왜냐하면, 시는 생의 특별한 순간을 계시하는 일이므로, 그리하여 시는 짧은 빛을 던지고 이내 사라지는 현실이므로. 이 진실의 현실을 순간 구축시키는 일 외에는 이 진실을 드러낼 다른 방법이 없는 것이므로. 결국 시 특히 현대시는 무엇보다 생의 진실, 숨은 진실의 맹신자이기에. 이 진실은 이성이 아니라 오로지 감성, 즉 특별한 감각만이 엿볼 수 있을 뿐이므로. 브리앙송의 공간이 나에게 이러한 시의 존재론을 자신도 모르게 가르친 진정한 생에 이르는 시의 교훈을 당시 적어 보았다.

프랑스에서의 삶을 유혹하는 장소, 브리앙송. 내 삶에서 다시 태어날 것 같다. 어떻게 이 모든 사건을 다시 얘기할 수 있을까.

문학 특히 시의 핵심은 오늘 문득 진정으로 내 가슴에 와 닿는 '상기시키는 것' 만으로 그 의무를 다했음을. 반드시 서술로서 그 결론까지를 정의 내려야 함에 있다기보다, 무언가, 환기시키는 것. 각자의 정신과 몽상 속에서 이 환기는 무언가를 부르고, 그것으로 다른 것과 연관시키는 일, 갑자기 이것과 저것의 탄생, 그 연결을 끌어내는 일, 불러내는 일. 이는 이것이 바로 생 La Vie이기에. 바로 무질서의 미학. 무질서에서 나오는 다이내믹함, 무질서에서 나오는 놀라움. 갑작스러운 발견.

문학 특히 시는 그 이상 무엇이겠는가.

이러한 환기가 어떤 먼 지평선으로 우리를 사물 그 근원으로 이끌어 갈 수 있느냐 하는 것. 그럴 수만 있다면, 이 연계가 숙명적인 연계가 되길, 그리하여 근원이라는 진정한 연계의 현실이 되길. 그런데 난 왜 이토록 '사물'에 이끌리는 것일까. 인간의 관계 즉 유동적인 관계 맺기와는 거리가 먼, 사물, 고정된 부동의 세계에. 그러나 이들은 볼 때마다 다른 관계를 맺는다는 것을, 무한한 유동의 관계 맺기를 열어낸다는 것을. 그리고 이 관계는 이해관계나 유용의 것이 아닌, 무용의 관계 맺기나 진실의 관계 맺기인 것을.

6. 나의 나라에서 만난 브리앙송

　브리앙송, '환기'를 알게 해 준 최초의 공간. 오랜 과거의 검은 지붕과 이 지붕 위 반사의 이상한 빛깔, 그 아스라한 황금빛 감도는 어둠빛, 혹은 신비한 어둠 빛 감도는 황금빛의 공간이 자신의 멀지 않은 외곽에 마련한 '사구' 형태의 거대한 산들에서 난 '환기'를, 진정한 '환기'를 최초로 맞이하게 되었는데, 이것이 보들레르의 환기, 현대시를 지금껏 관통하는 방법론인 환기였음을 깨달은 것은 아주 나중의 일이었다. 환기란 이미 알고 있는 존재의 불러옴이 아니라, 한 번도 만난 적 없는 존재의 불러옴이라는 것, 그리하여 한 번도 만난 적 없는 즉 이성에서 명명되지 않는 '모호함'의 현실을 불러오는 일이었는데, 이러한 환기, 진정한 환기를 나도 모르게 최초로 만나게 해 준 공간이 바로 브리앙송이라는 과거의 공간이었던 것이다. 내 앞의 현실이 다른 현실을 불러오는 일, 그와 같은 내적 태생이었을 유사한 현실을 불러오는 일, 환기는 탈 연대기의 대상에 나의 감각이 연대기로 -여전히 모호한 채로- 화답, 상응하는 일이었음을 난 그로부터도 아주 먼 나중에 알게 되었다.

그런데 이 환기의 행복한 투영의 거울은 서구의 공간에서만 존재하는 것이 아니었던 것인가. 한국에 와서 서구의 이 공간과 같은 태생의 공간을 불러내는 일을 참으로 우연히 열게 되었는데, 즉 동양의 한 공간에서 어느 날 난 또 하나의 브리앙송을 만났던 것이다. 오랫동안 잊힌 이 먼 나라의 공간은 나의 최초의 환기를 알게 해 준 이유만으로 그 각인의 깊은 감각을 내 생은 늘 숨겨 두고 있었던가. 너무도 다른 이 동양의 공간에서 진정 사구와는 거리가 먼 어느 산의 지형적 분위기가 내가 놓여있는 실내 공간의 투영된 램프와 거울과 만나 참으로 특별한 분위기로 나를 초대하였는데, 이때 거울에 비친 멀리 눈산은 어떤 검음으로 누운 사구의 줄 이은 기하학의 경계선으로 제시하고 있었다. 난 알 수 없었다. 바로 그 순간, 그 먼 서구의 브리앙송의 그 공간 그 순간으로 나의 감각이 바로 날아가 버리는 일을. 그곳에서의 사구가 이곳에서는 동양의 기와로 태어나 이 공간의 울림을 더 깊게 열어주었던 일을. 그리고 서구의 그 사구 공간에서 아마도 내 생애 최초의 푸른 숨을 내쉬었던 난, 이 동양의 공간에서 다시금 푸른 숨을 내쉬게 되었음을. 이 푸른 숨, 이 푸른 호흡은 늘 나의 근원적인 공간으로 되돌아간 현실로부터 흘러나왔을 것임을. 그 당시의 아찔했던 결코 알 수 없을 시공간, 다른 세계로 연결될 어떤 중간 통로의 현실은 바로 나의 근원의 공간에의 본능적인 감지에서 나왔을 것임을 난 아주 나중에 이해하게 되었다. 그때 그 공간의 울림을, 누운 사구 형태가 주는 행복을 그대로 다시 한국에서 만나게 되었던 나의 감각 생의 일화는 다음과 같이 그 순간을 전해 주고 있다.

산정에서 행복을 매달 시작점을 만나고 있다. 산정에서 내려오는 넓은 빛 선들이 눈 덮인 검은 기와가 되어 지상에서 가장 푸른 숨을 내쉴 고원에 가 있는 듯 인상을 주고 있는 것이다. 지금 이 순간이 더 크게 열린 시원함을 연다면 이 공간이 정면에서 보인 것이 아니라 거울을 통하여 투영되고 있기 때문이리라. 아마도 거울 통한 투영에 더 큰 깊이의 더 큰 벗어남의 세상인 듯, 저곳으로 그 이동이 와 있고 더 큰 신비의 열림이 와 있기에.

거울 비춘 저 램프 등에 이제 은은한 금빛마저 채워져 산 마천루는 동양 신비 빛의 중얼거림인 기와와 서구 브리앙송의 눈-사막-산, 그 연속적인 드러누움과 이상하게도 만난 듯 세상의 한 근원, 푸른 숨 내 쉬는 공간이 되어 나의 오랜 열락을 뿜어 내게 한다.

<인터불고, 대구 팔공산을 멀리서 파노라마로 관망하는 호텔에서>

2. 무의식에서 열리는 경이

1. 폐허 빛, '사물의 모국어', 그 웅얼거림

그르노블의 폐허 빛은 나도 모르게 숱한 반사의 거울이 열리는 일, 감각적 태생의 유사성을 도처에서 만나는 일, 그리하여 '나'를 유추의 세계로 끌어가는 일, 혹은 나의 세계로 유추의 현실을 끌어오는 일을 가르쳐 주었으니, 소위 보들레르의 '환기'를 이해하는 일을 열어 주었던 것이다. 그리고 이 행복한 반사, 환기의 거울이 열리는 일은 전생에 같은 태생의 인연이었던 존재들을 연결시키는 일, 소위 보들레르의 '상징'을 이해하는 일로 통하는 것이었다. 즉 이는 "사물 위를 날면서 힘들이지 않고 그들의 모국어를 이해하는"(<상승>) 보들레르가 만나길 열망하는 최고의 경이를 이해하는 일로 통하고 있었다. 결국 이는 '환기의 자장', 그 행복에 빠지는 일이었던 것이다.

이 위대한 시인의 환기가 추구하는 방향이 사물들의 모국어5라면, 내가 그르노블의 폐허 빛에서 만난 고대 빛은 이 존재들의 모국어를 만나러 가는 길과 통하는 것이리라. 내게는 이 폐허 빛이 환기시키는 고대 빛이 왠지 모르게 이 존재들의 본래적 진실, 최초의 진실을 웅얼거리는 언어로서 듣는 일로 통하는 것 같기 때문이리라. 즉 고대는 문명의 아주 긴 시간을 벗어난 순수한 본래의 생을 사물이 간직한 시간일 것이고, 바로 이런 드문 시간적 회귀를 그르노블의 폐허 빛 존재들은 열어주고 있었던 것이다.

5. 보들레르가 이해하고자 하는 상징 즉, '사물의 모국어'는 이미 현대시의 벡터를 비추어 주었다. 그가 감각의 다른 방식, 특별한 방식인 환기에 의해 만나게 된 모호한 현실은 단지 이성 밖의 현실, 단지 가시성을 넘어선 현실, 단지 일상과 다른 혹은 새로운 현실이라기보다, 실은 이성 너머 혹은 가시성 너머 세계에서의 진실, 즉 사물들의 진실의 세계였던 것이다. 이는 이성, 가시성, 문명, 일상적 감각에 가리어져 간파할 수 없었던 사물들의 본래의 진실, 곧 '사물들의 모국어'였던 것이다. 이것이 바로 그가 시도한 '상징'이었던 것이다. 이는 지금껏 이성이 한 번도 알아본 적 없었기에 '새로운' 언어이지만, 본래부터 존재했던 현실을 지칭하는 언어이고, 이성이 분명하게 설명할 수 없는 '모호한' 언어이지만, 이는 이성이 붙잡을 수 없는 신비의 언어이기에, 모호함을 그 자신의 숙명으로 사는 언어인 것이다.

2. 환기를 넘어, 사물로 열린 무의식

그런데 사물의 모국어를 웅얼거리는 이 고대 빛 -폐허 빛에서 환기된 - 을 만나러 가는 길은 환기와는 다른 방식일 '무의식'이라는 방법론을 통해서 열렸던 것이다. 환기가 이성이 아닌 감각을 통한 방식이지만, 이는 의식을 중요한 요소로 동반하고 있다. 반면 무의식은 환기의 방식의 연장선에서 의식을 가능한 한 배제시키는 노력을 더한 것이리라. 어쩌면 저절로 자신도 모르게 빠져드는 방식을 총체적으로 말하고 싶은 것이리라. 이리하여 무의식은 사물의 깊은 현실로 자신도 모르게 도달되는 일을 열어내게 된다. 환기가 사물 위로 날아다니는 상승의 감각에 가깝다면, 무의식은 사물의 깊이로 내려가는 하강의 감각에 더 가깝다고 말할 수 있지 않을까. 그리고 이 무의식을 타고 사물의 깊이로 내려가면, 자신도 모르게 -의식이 알지 못한 사이- 숨어 있던 사물의 진실이 순간 드러나게 되는 것이다. 이때 사물의 모국어의 웅얼거림을 순간 듣게 되는 것이리라. 하지만 이런 웅얼거림, 이런 모국어, 이런 모호한 언어를 보들레르는 아마도 듣지 못했으리라. 왜냐하면 그는 이 무의식을 몰랐으므로. 그리고 무엇보다 그가 정박한 파리는 이런 폐허 빛을 간직하고 있지 않았을 테니까. 이런 폐허 빛이 환기할 고대 빛을 근대화로 가는 붕 뜬 문명 도시의 분위기에서는 만날 수 없었을 테니까.

고로 그가 이러한 폐허 빛이 웅얼거리는 사물의 모국어를 듣지 못했다면, 공간적 운명 말고도 참으로 중요한 생의 방식 하나를 만나지 못했기 때문인 것이다. 바로 무의식이라는 방식을. 이 방식이 사물의 깊이로 내려가 사물의 숨은 진실을 드러내 줄 수 있는 것은, 의식의 제거에서 그 가능성을 열고 있었다. 그렇다면 이 의식의 제거, 의식의 무중력이 무엇을 가져다주었던 것일까. 이는 다름 아닌 사물과 나 사이를 경계 지우는 이원론이 아닌, 이 둘 사이의 경계를 허문 일원론, 즉 사물과 '나'가 서로 교통하는 용해된 하나의 존재가 되는 일의 마술을 통해서 가능했던 것이리라. '나'가 사물이 되었기에 사물이 된 '나'가 사물의 숨은 진실, 그들의 모국어를 듣는 일은 분명 더 쉬운 일이 아니었을까. 이러한 무의식6은 사물 속에 또는 나 속에 숨어 있던 진실 -의식의 표층 위로 떠 오른 적 없는- 이 순간 솟아오르는 일 -오히려 의식의 동참 없이- 을 쉽게 열어내게 하였던 것이리라.

6. 실은 이러한 무의식은 다름 아닌 초현실주의가 최초로 예술에서 시작했음을 우리는 알고 있다. 하나 초현실주의가 제안한 무의식이 실험실의 그것이었다면, 그르노블의 폐허 빛 존재가 제안하는 무의식은 세상 즉, 우리의 총체적 현실 한가운데서의 그것이라는 차이를 보여주고 있다. 고로 그르노블의 고대 빛이 알게 해 준 무의식은 초현실주의의 그것보다는 그 후예 시인들의 무의식에 더 가까운 것이리라.

덧붙여 말하자면, 이런 무의식은 초현실주의의 그것보다 바슐라르의 '몽상'을 여는 무의식에 더 연관되리라. 초현실주의가 프로이드 S. Freud, 그의 무의식에 영향을 받았다면, 그는 융, 그의 집단 무의식의 영향을 받았고, 전자가 지극히 개인적인 주관적인 과거를 드러내려 했다면, 후자는 인류적인 보편적인 과거를 드러내려 하였던 것이다. 특히 전자가 내 안의 사물 (즉 과거 경험)과의 만남이었다면, 후자는 세상의 사물과 만난 무의식이었던 것이다. 고로 난 애초부터 초현실주의적이 아닌 바슐라르적인 무의식을 만났음에 분명한 것이다. 이는 실은 나의 힘이 아니었다. 그르노블이 내게 주었던 힘이었던 것이다.

그르노블의 폐허 빛 존재들은, 어찌된 일인지 나도 모르게 사물의 과거로 내려가는 일을 열어주곤 하였는데, 이는 지극히 주관적이고 개인적인 진실이 아닌 인류적이고 보편적인 진실의 만남에 더 가까운 듯하였다. 그리고도 이 존재들은 자신을 통해 나의 과거로 내려가는 일 또한 열어주었는데, 이는 세상의 사물과의 교류를 통한 나의 보편적 진실의 만남이었던 것이다.

3. 무의식에서 열린 고대 빛 신화

　그르노블의 폐허 빛은 흔히 동질적 태생의 존재들을 불러오는 환기보다는, 사물의 깊이로 나도 모르게 내려가는 즉 사물과 용해되어 하나 되는 감각인 무의식을 더 자주 붙잡게 한다. 이 무의식을 타고 내려가면 이 폐허 빛에서 사물 속의 진실, 특히 시간적으로 아주 먼 과거, 그 오랜 순간의 현실 다시 말해 고대 빛이라 부르고 싶은 현실을 종종 난 만나게 된다. 원초 빛 또한 아주 먼 과거의 시간이지만 그가 보여주는 푸른 시원, 푸른 시초와 달리, 이 고대 빛은 먼 과거의 어둠을, 더 정확히는 황금빛 어둠을, 때로는 분홍빛 어둠 같은 그리하여 신비한 어둠을 담고 있는 것이다. 그런데 이 고대 빛을 타고 참으로 오래전에 잊힌 지극한 희열이 오고 있었다. 나의 아주 어린 시절 까마득한 우주 속에 나 혼자의 우연한 고독 속에서 그와 마주한 시간, 이 우주의 유일한 동반자가 되어 이유도 없이 그의 생에 참여하는 지극한 희열, 소위 "우주적 합일"을 맛보던 시간으로 불현듯 되돌아가는 것이다. 나의 어린 시절에 존재했던 세상의 진정한 과거, 우주적인 과거, 아니 우주의 진정한 현재, 우주의 영원한 순간을 이 서구의 현대 문명 한가운데서 다시 만나게 된 것이다. 이 특별한 순간과의 만남을 난 나도 모르게 '신화'라고 명명하고 있었다. 난 유명한 종교학자 미르세아 엘리아데 Mircéa Eliade(1907-1986)가 말한 신화, 즉 회귀되는 행복한 인류의 유아기, 아니 회귀되어야 할 인류의 순수한 꿈의 시간은 우주의 열락과 인류의 열락이 가장 큰 합일의 호흡을 내쉬었을 시간을 가리킨다는 것을 본능적으로 깨닫게 되었던 것이다.

즉 신화는 인류의 시간적 유아기에만 존재하는 아주 먼 과거의 현실, 이제는 화석화된 현실이 아니라, 인류의 영원한 시간과 함께 영원히 존재할 숨 쉬는 현실이고, 이는 어쩌면 황금빛 어둠, 혹은 어둠 빛 황금 분위기를 통해서 이 현대 문명 한가운데서 우주의 유아기의 신비의 열락을 그대로 되돌려주고 있는 것이었다. 그리고 신화는 신의 현실이 아니라 인간의 현실이고, 그것도 회귀하는 인간의 지극히 행복한 현실임을 그리고 이 행복은 우주와의 진정한 교감의 현실임을 그토록 감동적으로 정의한 이 위대한 인류애의 종교학자에게 우리는 존경을 보내지 않을 수 없으리라.

결국 문명을 벗고 이성을 벗은 폐허 빛은 먼 시간의 빛깔, 고대를 열어주었는데, 이는 고대를 넘치도록 채웠을 진정한 순수의 현실, 신화를 열어내어 어린 시절의 잊어버린 소중한 과거 빛, 즉 우주와의 교감을 다시 사는 일을 열어 주었던 것이다. 그리하여 서구 현대 한가운데 숨 쉬고 있는 신화의 생을 즉 신의 연대기가 아닌 인류의 탈 연대기의 시간, 문명 밖의 시간, 이성의 구속 없는 생의 충일감을 그대로 살게 된 시간을 나의 감각 생의 중요한 연대기로 난 남겨 두었던 것이다. 그리고 난 이후부터 도처에서 신화의 생을 만나게 되었던 것이다. 진정 신화는 우리의 현재 생에 늘 함께 붉게 숨 쉰다는 지극한 행복 개론을 눈물 나는 확인 속에서 갖게 된 것이다.

고대는 사라진 것이 아니다. 우리는 하루에 두 번씩 그 신화에 참여하고 있다. 새벽 그리고 황혼. 이 붉은 빛 축제는 영원히 우리에게 맴돌 고대의 계시요, 우리를 끊임없이 회귀시키는 힘이요, 고대의 의식에 참여시키는, 무의식적인 흡수의 장인 것이다.

고대는 우리의 도처에 존재한다. 흙빛 산이나 퇴색된 검은 빛 지붕이나 온 세상 가득한 장밋빛 사막에서. 어린 시절 순수한 꿈으로의 회귀를 가능케 하는 갈색 문 같은 것에서 그러한 것. 고대와 미지는 서로 내통하고 그럼으로써 과거의 꿈에서 가장 순수한 꿈, 첫 꿈, 첫 인상, 첫 상상인 미지, 결국엔 근원 -최초의 뉘앙스로 있는- 을 맛보는 것이다.

이리하여 그르노블의 특별한 공간 빛, 멋진 종교학자 미르세아 엘리아데 M. Eliade가 말하여 다행스럽게 부각된 원시시대를 충만시켰을 신화 빛 분위기를 현대 서구 문명 한가운데서 다시 회복하는 행복, 그 빛 속의 충일감을 난 살게 되었으니. 그것의 발견 이후 난 신화 속에서 매일 눈을 뜨고 감는 일, 즉 태양의 시작과 끝 무렵만으로도 그 오랜 순수한 과거를 그대로 들려주는 행복을, 새삼 원시 생의 행복을 그대로 회복하게 되었으니.

4. 신화 빛 황금 불

난 이 원시 생의 행복을 현대의 생 한가운데서, 산 유목의 생 즉 캠핑 한가운데서 다시금 만나게 되었으니, 이는 캠프파이어의 타는 장작과 만나는 순간이었다. 원시 생이 우주와 은밀히 교감하게 될 빛, 황금빛을 난 새벽의 붉은 동틈도 붉은 황혼도 아닌, 검은 밤 한가운데서 타는 붉은 장작에서 만났던 것이다. 이 붉은 장작 속에는 황금빛이 오롯이 살아 있었다. 이 불과 합일된 황금빛은 정물이 아니라 살아 있는 황금빛 존재였다. 자신의 황금빛 힘을 우리에게 그대로 전달하는 에네르기의 원천이었다. 이는 무엇보다 이 빛을 타고 내려가면 먼 인류의 고대를 만나고, 이 먼 과거 속에서 우주와의 행복한 합일을 열게 만드는 진정 우주적 몽상의 근원지를 만나게 되는 것이었다. 이는 현대 생에서 소실된 인류의 풍성한 생, 충만한 생, 진정 이 세계와의 지복의 혼례를 열던 신화의 생을 회복하는 순간이며, 이것이 바로 이 지상 위의 낙원의 생인 것을, 또한 이러한 순간으로의 초대를 숱한 빛 중 황금빛이 가장 잘 열어내게 되고, 황금빛이 불 속에서, 그것도 거의 다 타 검은 숯의 불 속에서 은밀히 열릴 때 그 최고의 순간을 갖게 된다는 것을 이 산 유목 생에서 난 최초로 알게 되었던 것이다.

나의 조국으로부터 친구 하나를 만나러 온 나의 친구.

우리는 캠프파이어를 열었다. 타는 나무는 엄청난 비밀 이야기를 간직한 주제이리라. 황금과 불은 동일한 물질일 것이다. 혹은 결국은 만나게 될 지향점이 같은 사물이 아닐까. 둘 다 엄청난 마력으로 인간의 마음을 끈다. 또한 둘 다 변치 않는 속성을 갖고 있다. 물은 다른 것과 섞여 그 본성을 바꾸기 쉽지만, 불은 결코 자신의 속성이 이외의 것이 될 수 없다. 황금의 매력 역시, 변치 않음이 아닌가?

불은 특히 타는 장작이 보여주는 불은 그야말로 살아 있는 황금이다. 그 빛깔은 마술과 신비 그 자체이고, 우리에게 영원한 고대 -미지- 로의 되돌아감, 향함을 열어낸다. 우리의 근원적인 신화 속에 가장 밑바탕이 되는 색이 있다면, 그것은 황금색이 아닐까? 숨쉬는, 즉 동력을 전달하는 에네르기를 전달하는 황금. 진정 장작불은 우리의 근원, 미지, 회상의 모든 자궁이요, 그 지향의 매개체다. 풍성한 몽상을 여는.

그런데 장작은 숯이 다 된 몸속에서 타고 있었다. 겉은 검게 별 변화를 보이지 않는데, 갈라진 나무 사이로 들리는 나무의 황금 울음. 남편은 '나무가 울면서 탄다' 는 그토록 아름다운 구절을 말한다. 나무는 진정 울면서 울면서 속으로 타는 것.

그 엄청난 열정을, 내면으로 가장 화려하고 의식에 넘치는 미를 알고 있는, 마지막 순간까지 그 소멸의 미를 보여주는. 파괴의 최고의 의식을 보여주는, 동시에 우리를 황금빛 낙원의 찬란한 고대로 이어주는, 바로 이러한 것으로서의 장작불은 우리의 정신이 가질 수 있는 가장 아름다운 사물 중 하나로 자리할 것이다.

이리하여 꺼질 듯 타오르는 황금 장작불이 들려준 생의 비상과 생의 근원을 받아 적은 나의 감각 생의 연대기는 다음과 같이 이처럼 꿈만 가득 한 채 남아 있게 되었다.

5. 신화, 미궁의 행복

 신의 일화로서의 신화가 아니라, 인간의 일화, 인간의 우주와의 일체의 일화, 그리하여 인간의 지상 위 지복의 일화로서의 신화를 내가 어린 시절 이후 이 서구의 푸른 공간에서 오히려 만날 수 있었던 것은 분명 파리가 아닌 그르노블의 공간, 진정한 폐허를 이해한 공간, 진정한 폐허와 함께 살아 숨 쉬는 공간, 어둠 빛과의 교감에서 이유 없이 따뜻한 호흡, 어쩌면 붉은 호흡일 지복의 숨을 내쉬게 하는 공간에서 가능했으리라. 이러한 순간은 아마도 지상 위에 머무르는 순간이라기보다는 우주와의 교감이 자연스럽게 이끌 지상 아래로 깊이 하강하는 순간, 자신도 모르게 코스모스 전체를 뜨거운 살로 교감하는 순간, 나의 살이 된 땅, 그 깊은 원초적일 어둠에서 이유 없는 행복한 하강, 이 우주의 살과의 뜨거운 원초적 교감, 다름 아닌 신화라 명명하고 싶은 순간을 만났던 것이다. 그리하여 이러한 합일, 즉 신화의 상태는 행복한 무지의 순간, 이성적 분류를 모르는 순간, 곧 이성의 카오스 그러나 행복한 카오스, 오로지 감성만이 이해할 행복한 카오스의 누림일 것이다.

6. 무의식에서 열리는 나의 고대

 그르노블 폐허는 그 모호함이 불러오는 다른 모호한 지대, 결국 사물의 모국어로 열릴 지대를 추구하는 보들레르의 환기의 마술을 넘어, 사물과 나의 경계를 무너뜨린 소통, 그리하여 환기보다 더 깊은 차원으로 열리게 할, 결국 사물의 모국어를 더 진정으로 듣게 할 방법론일 '무의식'을 열게 한다는 것을 우리는 만나 보았다. 그런데 이 무의식을 열면 그르노블 공간은 왠지 모르게 나로 하여금 '고대 빛'이라는 명명을 달게 하는 현실을 흔히 만나게 하는데, 고대를 아주 먼 과거, 신비한 어둠을 아는 과거로 이해한다면, 이는 먼저 사물의 먼 과거 즉, 사물의 신비한 과거로 내려가게 하였고 이와 더불어 나의 먼 과거, 나의 신비한 과거로도 내려가게 하였던 것이다.

이는 진정 사물이 내게 열어주는 경이가 아닐 수 없었다. 아무런 지식의 만남도 없이, 아무런 연대기적인 증언도 없이, 이 전혀 알지 못한 지대, 고로 '미지'의 지대의 현실, 그곳의 지식이 저절로 내게 열리는 일은 진정 경이가 아닐 수 없을 것이다. 그리하여 이런 만남은 사물의 미지 그리고 나의 미지, 더 깊게는 사물의 과거 속의 미지, 그리고 나의 과거 속 미지로 떠나는 여행길을 열어주는 것이었다. 이 지식은 결국 깊은 곳에 숨어 있던 사물의 진실이므로 '사물의 모국어'일 것이고, 이와 동시에 나의 깊은 곳에 숨어 있던 나의 진실, 즉 깊은 '나의 모국어'일 것이기에.

이리하여 그르노블 폐허 빛이 나의 무의식을 열어 사물을 타고 내려가서 만나게 되는 이 '고대 빛'은 내게 세상의 고대 즉 인류의 고대를 드러내거나, 혹은 나의 고대 즉 내 안의 심층 고고학의 지대를 드러내 주었으니, 이는 결국 폐허 빛이 나의 무의식의 '자장'을 열어, 사물의 과거와 만나는 나, 나의 과거와 만나는 사물, 이 둘의 진정한 소통을 열어 사물 속에 깊이 묻혀있던 진실, 결국엔 내 속에 깊이 묻혀있던 진실을 드러내는 일을 여는 일, 요컨대 사물과 나에게 동시에 열리는 경이, 그 '자장'의 특별한 순간을 열게 되는 것이었으니. 난 이런 고대를 여는 행복을 그르노블의 특별한 지형, 산이 담고 있는 폐허 빛에서 흔히 만나곤 했던 것이다. 이 존재 앞에서 나도 모르게 무의식을 타고 내려가 인류의 먼 시간, 고대의 탈 연대기적인 시간을 만나, 나의 감각 -이때, 무의식- 생의 연대기로 그 은밀한 진실을 전해 들음에서 오는 지극한 전율, 그 전율의 연대기를 난 당시 써 내려가곤 했던 것이다.

사물의 고대에서 나의 고대로

 인류의 먼 과거, 사물의 고대를 그르노블의 나의 집을 향하던 어느 날, 집 뒤로 먼 정경의 겨울을 다 보낸 산에서 난 만났던 것이다. 여름엔 잎의 풍성함으로, 겨울엔 눈의 풍성함으로 한 번도 자신을 드러내 주지 않았던 이 산이, 그토록 그의 가슴을 궁금하게 했던 이 산이, 자신을 열어 보여주는 일을 만났으니. 여름의 잎을 버리고, 겨울의 눈마저 버리는 이 짧은 시기, 진정으로 온통 버릴 수 있는 시기, 오로지 이 드문 순간에만 그의 가슴 드러낸 진실이 드러난다는 사실. 이러한 '다 비움'은 어쩌면 문명, 다름 아닌 이성을 다 비워야 드러날 우리 속의 진실을 보게 될 현대시의 존재론적 운명과 통하는 일이 아니겠는가.

　나의 집 뒤로 멀리 거주하는 이 산은 자신이 다 버렸을 때 자신 속의 고대 빛이 드러난다는 것을 그의 다 비운 가슴으로 나에게 감동적으로 일깨워주고 있었다. 일상에서 고대를 만나는 일 즉, 사물에서 그의 먼 과거, 그의 숨은 진실을 얻는 일은 먼저 버릴 수 있는 힘, 그리고 아플 수 있는 힘, 결국 다 버리고 난 다음의 자신을 볼 수 있는 용기와도 통하는 일이 아닐까. 고로 일상에서 고대를 만나는 일은 나의 고대를 만나는 일이고, 이는 먼저 일상을 벗어낼 수 있는 용기를 요구하는 일임을 이 산은 말없이 가르치고 있었다. 이리하여 그르노블 폐허 빛의 은밀함이 자신의 고대 빛을 열어 내 속의 고대를 일깨우는, 결국 그로부터 내 속의 심층의 고고학이 열리는 경이를 난 만났던 것이다.

　　산이란 원래 그러한 매력을 주는 걸까? 나의 집으로 들어가는 긴 골목길, 그 좁은 길 끝에서 늘 나의 시야를 멈추어 서게 하는 산. 대부분의 경우 그는 희미한 모습으로만 자신의 윤곽을 만나도록 하였다. 봄이면 옅은 푸름을 여름이면 더 짙어진 성숙한 초록을 가을이면 연보랏빛을 운무라도 끼이면 그대로 안개로 둘러싸여 있었고 겨울이면 눈으로 덮인 흰빛 몸과 눈으로 덮지 않은 골 푸름을 그토록 조화 있게 보여주더니.

　　이렇듯 늘 희미한 모습으로만 나타났던 이 산이 겨울을 한참을 달리던 어제 집으로 가는 나의 늦은 길에 내게 자신의 비밀을 다 드러내 보여주었다. 벌거벗은 채 -그대로 나체화된- 자신의 울퉁불퉁한 가슴을, 고대의 흙빛으로 표현된 그의 아픔일 듯한 형상을, 혹은 자신의 숨김없는 욕망 같은 것을 그대로 드러내 보여주었던 것이다. 붉은 황톳빛으로 조금의 가림도 없이 맨몸으로 파란 하늘 아래 드러난 그 산은 어쩌면 다름 아닌 고대로 이르고자 하는 욕망의 표현이 아니었을까?

 나에게 '고대'란 무엇일까? 이는 시간적이라기보다는 정신적 차원에서 지질학적인 층 비슷한 것을 지향하는 것 같다. 아니 정신이라기보다는 마음이라고 하자. 마음의 층에서 표층이 아니라 심층 즉 무의식의 지대일 수도 있을 밑바닥에서 맴돌고 있을 심연의 층을 말하고 싶어 하는 것이리라. 어쨌든 이는 의식적 혹은 무의식적으로 혼돈스럽게 -분석하기 전의 상태로- 잠들어 있는 욕망 혹은 갈망 지대라고 말하고 싶다.

 평소 사물과의 만남 혹은 그 탐색의 순간에 '고대'라고 불리어질 이러한 마음의 은밀 지대와 일치되거나 공유되는 이미지가 나타나기를 난 얼마나 고대하는가! 그러나 이러한 만남은 내 바람과는 무관하게 문득 혹은 우연의 순간에 늘 이루어지게 되는 것이니. 진정 예기치 않은 순간에 이루어지는 이러한 만남은 내 마음의 가장 고고학적인 층에서 행복의 눈물을 말없이 폭발시키거나, 그 누구와도 공유될 수 없을 가장 저음부에서 울릴 은밀의 전율을 가져다주게 되는 것이니, 이는 내 존재의 행복론 아니 이보다는 열락론의 씨앗이려니.

그런데 어제 한가로운 저녁에 만난 이 산, 그토록 대담하게 자신의 밑바닥을 보여 줄 수 있었던 이 산에서 난 순식간에 도달된 그의 고대를 보았고, 남몰래 엿본 그 은밀함은 한순간 이 고대는 항상 모호했던 그의 근원적인 갈망의 지형도를 분명히 보여줌으로써 내 근원적 갈망 -의식이라 할- 의 얕음과 옅은 열정을 비웃었고, 이와 동시에 벗을 줄 알았던 그는 나를 너무나 부끄럽게 만들었는데, 그의 바람이 전달되어 왔다 : 나의 벗어 보여주기를. 그동안 나의 삶은 나의 욕망을 솔직히 보여 줄 줄 아는 것이었던가? 나도 내 욕망을 그대로 보여줄 수는 없을까? 그토록 짙고 깊은 갈망을, 그러한 것의 황톳빛 재현을, 어쩌면 아픔과 등가가 될 욕망을. 하지만 어느 날에 난 깊어질 수 있을까? 어느 날에 난 고대의 욕망, 그 위에 벌거벗고 앉을 수 있을까?

나의 고대, 심층 고고학

이렇듯 사물의 과거는 나의 과거를 끌어내는 묘한 인력을 갖고 있어서 나도 모르게 이 고대 빛 존재 앞에서 나의 고대 빛, 나의 고대 즉 나의 어린 시절로 가는 고대를 만나는 예상치 못한 행복을 얻게 되었던 것이다. 어린 시절의 과거를 단순히 과거라 명명하지 않고 '고대'라 명명하는 일은 그 순간의 일화로 생을 마친 것이 아니라, 그와 유사한 분위기에서는 끊임없이 회귀하는 아니 끊임없이 회귀되고픈 그리하여 나의 무의식에 저장된 '행복 생의 원형'으로서 나의 현재 생 아마도 미래 생에마저도 끊임없이 참여할 것이기에 그러하리라. 이는 더 정확히는 '나의 신화'가 아니겠는가. 즉 이는 나의 지극한 행복의 생, 영원히 되돌리고픈 생의 일화이므로. 하지만 나의 고대가 신화가 되기 전에는 미지라 불리게 되는 것을. 그것은 나의 고대이나 나의 의식에서 도달된 적 없어 내 속의 먼 현실로 만나 본 적 없기에. 그리고 나의 무의식이 참으로 우연히 만나게 된, 행운의 심층 발굴 즉, 나의 심층 고고학의 발굴 이후부터는 나의 '미지'는 나의 '신화'로 전환될 것이다. 과거 심층에 묻힌 나의 발굴을 최초로 열어주고, 이와 유사한 분위기에서 나의 과거의 생은 언제든지 나의 현재 생으로 다시 와 살게 될 것이라는 심층 고고학의 행복론을 최초로 깨우쳐 준 자가 다름 아닌 그르노블의 폐허 및 존재였던 것이다. 당시 나의 과거의 우연한 발굴이 가져다줄 지극한 행복의 예고를 다음과 같이 남겨두었던 것이리라. 결국 이 발굴된 과거의 생은 일상 생의 일화가 아니라, 나의 우주와의 만남, 나의 우주적인 합일의 일화였기에, 이러한 심층 고고학의 발굴은 '나의 신화'의 발굴이 되는 일일 것이다. '나의 신화'를 갖지 못한 생은 진정한 행복을 결여한 생은 아닐까.

> 이곳과 저곳의 은밀스런 연결. 저곳에서 무의식적으로 찾아내어 이곳으로 향하는 전설, 신화 및 이야기. 그것은 결코 인류의 이야기는 아니지만 한 개인의 정신 속에서 역동되는 과거. 단순한 있는 그대로의 회상이 아닌, 심연의 고대와 연결된 깊이의 어둠을 그대로 드러내 주는 것. 과거의 어느 순간에서 나도 모르게 채취된 분위기들. 이 무의식은 그대로 20-30년을 잠재되어 있다가 그러한 것과의 유사한 분위기의 회상 속에서 되살려 내고 무의식의 흐릿함을 좀 더 뚜렷이 드러내 보는 작업. 그것

은 무엇이었던가?

거쳐 온 모든 시간들이 나도 모르게 축적되어있는 만큼, 그 순간들의 모든 것들이 잠자고 있었고, 어느 미지, 순수 그 자체의 순간과 맞닿아서 발굴되지 않은 채 함몰되어 있었던 것이다. 어느 고대의 전설 같은 도시를 발굴하는 작업처럼 내 영혼 속에서 그 형태, 그 흔적만이 드문드문 보여주는 장소들을 -그러나 이 장소는 내 삶의 끝까지 무의식 속에서 나의 꿈을 지배하는 정신의, 영혼의 엄청난 보고이기에- 발굴하리라.

이러한 무의식의 힘은 계속 이어졌든지, 이는 잊히었던 나의 어린 시절의 공간, 삼덕동 그리고 그 공간에서 일어나 나의 감각 속에 각인된 채 깊이 잠들어 있던 어린 생의 일화를 끌어내게 하였으니, 나의 어린 시절의 행복의 비의, 사물과 녹았던 감성을 나도 모르게 현재 생에서 포착해 내었던 것이다. 이는 무의식을 타고 내려감으로써 나의 심층 고고학 지대로 들어가 나의 먼 과거, 나의 고대, 어린 시절의 생의 행복한 일화가 다음과 같이 내 앞에 걸려있게 되었다.

삼덕동 어린 시절 골목 끝 정원은 내 심층의 고고학 지대여라.

그 곳엔 고요한 물 꿈과 닮은 흙빛 돌과 그것에 간혹 새겨진 먼 과거의 영원으로 가는 비의인 양 기호 같은 그림. 그리고 멀리 이국에서 온 듯 장미와 몽상의 정원사. 꽃들 사이로 상냥한 공기와 정적과 밀도의 머무름. 미풍과 몽상이 등불 하나씩 옅은 어둠과 만나는 순간에는 더 여유로와지는 꽃과 꽃들의 간격. 골목을 흐르는 한낮의 정적.

그 강 속을 걸어가 보라. 키 큰 플라시다 소나무 아래의 시원한 녹음. 갑자기 내 앞에서 숨 쉬는 서쪽 나라의 냄새. 다시금 정원수 옆 노송 갑작스러운 동쪽 나라로 빠져드는 나. 몰래 긴 골목길 끝으로 달아나는 은밀이.

이 어린 시절 골목의 나는 남불 지중해를 다녀온 후, 그 심층 고고학 지대에 액자 속인 양 갇혀 사는 일에서 거대한 고독을 갖게 되고, 남불 지중해 창공 빛과 붉은 열기 그리고 식으면서 내는 열을, 아마도 지중해 너머의 사막 위 어둠 혹은 '뜨거운 어둠 빛'을 늘 그리워하였던 것이리라. 이 청 고래는 물 밖 공간인 문명의 세계에서는 불가능한 호흡을 자신의 영원한 신화의 공간, 어린 시절의 골목에서만 열 수 있었고, 실제 혹은 상상으로 만나는 공간, 지중해의 유영과 사막 위에의 무한한 휴식 −문명을 벗어난 공간만이 허락할− 을 푸른 숨으로 그리워하는 청 고래가 되어있는 것이리라.

긴
골목 끝에
청 고래가 살고 있다.
그는 꼬뜨다쥐르의
수박 속에서 붉어진다.
그리고
그는 사막의

熱빛 어둠 위에서 쉬다가,
길게 누운 장방형 액자
속에서
푸른 숨을 내쉬고 있다.

*꼬뜨다쥐르(Le Côte d'Azur) : 지중해를 낀 프랑스 남불의
창공 빛 푸른 바다

III. 길

Prologue

 문명의 공간이 아닌 문명의 여백의 공간이 어찌하여 그 지난한 현대시의 살을 저절로 뜨겁게 이해하는 일이 되는지를 우리는 지금껏 만나보았다. 즉 사물-감성의 귀중한 공식이 마술처럼 풀리기 시작하는 일이 문명의 공간이 아닌, 그것의 지움, 그것의 여백, 결국 그것의 가장 여백화된 사물일 산의 공간에서 힘들이지 않고 이루어짐을 우리는 알게 되었다. 이는 이러한 여백에서 이성이 아닌 감성이 자신의 신비로운 힘을 펼쳐 지금껏 가리어진 사물의 진정한 현실, 근원 혹은 기원이라 말할 지대로 우리를 데려가는 생의 귀한 순간, 경이를 가져다주기 때문임을 우린 또한 알게 되었다.

 그르노블은 이러한 문명의 진정한 여백, 그 기괴한 산 공간을 통해 감성을 열게 하는 일, 경이를 낳는 일, 결국 현대시로 이르는 길을 나에게 말없이 가르쳐 주었던 것인데, 이 가르침은 이 산 공간에서 멈추지 않았던 것이다. 그르노블은 또한 자신의 또 다른 운명인 문명의 공간이거늘, 이곳 문명은 참으로 역설적이게도 산과는 다른 방식으로 나에게 현대시를 가르쳐 주었던 것이다. 이곳의 문명은 어떤 것이었을까. 이는 아마도 자연 공간에서 채취된 감각의 정수를 일상의 공간에서 늘 만나도록 배려한 문명, 그것이었다. 그르노블은 이러한 문명, 진정한 문명, 즉 생의 감각을 정제시키는 문명을 존재시키고 있었던 것이다. 그렇다면 이런 문명은 어찌하여 가능했을까.

아마도 이는 그르노블이 자신의 생의 첫 번째 운명으로 둔 산 덕분이리라. 그르노블의 산은 자신의 생을 혼자 거주하는 것으로 만족하지 않았다. 산의 푸른 기운이 희뿌연 상태로 이 도시 공간으로 내려와 그 푸른 모호함으로 늘 신선하게 채우고 있었던 것이다. 그리하여 거리도 하늘도 골목도 사람들의 얼굴과 말소리와 웃음마저도 이 내려온 푸른 산 기운으로 채워진 것 같다고 Ⅰ부(<까페, 감각과 몽상의 스승>)에서 난 언급한 적 있었던 것 같다. 그리하여 이 희뿌연함을 담고 있는 문명, 즉 분명함보다 희미함, 모호함을 그 태생적 공간으로부터 물려받은 문명, 이로써 이성의 강한 복종보다는 감성의 꿈꾸기라는 생의 영위가 더 어울리는 문명, 참으로 역설적인 문명을 이 도시는 안고 있었던 것이다. 이 물려받은 태생적인 희뿌연함이 이 공간을 채우는 건축물과 길마저도 그와 같은 태생으로 여기게 될 폐허빛 존재로 만들어낸 것일까. 그리하여 이 도시 공간을 채우는 건축물과 길은 문명의 분명한 빛깔을 벗고, 모호한 빛깔로 자신을 채우고 있었는데, 난 왜 특별한 이유도 없이 이들을 '폐허'라 명명하고 싶었던 것일까. 이리하여 분명한 빛을 잃고 모호한 빛으로 존재하는 사물에 대한 나의 본능적인 기호는 아마도 내 생에 이로부터 정착되었던 것이리라.

그런데 이 폐허는 빛깔에서만 있는 것이 아니었다. 사물의 형태에서도 폐허를 만날 수 있었는데, 이는 이 공간의 건축물의 분명함을 잃은 형태에서뿐만 아니라, 무엇보다 이 공간 곳곳이 감추어 둔 길의 형태에서도 이 낡은 용어를 부지불식간에 떠올리곤 하였는데, 이는 문명을 떠난 듯 편안한 형태로 우리 속 깊이 숨어 있던 미학을 끌어내곤 하였던 것이다. 고로 폐허는 문명을 떠나 우리 속에 잠들어 있던 우리의 진실한 감각을 되돌려주는 존재들에 이름 붙이고자 했던 나의 무의식적인 욕망에서 온 것이 아니었을까. 깊이 파묻혀 있는 우리 속의 진실한 감각을 끌어 올리는 일, 이것이 다름 아닌 현대시의 일이라면, 그르노블은 문명 한가운데서 현대시를 가르치는 살아 있는 나의 스승에 다를 바 없을 것이다.

그리고 이러한 가르침에서 우리는 문명의 진정한 정의를 말없이 뜨거운 마음으로 답하게 되는데, 이는 이성을 세우고 감각을 흩트리는 일, 즉 일상의 표층적인 감각을 사는 일의 구축이 아닌, 우리의 진정한 감각을 세우는 일을 구축하는 일일 것이며, 이는 흔히 자연의 공간에서 길러질 수 있는 진정한 감각의 정수를, 일상 한가운데서도 생의 정수로 구축하도록 이끄는 일일 것이다. 이리하여 이 공간에선 단 하루를 살아도 문명의 공간 속 건축물을 보면서 문명의 길을 걸으면서도 우리의 감각이 지극한 우리 속의 진실을 만나는 순간이 되는 또 하나의 경이를 갖는 지복을 만나게 될 터이니까. 다시 말해 그르노블의 일상의 하루는 그가 내게 주게 될 생의 감각, 그 열락을 누리는 일이 될 것이니까. 이로부터 문명, 이는 물질의 일이 아니라, 사물의 일인 것이고, 그리하여 실은 진정한 감각의 일이 되어야 할 것이고, 이러한 길의 더 깊은 연장선에 예술이라는 문명의 공간이 놓여있는 것이리라. 고로 예술은 이성의 형이상학이 아닌, 진정한 감각을 찾아가는 감성의 형이상학이어야 하는 것을. 그리하여 이는 자연 그리고 일상의 생 한가운데서 채취된 진실의 감각을 그대로 순간 살아 있게 하는 일이며, 이리하여 이를 만나는 순간은 일상의 생이 순간 정수의 생, 그 지극한 열락의 초월의 생으로 전환되는 경이를 획득하는 귀한 순간이 되는 일인 것이다. 나아가 또 하나의 진정한 문명의 공간인 현대시에서 이성의 연대기를 만나는 일이 아니라, 진정한 감각의 연대기 즉, 탈 연대기의 일상에서 감각의 정수를 끌어낸, 요컨대 탁월한 시인의 감각이 알아낸 생의 정수를 만나는 일이 우리에게 선물로 주어지는 귀한 장임을 알게 될 것이다.

결국 인간의 문명인 건축물과 길과의 감각적 만남은 감각의 정수일 또 하나의 높은 문명일 시와 예술의 이해로 이어진다는 것을 그르노블의 공간은 가르쳐 주게 되는데, 이때 만남의 조건은 문명이 폐허의 분위기를 살고 있기를, 이로부터 우리의 감성이 이성의 무거운 무게를 던지고 지극히 가벼운 몽상, 감각의 여행을 떠날 수 있을 테니까. 그리고 문명을 던지고 떠난 이 여행은 진정한 문명의 정점 즉, 우리를 근원으로 되돌리는 감각의 회복에 이르게 되는 일이 될 것이다. 이는 문명 이전의 우리는 너무도 쉽게 체험하였던 일상의 생 그 자체였던 것을.

마지막으로 폐허는 하나의 시발점일 뿐, 일상 생에서 이런 여행을 떠나도록 할 감각의 도화선은 참으로 숱하게 존재한다는 것을, 그르노블에서 쌓이게 된 정박의 생을 통하여 그리고 이런 문명의 존재들, 특히 건축물과 길들과의 무한한 유혹에 이끌려 그르노블의 경계를 넘어서는 공간들을 통하여 난 알게 되었던 것이다. 이런 만남이 준 감성의 연대기를 '거리 생이 낳은 일화들'에서 난 시도해 보았다.

1. 폐허의 새로운 정의

1. 폐허의 새로운 정의

1. 과거 생과 미래 생을 여는 폐허

프랑스가 아니었다면 내 생에서 아마도 놓쳤을는지도 모를 또 하나의 소중한 만남은 개인적으로 '폐허'라는 명명을 달고자 하는 총체적인 존재들에 대한 인식일 것이다. 속도의 나라에서 분명 이보다 더 빠른 속도로 날아갔을 문명을 배우러 온 한 동양인에게, 예기치 않은 충격을 준 것은 속도의 역행적 존재를 그들 생 속에 고스란히 살아 있게 한 점이었다. 현대 문명의 빠른 번쩍거림과는 거리가 먼 느리고 어두운 존재들이 도처에서 숨을 쉬고 있었는데, 이는 분명 미래가 지향하는 색이나 형태와는 거리가 먼, 그리고 현재의 속도의 생으로부터도 상관없는, 그리하여 과거의 생 속에서 호젓이 사는 존재들이었는데, 난 무심결에 이것에 '폐허'라는 이름을 붙이게 되었던 것이다. 그리고 난 도처에서 이 과거로 돌아앉은 존재들을 만났던 것이다. 이 폐허라 명명될 존재들은 다양한 형태로부터 왔는데, 건축에서, 거리에서, 심지어 자연에서까지도 내게로 와 그 만남을 허락하였다. 현재와 과거 공존, 혹은 미래와 과거 공존 -프랑스를 가기 전 이미 숱하게 듣게 되는 즉, 문명과 문화의 지극히 높은 차원의 꽃을 피운 공간이 당연히 내재시키게 될- 이라는 추상적 정의가 이런 숱한 다양한 과거 생의 현재적 실존 속에서 구현될 줄은, 그리고 이후 이들이 나의 생과의 공존마저 열어내어, 나의 과거 생 -나 안의 심층 고고학을 열게 하는- 과 나의 미래 생 -어둠과 느림에서 나의 새로운 생의 방식을 세우게 될- 에 숱한 다양한 인식적 영향을 주게 될 줄은 그땐 미처 몰랐었던 것이다.

2. 폐허, 편리함 대신 껴안은 무용의 행복

폐허라 불리어질 과거의 존재, 이런 생의 무용성 -속도와 편리함에 대립되는- 의 존재를 프랑스인들은 왜 그들의 현대 문명의 생 한가운데서 함께 호흡하고 그리하여 그들의 현재 생의 씨줄 날줄을 이 존재들과 엮으려 하는 걸까? 난 먼저, 이는 프랑스인의 피가 천부적으로 내재시켰을 법한 미적 감각으로부터 연유하는 것이 아닐까라고 여겨진다. 혹 아니면 이는 그들의 쌓인 문화가 그 피를 단련시켜 얻게 된 미학적 인식에서 연유한 것일 수도 있으리라. 그 이유야 어떠하든, 이 과거의 존재들에서 그들은 자신들의 미적 감각을 만족시키거나 혹은 어떤 미학을 일깨울 무언가를 만나기 때문이 아닐까. 달리 말해, 미는 일상 -생산성에 관련된- 에서는 무용의 존재임을, 그러나 감각의 생에서는 지극한 유용의 존재임을 그들은 본능적으로 이해하는 자들이기 때문은 아닐까. 그런 연유에선지, 그들이 이 느리고 어두운 무용의 존재들에게 부여하는 몸짓은 어쩔 수 없음이 아니라 진정 껴안는 사랑에 있었던 것이다. 이는 일상 한가운데서 무용을 유용 위에 둘 수 있는 정신, 그로부터 현실의 속도가 줄 풍요를 잃을지라도 깊은 감각의 행복이 줄 풍요를 선택할 수 있는 정신만이 이러한 몸짓을 낳게 할 수 있었을 것이다.

그런데 이 폐허의 존재들로부터 미학을 충족시키는 감각을 얻는 것이 전부였을까? 어쩌면 이런 역설적인 몸짓은 이 존재들이 줄 잊힐지 모를 과거 생의 귀한 감각과 잊혀서는 안 될 과거 생이 찾게 할 근원 같은 것을 매 순간 되돌려 사는 현자적인 깨달음을 실현하고픈 욕망으로부터 나온 것이 아니었을까?

3. 폐허, 편안한 감각으로의 회귀

이 느린 듯 어두운 색의 무용한 존재에게는 어떤 매력이 있었던 것일까. 나도 모르게 '고대'라는 단어를 연상시키게 한 이 폐허의 총체적인 존재들은 어떤 감각을 주었던 것일까. 그것에는 현대의 감각이 잃어버렸거나 혹은 결코 줄 수 없을 예술적 감각, 예를 들면 바로크의 것 같은 예술적 감각을 향수할 수 있는 행복한 회귀를 주는 기회를 만날 수 있었던 것은 아닐까. 혹은 이 과거의 존재들이 높은 차원의 예술성을 뿌리지 않더라도, 과거의 사람들이 이해했던 생의 감각 즉, 참으로 편안한 감각 -인간의 선한 본성과 일치하는 듯한- , 다시 말해 생을 그토록 작은 상냥한 유희나 소박한 행복으로 이해한 감각 같은 것을 전해 주기 때문은 아니었을까. 하지만 그들의 피에서 길러진 서구 태생의 예술적 감각이 전해 줄 깊은 울림이나 생의 유희적 기쁨을 제대로 이해하기 힘들었던 한 동양인에게는, 이는 무엇보다 희미함이 주는 매력으로 먼저 다가왔던 것이다.

4. 폐허, 희미함의 존재, 문명의 여백

희미함의 매력이란 내게 무엇이었을까? 무엇인가 분명함이 지워진 일. 분명함 대신 은은함에서 숱한 다른 것으로의 연상을 던져주는 일. 즉 분명함이 주는 유일한 단 한 통로의 의미 대신, 숱한 다른 통로로 이르게 될 풍요로운 시작을 낳을 '상류' 같은 자유로운 의미를 열게 하는 일. 고로 과거 문명이 요구했을 어떤 방식의 요구마저 다 지워져, 어떤 인식적 억압 없이 자신의 고유한 인식의 시작을 가능케 하는 일. 마치 새로운 사막의 시작점에 있는 듯. 그리하여 이 희미함은 어떤 지식이나 인식의 분명한 지배 -모든 문명이 내재하는 말 없는 억압- 로부터 벗어난 '여백'으로 다가온다. 결국 문명으로부터의 여백, 이것이 폐허의 존재들이 갖고 있는 희미함의 매력이 아니었을까. 문명으로부터 자유로움은 지식으로부터 자유로움일 것이고, 이는 또한 이성 -지금까지 문명은 이성이 피운 꽃과 열매일 텐데- 으로부터 자유로움으로 연결될 것이므로.

어쩌면 이 문명의 시간을 뛰어넘은 후라야, 즉 이 문명의 여백으로부터 오랜 시간을 보낸 후에라야 우리는 본래의 진실을 만날 수 있을 것이니까. 이성에 의해 왜곡되지 않은 다 벗은 진실을 만날 수 있는 것이니까. 즉 희미함은 우리의 감성 또는 깊은 감각 -요컨대 상상력이라 불릴- 을 움직여 이성은 알아낼 수 없을 세상의 가장 깊은 진실 -이성이 유용의 관점만으로 잘못 명명하기 이전의- 을 알려 줄 수 있는 것은 아닌지. 그리하여 이는 우리의 가슴 저 밑바닥에 잠들어 있던 무언가를 뜨겁게 울리게 되는 것은 아닌지. 그리하여 이 희미함으로부터 총체적으로 '근원'이라 부를 생의 본래의 지점을 되찾는 행복한 순간을 우리는 열어내게 되는 것은 아닌지.

5. 폐허, 검음의 미학, 생의 비밀의 색

폐허의 존재들은 때로는 문명 -다듬음에서 오는 반질반질함- 으로부터 벗어난 듯 이 희미함에서 검음의 감각을 묘하게 전해 주곤 하는데 이는 아마도 오랜 세월의 힘으로부터 가능한 것이 아니었을까. 이 검음은 오랜 세월의 알 수 없는 생을 담고 있는 신비로 바꾸는 힘을 갖고 있는 것으로 보여진다. 이 알 수 없음이 우리를 유혹하는 매력이 되는데, 깊은 특별한 힘 -현실을 넘어선 어떤 초현실을 이해하게 되는- 만이 이를 풀어낼 수 있을 것인데, 이는 아마도 과거 생의 행복의 비밀을 전해 줄 것이리라.

6. 폐허의 검음, 현대 창조의 단절의 색

참으로 이상한 일이지만 21세기 한가운데서 이 분명치 않음, 희미함을 산다는 일은 무엇으로 열릴 것인가. 실은 이 희미함이 전해 줄 검음 -폐허는 빛보다는 어둠과 흔히 잘 연계되기에- 은 프랑스 현대시의 중요한 한 속성과 통하게 된다. 이는 여백의 힘으로서의 검음이 바로 그것이다. 이는 현대시가 여는 중요한 창조의 여정일 소위 '단절'과 만나는 일인 것이다. '창조'의 정의를 이전 어느 세기에서도 본 적 없는 그 용어의 본질에 도달하고자 하는 21세기의 '창조'는 진정 이전의 지식을 부정하고 오로지 자신의 지식으로부터 열어낼 최초의 현실을 지향하고 있다. 이러한 창조의 개념이 다름 아닌 기존의 것들과의 단절을 요구하는데, 현대 예술 -현대시와 함께- 은 자신의 여정의 최초의 단계로 이 단절을 시도하는 것으로 이해되곤 한다. 그리하여 이 단절, 이전의 지식과의 전적인 단절이 낳게 될 [현재의] 텅 빔 상태, 이는 기존 현실을 비우고 아직 새로운 현실이 나타나기 전의 상태, 그리하여 현실의 부재 상태를 보여주게 되는데, 바로 이 상태를 흔히 '검음'으로 지칭하는 일을 현대시 비평서적 -특히 철학적 성향의 잡지 <비평Critique>- 에서 우리는 어렵지 않게 만나게 되는 것이다. 그리하여 이 폐허의 존재들이 안고 있는 검음이 문명의 탈출, 문명으로부터의 여백을 전해 준다면, 이는 현대시가 말하는 이전 지식의 [단절로부터 오는] 부재가 낳는 검음과 공통점을 안고 있는 것이 아닐까. 혹 현대시는 자신의 창조의 개념을 이 폐허의 존재들로부터 배운 것은 아닐까. 진정한 창조는 기존으로부터 여백을 누리는 힘, 자신을 검음, 희미한 검음으로 둘 수 있는 힘으로부터 시작될 수 있다는 것을 자신의 과거마저 지운 이 과거 빛 존재들로부터 배운 것은 아닐까.

7. 폐허의 검음, 창조의 단절과 신비를 사는 이중 색

또한 이 여백의 검음으로부터 출발한 여정만이 이 검음을 신비로 만끽할 수 있는 검음의 현실로 되돌려준다는 것을 현대시는 이 폐허의 존재들로부터 배운 것은 아닐까. 즉 과거의 어느 생도 알지 못했던 새로운 생이 이 검음의 신비 속에서 나타나게 된다는 것을, 현재의 언어로 도달할 수 없는 이 신비 속의 생은 실은 우리 속의 가장 깊은 곳에서 우리를 기다리던 진실의 현실이라는 것을 바로 이들로부터 현대시는 배운 것은 아닐까. 현대의 창조가 열어내려는 미래의 현실은 결국 숱한 문명의 여백을 거슬러 올라가 우리 속의 진정한 현실을 만나는 일이고, 또 이 여백의 희미한 검음에서 출발하여 신비로 가득한 검음을 만나게 되는 일임을, 다시 말해 현대시는 이 검음의 행복한 이중성을 사는 일임을 이 폐허의 존재들로부터 배웠던 것이 아닐까. 요컨대 폐허는 우리에게 자신의 과거로부터 벗어나 진정한 미래로 갈 것을 가르쳐주었고, 이는 다름 아닌 잃어버린 우리 자신을 회복하는 일임을 말없이 전해 주었던 것이며, 이는 결국 세상과 우리 자신의 잃어버린 신비를 회복하는 일임을 자신의 검음을 통해 보여 주었던 것이다.

8. 희미함, 여백의 몽상의 길

결국엔 폐허는 이성이 아닌 상상력으로 새로운 생을 열고자 하는 서구 현대 예술의 정신을 일깨운 존재가 아니었을까. 현대시가 지향하는 '[언어로] 표현할 수 없음'의 현실은 바로 이 희미한 여백, 생의 여백에서 어렴풋이 감지될 수 있고, 몽상이라는 느린 상상력을 통하여 결국엔 언어로 표현하기 힘들지만 자신의 깊은 곳에서 만난 현실의 존재론을 확신케 하는 희열의 순간으로 이어진다는 것을 이 폐허의 존재들로부터 현대시는 전수받은 것임에 틀림없을 것이다. 그리하여 그가 추구하는 현실은 어떤 과거가 아닌, 아주 먼 과거, 아주 먼 고대의 생이고, 이는 결국 근원으로 되돌아가고자 하는 현실, 인간의 총체적 시원의 현실 -이는 흔히 '정수'의 현실로 불리는- 을 지칭할 것인데, 바로 이러한 시간의 상류로 거슬러 올라간 지점의 현실을 현대의 생 한가운데 그는 펼치고자 하는 것이다. 이런 이유로 프랑스는 일상생의 도처에서 이 궁극적 현실을 열 여백의 생을 준비하고 있었던 것이 아니었을까. 내가 잠시 정주한 프랑스, 특히 그르노블에서는, 그리하여, 산도 건축도 몸짓도 심지어 길마저도 이 여백을 기르고 있었고, 이를 기를 몽상의 등불을 달고 있었던 것이다.

2. 길의 생

2. 길의 생

1. 길의 생을 열며

나의 최초의 유목의 생을 펼친 그르노블. 사실 프랑스 생의 서곡을 전해 주었던 최초의 그르노블 산 이후 가장 먼저 만난 존재는 길이라는 공간이었다. 이 공간에서 저 공간으로의 통로라는 유용한 목적 외 다른 의미로서 단 한 번도 다가온 적 없는 이 길이라는 공간이, 오로지 그것의 유용성의 생을 살아온 한 동양인에게 최초로 그 무용성을 보여주게 되었는데, 이는 '길'이 감각을 열어주는 존재, 인식을 열어주는 존재로 내게 다가오면서부터이다. 고로 일상 생에서의 무용성이, 오히려 진정한 생 -감각의 생, 인식의 생- 의 유용성이 되는 일임을 아는 일은, 한 동양인이 엑조티시즘의 열망을 서구 공간 다름 아닌 프랑스의 공간, 그를 향한 엑소더스를 감행한 후에야 이 길의 생을 통해서 알게 된 일이었다.

프랑스에서 만난 최초의 길은 이미 생은 의무보다는 유희라는 명랑하고 희망적인 선택의 기호를 제시해주었고, 또한 길의 만남은 생은 닫힘이 아니라 열림이요, 이는 결국 자신 내면의 깊은 비밀을 드러냄으로써 만나는 '경이'임을 가르쳐 주는 일이었다. 이는 또한 현대시의 지향점을 열어준 초현실주의적 생의 추구를 만나는 일이기도 한 것인데, 이는 이성 대신 감각을 열어 그것의 가장 먼 깊이로 들어가는 일이요, 이러한 초월적 감각은 무의식을 열어 우리 내면의 심층으로의 탐사를 열어내는 일인데, 이것은 곧 현대시로 이르는 길과 만나는 일임을 난 오랜 시간이 걸려 깨닫게 되었던 것이다. 생을 산다는 것은 생의 유희를 넘어, 생의 경이를 끌어내는 일임을 어찌하여 프랑스 길의 공간은 내게 가르치게 되었던 것일까.

2. 길이 여는 경이

프랑스에 와서 내가 동양에서 만날 수 없었던 용어들, 그 중 특히 유희 Jeu와 경이 Merveille가 그것이었다. 상식적이고 윤리적인 나라에서 온 동양인에게 처음엔 Jeu -유희, 놀이- 라는 단어는 참으로 생소하였고, 경이 또한 어떤 실체적 존재로 다가오지 않았던 것이다. 동양의 일상 생에서는 잘 만나기 힘든 이 용어는 서구 인식에서는 하나의 중요한 문학 개념이었고, 또한 서구의 생에서는 하나의 중요한 생의 방식인 양 내게 다가왔다. '경이'를 제목으로 하는 서적을 난 종종 만났고, 그리하여 프랑스의 경이를 총체적으로 이해할 기회를 난 갖게 되었다. 하지만 이런저런 서적에서 논리로 제시하는 경이는 여전히 내게 추상의 현실로 다가왔을 뿐, 고로 현대시 개론에서 만난 경이는 나의 현실에서는 결코 만날 수 없는 것이었다.

그런데 이 경이를 생생한 실체 속에서 이해하게 된 것은 바로 공간, 내가 거주한 그르노블의 공간에서였던 것이다. 이는 서구의 한 공간이 내게 마련해 준 기적의 한 종류, 감각의 개화로부터 시작되었던 것이다. 이러한 감각을 여는 법을 만나지 않았더라면, 내 앞에 나타난 놀라운 광경 앞에서 나의 경이는 그 차원이 단순했을 것이고, 그리고 나아가 '감각'을 '깊이' -바슐라르의 상상력과 이미지 이론을 계승하는 테마 비평의 대표적인 비평가, 리샤르 J. P. Richard의 유명한 저서 <시와 깊이 Poésie et Profondeur>가 이미 그 중요성을 시사해 주었듯이- 에서 이끌어가는 법을 몰랐더라면, 내 앞의 놀라운 광경 앞에서 나의 감각이 나의 내면의 깊은 지대로 들어가 그 곳에 깊숙이 묻혀있던 나, 고로 진정한 나를 만나는 더 심화된 경이는 태어나지 못했을 테니까. 요컨대, 생을 경이로 바꾸는 또 하나의 행복의 연금술은 바로 이 감각의 열림에서 시작된다는 것을 프랑스 공간, 그 중에서도 특히 그르노블 공간이 알게 해 주었던 것이다. 이 경이를 여는 일은 그르노블의 전 공간에서 일어나는 일이었지만, 가장 최초의 공간은 길 즉, 거리였던 것이다.

3. 길, 감각의 또 다른 스승

외부 공간마저 인식의 장으로

내 조국에서의 생과 프랑스에서의 생과의 차이는 무엇을 의미하는 걸까. 단 하루를 이 공간의 다름에서 살았다는 사실은 어떤 차이를 우리에게 말해주게 되는 걸까. 체험하는 자에 따라 이 대답은 무궁무진할 것이다. 나에겐 이 대답은 한마디로 하루를 채우는 생의 차이는 바로 감각의 차이이고, 이는 몽상이 이끌어내는 감각의 차이라고 말하고 싶어진다. 이는 다름 아닌 생의 여백으로 이끌고 가는 일이며,

이는 이성의 유일한 인식 생의 궤도에서 벗어나는 기적을 여는 일인 것을. 바로 이 여백으로부터 자신의 고유한 감각을 열어내게 되고, 이것의 끝엔 자신의 근원 생을 만나는 비의, 결국 현대시의 비의를 만나는 일과 통하게 되는 것이다. 이러한 참으로 기적 같은 일이 어찌 가능케 되는 것일까. 난 그들이 자신의 생을 여는 공간, 즉 일상의 공간을 총체적으로 바로 이러한 경이가 열리는 일이 가능한 공간으로 만들고 있기 때문이 아닐까 여기는 것이다. 즉 그들이 거주하는 공간의 특징이 우리의 공간의 그것과는 아주 다른 것을 내포하고 있다는 사실에서 연유된다고 난 생각하게 된다. 이는 한 동양인으로서 그들 일상 생을 내부의 공간에서 만나기 전, 그 외부의 공간 즉, 거리에서 먼저 만나게 되었던 것이다. 실은 까페라는 공간을 만나기 전에 난 이 프랑스의 거리, 우리와는 지독히도 다른 이 서구의 거리라는 공간에서 두 생의 방식의 차이를, 결국은 두 생의 존재론의 차이를 만나게 된 것이다. 그들의 일상은 아마도 그들 내부의 공간의 생에서와 마찬가지로 그들 외부 공간의 생에서까지도, 감각을 열게 하고, 몽상을 열게 하는, 결국 총체적으로 인식을 열게 하는 공간이 아닐까 하는 나의 믿음은 어긋난 것이 아니라 여겨진다. 인식의 생에 있어서 그들은 하루의 어느 순간도 놓치는 법이 없는 것 같다. 우리는 일상의 생이 놓인 하루의 어느 순간, 어느 공간에서도 이 인식을 누리는 일이 참으로 어렵게 되는 나의 나라에 비한다면, 이는 얼마나 거대한 행복의 생이던가.

감각이 최초로 만난 길, 베르덩 광장

프랑스의 거리가 아니었다면, 난 어쩌면 극단적으로 프랑스의 생을 시작하지 않았을는지도 모른다. 이런 특별한 길의 공간이 아니었다면, 난 나의 집에 칩거되어 오로지 내가 선택한 작가 르네 샤르의 시를 생의 살 없이 텍스트의 생을 통해서만 만나고 돌아왔을는지도 모른다. 이 특별한 길은 나를 한 공간의 칩거를 쓸쓸히 피우는 자가 아니라 이 칩거 -한 공간만이 줄 단조로운 감각만을 살게 되었을- 를 넘어 다른 생의 공간 -열려 있으면서도 자신의 인식의 칩거를 살게 하는 특별한 공간-, 즉 길의 생을 경이 속에서 사는 자로 만들어 주는 것이다. 진정 그르노블의 거리와 만나는 매 순간은 끝없는 경이를 내게 선사한 것인데, 이는 베르덩 Verdun이라는 이름의 작은 광장에 전철이 나를 내려다 준 순간이 그 첫 시작을 열어 주었던 것이다.

최초의 정박의 생의 고해

나의 프랑스 정착의 시작은 이 베르덩 공간과 인연을 맺고 있으니, 내 기억 속에 새겨진 이 이름은 하나의 문신일 것이다. 바로 여기에는 외국인 이민을 관장하는 시청 사무소가 있었기에, 그르노블을 자신의 임시 생의 정박 지점으로 두려는 자는 예외 없이 이곳에서 내가 명명한 예의 그 '푸른 피'를 경험하게 되는 즉, 최초의 프랑스 이민 관리국 사람들과의 어려운 면담을 자기 나라에서 누린 자존심을 다 팽개치고 웃음 하나로 줄 서서 기다리는 장면을 자신의 미래 정박의 운명으로 삼고 지켜보게 되는 것이었다. 이는 프랑스 공무원들의 참으로 철없고 원칙 없는 변덕, 소위 '꼬께뜨리'의 슬픈 실천을 만나면서 서구라는 이름 위에서 차가움의 감각 -동양이라는 이름이 우리의 무의식 속에 전달하는 따뜻함의 감각에 비해- 을 재확인하는 기회를 주는 것이었으니. 최초의 유목 정착자들에게 서류의 숱한 되돌림을 통해 마치 프랑스 생의 시작은 이러한 고해 속에서 단련되어야 한다는 어떤 원칙을 보여주기라도 하려는 듯, 지극한 합리성 -서류의 완전한 갖춤- 과 공존하는 비합리성 -어떤 공무원의 Non 이라는 비 허락이 옆자리의 공무원은 신의 미소인 양 Oui 라는 허락의 전환을 만날 때의 참으로 큰 허탈감, 심지어는 한 공무원이 같은 상황에 대해 그날은 Oui, 하지만 다음 날은 Non 이라는 대답의, 진정 기상천외한 그만의 고유성, 하지만 참으로 요상하게 탄력적인 규칙을 만날 때 크디큰 혼란의 체험들- 을 깨닫게 된 풋내기 외국인은 그날의 줄의 운명을 잘 선택해야 하는데, 이때엔 자신이 어머니로부터 부여받은 감각의 전 촉수를 던져 그날의 Oui 할 기분의 공무원을 탐색해야 하는 일 즉, 자신을 본의 아니게 유치한 기분 탐정꾼으로 만드는 일마저도 불사해야 했던 것이다.

거리 미학의 최초의 정의, 베르덩

베르덩 역에 내렸을 때 이곳을 향한 전철이 골목과 골목 사이를 그 부드러운 곡선으로 누비는 동작 속에서 프랑스의 따뜻한 인문주의를 이미 예감했듯이 내가 최초로 만난 이 길은 따뜻한 인간애를 가득 담고 있었다. 아무리 현실적으로 가난하여도 이 길의 미학 하나만으로도 행복해질 수 있도록 배려한 그러한 인간애를. 이 광장은 그 당시의 그르노블 미술관을 끼고 있었는데, 미술관 내부의 거대한 그림들이 그런 미학을 길 밖으로도 뿌려 주었는지, 길이 만들어낸 구조 속에서 지극히 행복해질 수 밖에 없는 것이었다. 즉 길을 걷기만 하면 그토록 다른 정경이 그 순간의 그 공간만이 간직한 미학을 담고서 나타나는 황홀을 맛보게 되는데, 그 은밀한 길의 구조를 숱한 방향에서 살도록 만든 자는 분명 길만으로도 행복할 수 있는 생의 비밀, 그 길마다 다른 생이 펼쳐질 수 있다는 생의 비밀을 알고 있는 자임에 틀림이 없으리라. 이 길과 저 길의 화폭 정점에 나타나는 바스띠이유 Bastille는 매번 너무도 다른 존재인 것을. 저 골목과 이 골목이 같은 생을 살면서도 어찌 그리 다른 자신만의 생을 펼치는지, 그 위로 하늘도 구름도 바람도 다른 모습으로 살고 있는 것이었다. 미로인 듯 숱한 방향으로 난 작은 골목길에서 그 골목 끝으로 예기치 않은 미학을 펼치는 사물의 존재에게 내 마음 속에서 그리워하던 친구인 양 반가운 인사를 하는 것이었다. 최초의 만남이지만 이 생에서 다시 만난 그리움을 갖고서.

감각 생의 스승, 베르덩

 베르덩 이 구역은 이제르 Isère 강 주변의 고대 그르노블보다는 어리지만 역시 옛 건축물인 거대한 스케일의 화강암 빛의 풍모를 크게 드리우고 있는데, 이곳의 건축과 길은 대부분 이러한 색의 돌들의 연장이자 변주를 그들의 운명으로 살고 있었다. 하지만 이러한 돌 빛의 길과 건축의 끝은 늘 다른 운명으로 열려 있었고, 난 때로는 가만히 서서 또 때로는 천천히 천천히 걸음을 옮기면서 그 공간의 생으로부터 조용히 전달되는 은밀한 숨소리를 전율 속에서 느끼고자 했던 것이다. 그 공간만의 은밀함을 벽의 색과 포석 돌의 느낌과 건물과 건물 사이 길의 특별한 폭의 맛과 길의 소실점을 하늘과 산과 구름과 푸름과 열기와 은은한 어둠의 변주 속에서 맛보는 일은 내게 그 이후의 거리 생의 시초를 열게 한 귀중한 사건이었다. 이 특별한 생을 난 그르노블 도처의 은밀한 길에서 늘 살게 되었는데, 어느 작은 바람 부는 골목을 걷다가 갑자기 서 버리는 그리하여 그곳에서 미동도 할 수 없는 채 몇 시간을 붙어 서서는 옆 사람을 몰라보는 난감한 일을 흔히 만들게도 하였으니, 난 그 순간 분명 어떤 특별한 생의 지대로 초대받았음에 틀림이 없다. 골목의 한가운데서 참으로 낭만적인 이방인 아니 외계인 -다른 생에 속하게 되기에- 이 되는 일은 내게 감각의 생으로 열리는 길을 배우게 했던 것이다. 난 때로 사람을 만나는 일보다 오히려 길을 만나는 일을 더 소중히 여기게 되는데, 이는 생의 지식을 길 -길이 주는 감각, 길이 여는 생- 과의 만남에서 때로는 더 많이 길어 올릴 것이라는 행복한 편견으로부터 일 것이다.

4. 과거의 돌 길

돌의 원초성을 사는 길

내 조국의 공간에서는 결코 만나 본 적 없는 과거의 돌, 투박함을 그대로 둔 길. 이 길과의 최초의 만남은 내게 작은 충격, 감각의 충격이었다. 문명의 공간에서 너무도 예기치 않게 이 문명의 아주 과거, 아주 초기인 듯한 시간을 그대로 담고 있는 공간의 현재성이 난 그 순간 믿기지 않았다. 난 순간 서구의 오랜 과거의 순간, 그 순간이 담고 있을 법한 감각의 총체로 들어가고 있었다. 오랜 과거가, 그것도 나의 혈통이 아닌 서구의 푸른 피의 혈통을 담은 과거를, 한 동양인이 충격과 행복 속에서 숨 쉬는 일을 열어내는 행운이었던 것이다. 그르노블의 과거를 보존한 구역에서뿐만 아니라, 현대성으로 숨 쉬는 곳곳에서 심지어 시내 중심의 한가운데서도 만나게 되는 이 과거는 진정 시간을 초월해서도 행복한 감각 즉 원초적인 감각을 그대로 누리고자 하는 그들의 멋진 생의 전략임이 분명했다. 과거의 돌을 떼어내고 현대의 돌로 채울 법도 한데, 그 울퉁불퉁한 돌들은 우리에게 다듬어지지 않음의 행복을 그리하여 문명으로 인해 잃게 할 수도 있을, 그것의 원초성을 그대로 우리에게 되돌려주는 것이었다. 현대 속에서 과거의 감각을 누린다는 것은 얼마나 행복한 감각의 확대인가. 그리고 물질의 익명을 살 뿐인 현대에서 그 물질의 원초성을 산다는 것은 또한 얼마나 행복한 감각 생의 확장이 아니겠는가.

환기를 여는 길

　그런데 이 과거의 돌, 이 물질이 전해오는 원초성엔 다른 숱한 감각을 환기시키는 이유를 알 수 없는 행복한 감각의 전이가 일어나곤 하는 것이다. 이 돌의 원초성은 그곳의 공간을 늘 서늘함의 행복으로 우리를 이끌고 가는 것인데, 그곳에선 바람도 원초의 바람인 듯 과거의 바람이 불어온다. 그런데 나의 본능적인 감각에 위배되는 이 서늘함의 감각엔 나를 이유 없이 긴장시키고, 예기치 않은 감각의 방문을 예고하는 무언가가 담겨있는 것이었다. 난 서늘함을 타고 서늘함의 바람을 타고 어디로 가는 것일까. 이상하게도 그곳은 감각이 뜨겁게 살아있는 검은 과거의 순간이었다. 감각이 조금도 문명이나 이성의 논리에 의해 자신을 잃은 적 없는 과거의 순간, 그 순간을 닮은 원래 타고난 운명을 뜨겁게 믿고 누리는 한 존재의 생, 어느 엽서에서 만난 충격적인 행복을 암시해 준 한 남루한 귀족의 영원한 생을 나는 어느덧 만나러 가고 있었다.

원초성의 감각 생, 진정한 귀족 생

　어느 늦은 오후 서점에서 우연히 만난 한 흑백 사진의 엽서 앞에서 난 오랫동안 눈길을 뗄 수 없었다. 참으로 초라하고 낡은 수레를 탄 한 노인이 자신의 감각을 그대로 피우는 듯 긴 담배 연기를 날리고 있었다. 그 얼굴은 사회적인 존재와는 거리가 먼 듯, 검고 또 검은 까맣게 탄 얼굴을 하고 있었다. 그런데 이 유용성의 생에서 타고날 때부터 은퇴한 듯한 그의 얼굴엔 어찌 된 일인지 조금의 후회도 조금의 후퇴도 보이지 않는다. 자신의 생의 방식에 대해 어찌 그토록 확고한지. 참으로 이상한 것은 이 유용성의 자신만만한 은퇴를 거느리는, 그것도 작고 초라한 수레 하나로 거느리는 그의 얼굴에서 우리가 오히려 귀족성을 느끼게 하는 사실이다. 그가 실제 귀족임을 확신케 하는 것은 그가 타고 있는 이 초라한 수레를 그의 하인이 끌고 있다는 사실에 있다. 그의 은퇴적 성향이 그를 그토록 가난하게 만들었어도, 그의 생이 귀족의 생을 누리는 데 손색이 없는 것이다. 그의 진정한 귀족성을 느끼게 하는 것은 바로 그의 검고 거의 씻지조차도 않은 듯한 낡은 주름을 흘리는 얼굴에서 그 위를 흐르는 뿜어 나온 담배의 연기로도 감추어질 수 없는 보들레르에게서나 보았을 법한 광채를 뿜어내는 눈빛이 그것이었다. 하지만 보들레르의 젊고 도도한 광채와는 다른, 이상한 매력으로 생의 진정한 감각을 터득한 달관자가 던지는 은은한 미소와 함께 날아오는 광채였던 것이다. 그에게는 시인마저도 허울이었다. 그것도 어떤 규칙에 매이는 일이 될 수 있으므로. 생은 진정한 감각에 도달되는 일 이외엔 무용한 것이니까. 매 순간의 감각을 나의 감각으로 영위시키는 일. 매 순간이 나의 감각의 연장일 뿐인 일 외엔 무용한 것이니까. 어찌하여 그는 그의 검은 생을 꽃처럼 피우는 것일까. 그의 눈빛이 보여주듯 어찌하여 그는 생의 정수, 감각의 정수만을 영위할 수 있는 지복을 갖게 되었던 것일까. 매 순간 꽃이 피듯이, 감각이 꽃 피는 일을 그는 어찌하여 단 한 순간도 포기한 적이 없는 것일까. 그가 사랑했을 과거의 거리를 그대로 호흡하면서 그의 검은 나들이는 실은 초라함이 아니라 생의 감각, 그 검은 신비의 누림의 순간을 바로 보여주는 일이 되었던 것이다.

과거의 감각을 여는 돌길

내가 그르노블에서 만나게 된 혹은 어느 유럽의 공간에서 만나게 된 거리 중에는 바로 이러한 특이한 존재의 감각이 그대로 공간이 되어 호흡하게 하는 일을 난 간혹 만나게 된다. 이는 특히 과거의 생을 그대로 숨 쉬는 듯 투박한 과거의 돌이 현재 생을 자신의 감각 그대로 뿜어내는 돌의 공간, 돌로 된 포도가 그것이었다. 이러한 공간은 어찌된 일인지 그 존재의 감각의 생을 그대로 뿜어내고 있었다. 그 공간이 자신의 과거 생을 조금의 후회도 조금의 후퇴도 없이 현재 생에서 영위시키는 일, 자신의 감각을 조금의 양보도 없이 누리는 듯한 일은 이 공간에 발을 들여놓는 순간부터 우리의 잠자던 감각을 일깨워 우리 또한 감각의 생을 그리고 가장 깊이로 내려가곤 하던 과거의 생을 말없이 전수해 주는 것이다. 즉 우리로 하여금 순식간에 감각의 정점을 영위하던 그 낡고 신비한 귀족의 생을 닮게 하는 것이다. 그런 감각적 귀족의 생에 순식간에 참여하게 되는 것이다. 생에서 유용성을 완벽히 물려두고, 오로지 무용성을 그토록 누리는, 이 무용성을 진정으로 사랑하는 한 귀족의 생에 나도 모르게 가담되는 것이다. 왜 그럴까. 이런 공간에 들어서기만 하면, 난 현재로부터 멀리 떠난 깊은 과거를 고로 진정한 나의 과거를 오래 오래 돌고는 아름다운 현재의 나, 정수를 현재성으로 키우는 나를 다시 만나게 되는 것을. 어찌된 일지 이 검은 과거의 돌들은 그 자신의 독특한 물질적

3. 거리 생이 낳은 일화들

1. 길에서 만난 별, 게으름, 시

그르노블의 공간은 걸어가면 거리의 미학에 흠뻑 빠지는 경이의 순간 외에도, 걸어가면 이유 없이 그곳에 사는 건물들이 나의 감각을 계속 열어내어 난 진정 몽상의 자장 속을 걸어가는 것이다. 걷다가 멈추다가 붙어 버렸다가 다시 천천히 걸어가며 거리의 생을 사는 나, 아마도 어린 시절의 공간에서나 그랬을 법한 내가 이 서구의 공간에서 그런 행복의 호흡을 풀어내고 있었던 것이다. 이는 무엇보다 여름의 공간이라야 이 모든 행복은 돌아오는 것이었다. 뜨거운 열기 속의 그늘 공간에서나 이 열기가 서서히 지는 오후, 특히 별마저 뜨는 오후 이 우연한 행복은 장미꽃과 줄기, 그 곡선의 생 따라 흐르는 향기, 장미의 게으름, 그 동작을 가장 사랑해 주는 그늘, 그 아래를 어린아이 되어 그들과 같은 호흡으로 흐르는 나, 그곳은 인숙이 언니 집으로 가는 길이었다. 생의 모든 게으름이 허락되는 시간, 그 게으름 너머로 몽상이 열리고, 생의 여백의 냄새로 들어가고, 그러면 지구상에서 가장 아름다운 나의 일상의 여백이 꿈처럼 열리고, 이제 별도 뜨고 어둠도 살포시 그 아름다운 무게의 중력으로 떨어지는 것을. 그리하여 세상이 책 속의 시보다 더 아름다운 시가 되는 일을 만나게 되고, 이런 순간이면 나의 감각의 연대기는 누가 들어줄 일도 없는데 혼자 중얼거리기 시작하는 것을.

a. 봉봉의 집

어느 여름날 오후 난 일없이 걷다가 나도 모르게 그 집 앞 테라스에 나 있는 의자에 앉을 수밖에 없었다. 봉봉의 집, 즉 프랑스의 사탕 가게의 모자로 쓰고 있는 차양, 그 차양의 검음 앞에서 계속 서 이를 지켜보는 나를 발견하였기 때문이다. 이 차양의 검은 색에서 생의 어떤 비의를 난 구하려고 했던 것일까. 보고 있으면 자꾸만 무언가 퐁퐁 솟아나는 것을, 무언가 자꾸 울려오는 것을 나로서는 어쩔 수 없는 일이었다. 나의 과거 생의 비밀일지도 혹 아니면 나의 미래 생의 비밀일지도 모를 일이기에. 차양과 그 너머의 건축물이 만들어 내는 기하학 또한 생의 기하학의 비밀을 전해 줄 것만 같기에. 난 하염없이 보고 또 본다. 현재 생은 잊히고 없다. 과거 생 또는 미래 생만이 궁금할 뿐이다. 이는 연대기의 생과는 인연 없는 생들이다. 먼 과거, 혹은 먼 미래로 날아가 버린, 소위 시간의 '미지'로 가는 생, 이것이 바로 현재 생이 될 때, 시가 태어난다는 것을, 특히 현대시가 말하는 '시'가 태어난다는 것을 난 나중에 알게 되었던 것이다.

다음은 당시의 나의 감회이다.

> 봉봉(Bon bon, 사탕)의 집. 검은 차양이 있는. 바로 이러한 석양의 시간 속에서만 그 본가를 발휘할. 난 그 창 옆에 의자를 갖다 두고, 그 곳에서 짙은 밤이 내릴 때까지 기다리리라. 시간 속에 피어나는 검은 향기를 온연히 그 흐름의 지속을 침묵으로 지켜보면서. 바로 이 집은 이러한 시간대 속에서 가장 빛나는

것을. 그리고 이 곳의 유리들이 보여주는 틔어진 시야와 그 전개 앞에서 난 생의 행복을 만끽한다. 난 어쩔 수 없는 공간의 존재인 것을. 공간 하나로 내 생의 순간은 빛이 난다. 생이란 무엇인가. 이는 빛나는 순간을 말함인가. 그 순간에 전 생기를 불어넣는. 그 순간이 빛나게 하는 것. 최대의 활력을 불어넣을 때 이를 생이라 하는가. 이런 순간들의 획득인 것을. 등잔별이 생겨나기 시작하는 아니 자라나기 시작하는 저녁은 영원한 고대인 것을. 영원히 나를 사랑해 줄, 내가 사랑할 공간이 존재한다. 내게 남은 일은 이러한 영원한 공간을 찾아다닐 수 있는 자유를 내게 부여하는 것. 내 생의 최대 행복이자 최대 의식의 시간들이기에.

b. 게으름, 그 아름다운 여백

여름 오후 황도의 운행이 어쩐지 느려진 듯 열기를 조금씩 가라앉히는 시간엔 일없이 길을 나서는 나를 자주 보게 된다. 이 순간에 드려지는 프랑스의 무심을 훔쳐볼 수 있는 행복을 만나러 가는 나를 난 종종 보게 된다. 평소엔 미학의 정제를 몸으로 보여주던 자들이 어찌 된 일인지, 이 순간엔 자신을 무심 속에 풀어두는 또 다른 미학, 게으름의 미학을 보여주게 되기 때문이다. 고요가 지배하는 이 순간의 분위기는 국가가 공식적으로 인정한 것은 아닐지라도 마치 '시에스타 Sieste', 그 유명한 오수의 시간인 듯하다. 분명 모두가 달콤한 잠을 자는 듯 미동도 없다. 열기만이 이 공간을 누린다. 이 열기 속에 땀구멍을 열어두고 어린 시절의 잠으로 어른의 존재들은 돌아간 것이리라. 간혹 장미의 작은 눈이 미풍에 눈을 뜰 뿐. 그리고 바케뜨 빵집도 작은 문에 정적의 푯말을 내걸고 있을 뿐이다.

 그런데 이 오수 공간의 깊은 정적의 어디선가 유일한 깨임이 있어 다가가 보니 참으로 편안한 분위기의 어느 동네 까페의 쥬크 박스의 음악에 맞추어 부른 배를 편안히 내어 둔 채, 당구 같은 작은 공을 굴리는 몇몇 할아버지들의 느린 동작이 바깥 태양 빛이라 더 짙어진 그늘의 내부 공간에서 흘러나오고 있었다. 어찌 된 일인지 이 행복한 오수와 이에 대비된 남모르게 누리는 어둠 속 깨어있는 즐거움이 나의 어린 시절의 과거, 그때의 공간으로 나를 데려가는 것이었다. 나의 과거의 행복, 오수의 느린 풀림을 타고 들어가는 생의 어떤 여백 지대로의 여행, 그리고 그 순간의 작은 깨임으로 엿보게 되는 생의 무위로움의 향기는 그야말로 여름 생 한가운데서 내려가는 무의식의 장, 어린 생이 스스로 터득해 버린 건강한 초현실주의자의 생, 아름다운 무심 즉, 아름다운 여백 -현실 밖의 현실-, 그리하여 진정한 초현실의 생을 이 서구의 어느 여름 공간, 그것도 현대 문명의 한가운데서 만나게 되었던 것이다. 이런 여름의 게으름은 죄가 아닌 오히려 건강한 무심, 생의 여백으로 이르게 하여, 일상의 바쁜 유용성의 생이 만날 수 없을 무의식의 경이, 우연한 생의 발견의 기쁨을 열게 하는 유용의 도구인 것을. 어린 시절의 어느 여름 생의 여백에서 나도 모르게 각인된 초현실이 오랜 시간 후 다음 같은 나의 감각의 연대기를 기록하게 했으리라.

삼덕동 외가. 더운 여름 한낮에도 어둠이 운무인 양 내려있는 게으른 방엔 낮은 그네가 달려 있다. 누워서 밖을 내다보면 방과 다름없는 낮은 고도의 바깥 땅의 여름 생이 은은히 들어오는 것이었다. 아마도 지상과 같은 등고선을 누리는 일치도를 아마도 난생 처음 느낀 것이리라. 낮음의 행복, 등고선의 지평선이 주는 행복을 난 처음 알게 되었네. 내가 땅이 되는 기쁨, 내가 땅이 누리는 기쁨 모두를 그대로 누리는 어떤 행복, 어쩌면 미래의 <사물-감성>의 행복을 난 선험적으로 알게 된 것이리라. 그때 땅은 여름의 열기를 술술 열기 오르는 열기를 즐기고 있었고, 또 그 열기 사이로 자리 잡은 그늘, 깊은 나이의 소나무의 여백 아는 생이 준비한 그늘 그 위에서 생기 머금은 채 한 싱싱한 한 여름을 지나는 장미의 생을 즐기고 있었고, 그리고 깊은 초록의 소나무를 넘어 장미의 얼굴 위로 간간이 떨어지는 피아노의 너무도 먼 나라의 그 감각의 형이상학을 알게 해 주는 검은 음들. 이 낯선 이국적 음만으로도 어린아이의 생은 너무도 먼 나라를 꿈꾸게 되는 것을. 그리고 이 이국적 음을 듣고 있는 소나무도 장미도 높은 푸른 담도 내가 누워있는 방의 낮은, 꿈꾸는 문턱도 이 공간을 나서면 왼쪽으로 펼쳐질 사라져가는 곡선의 가난한 골목도, 모두 자신만의 이국적 몽상을 펼치고 있는 것을. 이 한낮에 들리는 피아노는 어찌 검은 우물이 되어 이 한낮에도 시원한 그늘을 쳐주는지를, 난 알 수 없는 일이다. 그리고 이 아이의 잠시 후 순례할 골목이 줄 설레는 일화, 그 골목 생의 일화를 아무도 알지 못하는 것이다. 긴 골목에서 뿌려낸 도나스 냄새가 그 순간의 모든 것, 향나무와 하늘과 긴 골

목과 긴 골목의 텅 빔과 자유의 풀 한 포기와 함께 펼치는 생의
일화를 아무도 알지 못하는 것이다. 순간 난 나비처럼 가볍게
비상하여 이리저리 공기를 마시는 가장 가벼운 요정의 행복을
만끽하는 것을.

그 순간,
뜨거운 골목 속의 나라. 아득한 습곡들이 산 그림자로
지나가는 나라.
장미들, 하품의 눈으로 껌벅이고 뜨거운 양동이 익는
소리.

결코 이해하지 못할 여름 골목 생의 일화가 지나가는 것이다.

c. 초현실의 생에서 시의 생으로

 이 현대 문명 한가운데도 여름날의 시에스타 Sieste를 누리는 행복,
일상 한가운데서 무의식의 현실을 열게 한 하나의 지복의 생을 타고
이 순간 행복한 고요와 장미의 간간한 깨임 속을 휘저어 나가는 나
혼자만의 생의 발견, 생의 여백을 훔쳐보고자 하는 은밀한 욕망을 밀
고 가면 나도 모르게 그 끝에서는 어떤 사랑을 꿈꾸게 된다. 우린 모
두가 사랑을 꿈꾸면서도 어쩌면 그 사랑의 꿈을 모른다. 사랑이 이르
고자 하는 꿈을, 사랑이 이르고자 하는 몽상을 우리는 모른다. 하지
만 시인이나 예술가는 이를 잘 이해하고 있는 법이다. 누구보다도 생
의 게으름, 생의 여백에서 더 많이 꿈꾸어 보았기 때문이리라. 난 이

러한 사랑의 꿈을, 사랑의 몽상을 작가 에드몽 로스땅 E. Rostand (1868-1918)이 쓴 연극 <시라노 드 베르쥬락 Cyrano de Bergerac>을 각색한 같은 제목의 영화에서보다 더 잘 볼 수는 없었던 것이다. 한 여자를 너무도 사랑하면서도 그녀 앞에서 자신의 사랑을 드러낼 수 없었던 -그 스스로 자신의 외모, 큰 코를 매력적이지 못함으로 정의 내림으로써- 남자, 시라노는 자신의 조카가 그녀를 사랑하나 그녀의 마음을 끌어내는 중요한 방식일 편지를 대필해 주게 된다. 지극히 아름다운 감수성의 그녀는 무엇보다 이 편지 속의 지극히 시적인 문장들에 의해 이 젊은 남자에게 끌리게 되는데, 오랜 편지 끝에 이루어지는 이 둘의 만남에서마저 시라노는 숨어서 그의 조카를 위해 아름다운 대사를 준비해 주게 된다. 그런데 시라노와 이 미인은 어느 날 만날 운명을 갖게 되고, 그녀는 대화를 통해 지금까지 자신이 받은 편지를 쓴 주인공이 바로 이 코가 지극히 큰 시라노임을 감지하게 된다.

그런데 난 이 연극 대본을 읽은 적이 없다. 이 둘의 운명적인 만남의 배경을 어떻게 묘사했는지를 직접 볼 수 없었지만, 이 영화가 준비한 배경은 시라노의 사랑, 미인의 아름다운 감수성을 그대로 담은 배경이었음을. 즉, 배경으로 준비한 폐허 빛 벽과 그 곁을 채우는 몽상하는 나무들의 그토록 아름다운 곡선만으로 그들의 사랑이 이르고자 하는 몽상, 그들의 사랑이 도달하고자 하는 꿈을 그대로 제시해 주었던 것이다. 이토록 눈물 나도록 아름다운 벽은 나의 영원한 사랑의 우물이 되어 이후 늘 나의 사랑의 몽상을 퐁퐁 솟아오르게 하였던 것이다. 사랑은 그렇게 아름다운 폐허의 공간에서 진정 자신의 몽상을 더 펼치게 되고 자신의 꿈을 더 이끌어가는 것이리라. 그들의 사랑은 불처럼 타오르는 자신의 궁극점을 빨리 간파하고 이것에 빨리 도달하려는 사랑이 아니라, 사랑, 그 길 속에 존재하게 될 꿈 꾸고픈 모든 여정을 만나보고 그 여정과 몽상의 대화를 나누는, 결국엔 생의 가장 큰 열락 지점일 사랑의 형이상학을 스스로 누리고 배우게 되는 사랑인 것임을. 이러한 꿈의 사랑, 몽상의 사랑이 선택하게 될 가장 최상의 장소가 시라노와 그녀가 만나는 장소, 그들의 사랑을 다 이해하는 듯한 장소인 이 꿈의 벽일 것이다. 이 꿈의 벽, 사랑의 몽상을 다 이해하는 벽은 나의 지극한 부러움의 연대기를 달게 하였으니.

　　샤르의 시는 이태리인가 에스파니아인가의 그 오래된 낡은 벽에 부는 바람을 맞는 아름다운 꽃들 같은 것. 시라노 드 베라주락의 연인과의 만남의 뒤뜰 같은 것. 샤르가 찾는 곳은 바로 이런 곳, 열락이 있는 곳. 그의 에로스는 당연한 것. 열락의 기저에는 당연, 에로스가 참여한다.

　난 실은 샤르, 그의 에로스가 궁금한데, 나의 지극한 호기심에 그는 다음의 구절로 지독히 약간 엿보게 할 뿐이다. 그것도 참으로 어려운 구절로.

　　"갈망된 에로스의 말처럼, 그녀가 우리 존재의 뼈대를, 그의 배의 소라 고동을 비추는 것은 축복받은 세계인 것을 : 나는 그것을 영원히 섞는다. 그리고 그녀가 연인의 대지의 은밀한 지복을 위하여 나의 운명의 희미하고 엉뚱한 오솔길을 환일의 길로 바꾸는 것은 다름 아닌 바로 이러한 이해의 순간인 것을."

<사랑의 편지 Lettera Amorosa>

 그리고 이 시집의 프롤로그 형식을 띤 이 글 다음에 오는 본격적인 <사랑의 편지>를 통해 그의 에로스는 바로 그들, 시라노와 그녀가 만난 벽, 별처럼 꽃잎이 떨어져 내리던 벽을 장식할 시인의 자연 즉, 남불의 폐허된 성벽과 그 위로 드리워진 나뭇가지들과 꽃그늘을 통해 길러 왔을 것임을 감지하게 된다. 자연의 꽃과 향기의 사랑이 몽상의 사랑을 키우고 꿈의 사랑을 키울 수 있음을, 그리고 꽃과 나무의 몽상적인 곡선을 이해했던 자만이, 그곳에서의 꽃잎과 별의 흩날림을 이 희미한 과거의 벽, 몽상의 성벽 아래서 이해한 자만이 이러한 시의 사랑을 알게 될 것이므로.

 "결코 너를 부수지 않고 있어 주어 고마워, 중력의 나의 꽃, 붓꽃이여. 너는 물가에서 불가사이 애정을 키우는구나, 너는 네가 각성한 죽은 자들 위에 무게를 두지 않는구나, 너는 시간이 그 애정을 갖지 않는 상처를 없애는구나, 너는 비탄에 잠긴 집으로 데려가질 않는구나, 너는 투영된 모든 창문들이 열정이라는 단 하나의 얼굴만을 만들어내길 허락하는구나, 너는 자유로운 푸른 길 위에서 날의 다시 돌아옴을 동반하는구나."

<사랑의 편지 Lettera Amorosa>

이는 결국 붓꽃에게 보내는 사랑의 편지요, 결국 문명을 벗어난 존재, 자연의 존재, 그의 모든 존재에게 보내는 사랑의 편지임을 우리는 알게 된다. 샤르의 사랑의 대상은 문명 밖의 존재, 탈 연대기적인 존재, 이성보다 감성 위에 우리 생의 무게를 두게 하는 존재, 그리하여 비탄보다는 열정의 얼굴로 생을 만나게 하는 존재, 결국 우리를 자유로운 길 위에서의 날을 동반하는 존재, 마침내 물가에서 불가사이의 생의 애정을 키우는 존재인 것이다. 바로 이러한 존재의 사랑은 다름 아닌 생에 대한 진정한 사랑이고 궁극적으로는 시의 사랑으로 이어지게 되는 것이므로.

그리고 나 또한 나의 진정한 에로스, 나의 꿈의 사랑, 나의 몽상의 사랑을 펼쳐보는 것이다. 남불의 나뭇가지 아래 성벽 -샤르의 시 <성벽과 나뭇가지>에서 충분히 예감할 수 있는- 앞에 가 보지는 못했지만, 이 고요한 여름 시에스타의 시간을 혼자 몽상처럼 걸어가 도달한 한 깨어있는 서점에서 만난 스페인 소개 책자에서 알람 부라 궁전을 본 순간, 나의 에로스는 터졌던 것이다. 내가 지상에서 본 가장 아름다울 이 궁전은 다름 아닌 꽃 인양 별 인양 아라베스크 문양을 꿈같은 흩날림으로 궁전의 벽들을 장식하고 있었던 것이다. 비록 자연의 한 가운데가 아니지만, 예술의 공간, 궁전의 전 실내, 그 벽들 한가운데서 이러한 꿈과 몽상을 그대로 재현하고 있었던 것이다. 나도 모르게 '당신께 알람 부라 궁전을 바칩니다.' 라는 주문을 순간 던지게 되었으니, 이 궁전의 실내 벽의 꿈과 몽상을 즉, 그 꽃인 양 별 인양 그 흩날림 앞에서 심장이 멈추어지는 행복을 가질 수 있는 자는 진정

나의 시라노가 될 터이니까. 그리고 시에스타 때문인가. 아니면 이태리가 갖고 있지 않은 비장한 생, 즉 검음과 극적인 생 때문인가, 난 샤르를 스페인의 혈통으로 자꾸만 연결시키는 이유 없는 무조건 반사를 잘 보여주게 된다. 왜 그럴까.

스페인! 샤르의 피는 로마보다는 에스파니아의 그것에 더 가까운 것은 아닐까. 그 곳은 빛과 어둠, 그 정제된 선, 공기 속 열과 담백함, 진정 강렬한 어둠과 담백함을 빛 속에서 아름답게 간직할 줄 아는 공간이었던 것이다. 바로 이것의 결정이 이 궁전이었던 것이리라. 그리하여 "난 당신께 알람 부라 궁전을 바칩니다."

이 세상에서 진정으로 아름다울 줄 아는 이 정신의 장소에서 몇 날 머물리라. 이 세상에서 공간과 공간 안과 밖 주변과 정신이 그토록 어울리는 공간, 진정으로 나의 정신을 키울 감각의 장소를 처음 만난 것 같다. 그리하여 "알람 부라의 전부를 당신께 바칩니다."

2. 기와와 볼레, 그리고 발콩의 생

　프랑스의 생 중, 특히 거리의 생에서 만날 수 있는 행복은 무엇보다 한국의 생에서는 아마도 만나기 힘들, 일상 생의 즐거움의 존재는 다름 아닌 기와와 볼레 즉, 덧문과 발콩이 그것이었다. 이 유용성의 존재가 그만의 독특한 미학을 갖고서 유용성을 벗어던지고 무용성의 기쁨을, 그 시각의 기쁨을, 그 은근한 미학이 주는 감각의 행복을 누리게 될 줄은 프랑스의 공간을 알기 전엔 난 정녕 몰랐던 것이다. 내가 살게 된 그르노블 푸른 빛 현대 아파트에서는 누릴 수 없는 이 행복을 난 길을 걸어 나서면 늘 만나게 되는 것이다. 나의 걸음을 멈추게 하는 그리하여 깜짝 놀라게 하는 생의 미학, 고로 그 작은 즐거움의 터트림을 난 조금도 놓치지 않고자 하는 욕망을 늘 부리고 싶었던 것이다.

a. 기와

　보는 기와의 행복 -즉, 지붕을 바로 내 시야 앞에서 보는 행복을- 을, 어느 기하학의 대가의 작품을, 그 기하학이 끌어내는 미궁과의 만남을, 그 추상 기하학의 회화 앞에서 그 이유 없는 감동의 미학에 오로지 그 깨어난 아침, 난 초대받아 말없이 이를 전수 받곤 했으니. 로마 양식은 시공간적으로 멀리서도 그 태생이 이미 나와 만나고 있음에 틀림없다. 기와의 붉은 빛 -비록 남불 존재보다 덜 익은- 의 색감을 누가 그렇게 칠하기 시작하였는가. 그리고 기와의 둥금의 굵기를 그렇게 말아 서로가 포근히 껴안게 하는 이 형태를 누가 시작하였는가. 로마의 존재였을 그는 분명 알고 있었으리라. 이 붉은 색과 이 둥근 형태의 만남만으로 이미 어떤 분명한 이유도 알지 못하는 채 우리가 '근원'이라 부를 어떤 지대로 가 버리게 될 것이라는 것을. 즉 무한히 편안하고 그냥 생의 충일감으로 차게 되기에, 그리하여 어떤 논리의 눈치도 보지 않고 바로 근원이라고 명명하게 되는 현실로 바로 가 버리게 될 것이라는 것을.

우리가 흔히 길에서 상승의 방향으로 올려볼 때 보게 되는 이 로마 태생의 존재를, 어쩌다 은근한 아래 방향으로 수평적인 또는 은근한 하강 방향으로 보게 되는 참으로 특별한 기회 -이는 먼저 지상에서는 결코 알지 못할, 하늘로 이르는 지붕 위의 비밀을 알게 될 것 같은 은밀한 기대감으로 잠시 행복의 전율에 있게 되는- 를 난 갖게 되었으니, 이는 나의 특별한 유목의 생이 그 시기만 되면 나의 정박을 풀게 했던 그르노블의 시내 중심가 그르네뜨 광장을 자랑스럽게 자신과 같은 과거 태생의 존재로 두고 있는 호텔, 유럽 Hotel d'Europe의 나의 방 - 하루를 기다리는 고집을 부려 꼭 나의 거점으로 하고 마는, 왜냐하면 이 드문 행운을 놓치는 것은 그날의 생을 가득 채울 감각적 힘의 일부를 잃는 일이므로- 에서 알게 된 나의 유목 생의 비밀이다.

난 이른 아침 고요함만이 이 주황빛 가까운 붉은 지붕 위를 거닐 때를 가장 좋아한다. 때로는 아직 깨어나지 못한 창공 빛 하늘이 참으로 고대 빛 고요로 물들어 있을 때를 가장 좋아한다. 그 기하학을, 먼 과거에 이미 세운 기하학을, 추상적이나 그토록 행복할 줄 아는 기하학을, 나 또한 고요라는 존재가 되어 -그에게 들키지 않기 위해- 오랜 세월인 양 지켜보는 일은 실은 눈의 애무가 아니라 발의 애무이리라. 난 이미 그곳을 사뿐히 걷고 또 걷고 있었던 것임을. 난 그를 만나는 일, 그의 아침 향기를 맡는 일 즉, 고대를 데려오는 일, 고대 빛 고요를 누리는 일을 가능한 더 오래 연장하려고 나의 아침 책장을 그의 곁, 열린 나무 창문에 기대어서 열거나, 심지어는 아침의 행복한 샤워마저 고대 빛 향기로 감으려는 듯 있는 모든 문을, 모든 막힘을 다 열어두게 된다. 그리고는 난 침대에 누워서조차도 은근히 보이는 새벽빛에 먹 감는 붉은 지붕의 일부와 붉음 전에 터 오는 아직도 별 단 투명한 푸른 창공 빛이 그 순수한 대기 안에서 만나는 행복한 고대의 어느 연대기 생을 훔치고 또 훔치는 것이었다.

이는 무엇보다 그르노블의 지붕을 물들이는 신비한 검음 속에서 드문 붉음이 낳을 수 있는 행운이었는데, 이는 검음에서는 근원, 편안한 근원을 만난 적이 없었거늘 -비록 신비를 일깨우기는 했을지언정-, 오로지 붉음만의 특권이었는데, 이것이 남불 생의 서곡임을 깨닫게 된 것은 아마도 지상에서 지극히 드문 이 지복의 공간을 다녀온 후였던 것이리라

b..볼레

  지붕을 장식하는 기와는 그래도 서양과 동양 모두가 누리는 일상의 존재이다. 그 유용성은 절대적이어서 그것 없이는 아마도 건축물은 완성을 채운 것이라 말할 수 없으리라. 혼날 비유일지 모르지만 지붕을 다는 일, 그 위에 기와를 얹는 일, 이는 화룡정점에 해당할는지도 모르기에. 하지만 볼레 volet 즉, 덧문은 서양의 공간을 직접 가 보기 전에는 이 존재의 존재론적 이유를 동양인은 전혀 감지할 수 없는 일이다. 최초의 정박의 여정을 푸는 참으로 정신 나간 시간 동안에는 이 존재를 거의 알아보지 못한다. 특히 낮 동안에는 안의 창문, 주로 유리로 된 안 문과 함께 접혀 있어서 그의 존재를 전혀 실감치 못하는 것이다. 이 존재에 대한 자동적인 호기심을 던지지 않을 수 없음은 동양의 거리에서는 한 번도 본 적 없는 '소통 불능'의 집들을 늦은 오후 시간에, 혹은 주말이나 일요일 늦은 아침에 발견한 순간부터일 것이다. 낮의 그 상냥한 창문의 모습은 어디로 갔는지 흔적 없고, 오로지 지금껏 본 적 없는 불투명, 차단의 완전함을 그토록 완벽하게 실천하는 존재를 만나게 되는데, 다시 말해 한낮엔 분명 상냥한 개방 성향의 집들이었는데, 늦은 오후의 시간부터는 냉철하리만치 생의 태도를 완전히 돌변시켜 자신의 내부를 조금도 공개하지 않는 것이었다. 처음엔 집을 비우고 모두가 여행을 떠나게 되었는가도 생각해 보았다. 하지만 주말도 아닌 주중의 늦은 오후일 뿐인데, 그것도 한밤중도 아닌데. 이 완전한 의사 단절의 의지가 그 무엇으로부터 시작되었는지는 전혀 알 수 없었지만, 이 의지를 확고히 담당해 내는 존재를 알아내게 되었다. 바로 이 덧문이었다. 그는 진정 완전한 차단을 위한 존재였다. 참으로 푸른 피의 태생을 그대로 승계한 존재였다. 일단 한 번 정한 논리를 지키는데 있어 어떤 쪼끄마한 탄력적인 부드러움도 끼어들 수 없는 진정 이기주의의 한 구현이었다. 동양은 아무리 차단시켜도 요리 보고 조리 보는 일을 잠시만 하면 그 집의 생의 조각들을 그래도 조금은 보고 듣게 된다. 그런데 서양의 굳게 내려진 볼레의 집들은 완전한 차단의 생을 구현하고 있었다. 난 아무리 목을 빼서 그 안을 들여다보려 해도 그로부터 새어 나올 한 조각의 빛마저 허락지 않으려 했다. 그들은 늦은 오후 너머의 일상을 남들의 시선으로부터 완전히 차단시키는, 진정 비정한 서양 논리학의 후손이었던 것이다. 단절, 이는 분명 동양보다는 서구의 혈통이 낳은 방식이 분명하리라. 함께 있는 가운데서의 완전한 단절을 동양은 아마도 지금껏 꿈꾸어 보질 못했으리라. 그리고 이러한 단절의 방식은 특히 서양적 시간 개념에서 만날 볼 수 있었는데, 사무실 문에 걸린 교수의 스케줄 중 외출을 말하는 시간표는 진정 사무실 안에 사람이 없을 때만을 의미하는 줄 난 알았다. 안에서 분명 존재를 느낄 수 있었지만, 끝내 그 문은 열리지 않았다. 아! 난 그 순간 문화적 충격 속에서 아마도 단절의 사전적 의미, 그 추상적 의미 -동양 생에선 만나 볼 수 없는, 하지만 서구의 일상에 온전히 적용되는 한 생의 방식으로서- 를 서구 생의 한가운데서 온몸으로 체감했던 것이다.

그런데 완전한 단절을 꿈꾸는 이 비정한 존재인 볼레가 참으로 낭만적인 생의 존재로 전환되는 일을 난 만나게 되었으니, 어느 날 우연히 집주인의 실수였는지 늦은 오후, 늦은 어둠이 깊어진 시간에, 닫혀 있어야 할 이 존재가 자신의 책무를 다하지 못하고 열려 있었던 것이다. 늘 닫혀 있었기에 더욱 궁금했던 이 푸른 피의 존재들의 저녁 생이, 열린 볼레, 게으름 피워버린 이 덧문 안으로, 그 모습을 드러내었던 것이다. 그토록 간섭을 싫어할 것임을 난 잘 알기에, 프랑스 저녁 생을 그냥 보통의 걸음으로 지나쳐 가고 있었다. 그리고는 가능한 많은 비밀을 감각의 시야에 담으려고 했을 것이었다. 난 놀랐다. 무엇보다 난 그 공간을 밝히는 조명으로 인해서. 이는 형광 빛이 아닌 백열 빛이었다. 즉 이는 은근한 부드러운 노란빛이었다. 이는 어둠에 저항하는 계몽주의의 환한 빛이 아니라, 참으로 인상적이게도 어둠을 함께 살고자 하는 듯 혹은 어둠의 생을 오히려 자신이 누리려는 욕망인 듯 환하지 않은, 오히려 어둠 같은 빛이었다. 그야말로 몽상의 조명이고, 시의 조명이었다. 일상의 주거 공간은 유용성의 공간이 아니던가. 그런데 이 공간을 몽상의 분위기로 시의 분위기로 채울 생각을 하다니. 그렇다면 밖으로 거의 새어 나오지 않는 빛의 비밀은 바로 이 어둠인 듯 빛, 이 특이한 조명 때문이었던 것인가. 그리고도 이 빛은 천정 머리에서 바로 떨어지는 것이 아니라 공간의 아주 미학적인 지점 -이런 선택에서 참으로 돋보이는 프랑스인의 타고났을 혹은 단련되어왔을 감각에서 나오는 듯한- 에 자리한 위치로부터 번져 나가고 있었다.

 그리고 실내 공간은 은은한 벽지로 채워져 있을 뿐 요리조리 채워진 장식물이 없었다. 집주인은 조용히 그 몽상의 빛 아래서 그 또한 꿈을 꾸는 양 사색에 든 양 그런 얼굴로 책을 읽고 있었다. 아마도 집안의 드문 가구 중의 하나였을 참으로 몽상적인 의자에 앉아서. 자세히는 못 보았지만 벽면에 자신이 좋아하는 소박한 그림 하나로 그 방의 장식을 다 채웠을는지도 모른다. 하지만 이 공간은 주인의 저녁 생을 얼마나 충만하게 채워주고 있던 것인지. 바로 이 저녁 생의 몽상을 더 멀리, 더 먼 고대로 가게 하기 위해서는, 이러한 은은한 노란 몽상의 빛과 더불어 그 완벽한 차단의 볼레가 도와주게 될 밀도 있는 단절, 하지만 행복한 단절, 아름다운 단절이 요구되었던 것이리라.

난 이 일상의 몽상의 저녁 생이 다름 아닌 이 나라가 길러낸 위대한 몽상가, 바슐라르의 몽상의 오후 생으로부터 전수된 것이 아닐까 여겨본다. 그리고 이러한 행복한 몽상을 낳았을 철저한 소통 불능의 공간 내면에 번지는 은은한 등불에서, 역으로 바슐라르의 불꽃과 더불어 그 유명한 몽상을 이끌어 낸 다양한 불의 존재를 떠올려 보지 않을 수 없게 된다. 이러한 행복한 단절에서 아마도 최고 밀도의 몽상, 그 형이상학을 열어내었을 바슐라르에게는 이 두 존재 외 은근한 불을 지피는 아궁이가 또 때로는 은근히 타오르면서 꿈꾸는 촛불이 필요했을는지도 모른다. 그의 몽상이 최초의 거친 불, 야생의 불의 근원을 몽상보다 다소 거친 방식일 '정신분석' -그의 문학 방면 최초의 저작, <불의 정신분석>이 그 결실인- 에서 열었던 그가, 그의 마지막 저서를 다시금 부드러운 불, 실내의 불, 결국 몽상의 불에 더 가까운 '촛불'을 들여다보면서 불의 기원을 진정 부드러운 인식법인 '몽상'을 통해 열었던 것 -그 결실이 그의 <촛불의 미학>인- 을 상기해 본다면, 분명 몽상의 생, 형이상학의 생은 소위 그의 말대로 아니무스의 분위기보다는 아니마의 분위기에서 그 가능성을 더 열게 된다는 것을 이 바슐라르의 후예들은 이미 잘 알고 있었던 것이리라.

상상력이 무모한 인식의 놀이가 아니라 하나의 진정한 지식을 끌어내는 인식적인 힘, 또는 방법론임을 무엇보다 시를 통해 확인하고자 그가 불에서 시작하여 마지막으로 다시 한번 더 그의 몽상을 불러낸 존재, 불은 얼마나 매혹적인 존재였던 것일까. 그리하여 그에게 무한한 행복론, 행복의 형이상학을 열어 준 불이라는 생의 행복한 우물을 그들은 현대 문명 한가운데서도 만나고 있는데, 우리는 이 불의 존재, 이 자연의 존재를 지금 어떻게 만나고 있는가. 어둠을 밝히는 환한 존재, 오로지 유용성의 존재로만 인식하고 있는 것은 아닌지. 혹은 실험실 속의 불로만 존재하고 있는 것이 아닐까. 생의 진정한 행복은 실험실에서 오는 것이 아니라, 일상 생 그 한가운데서 온다는 것을 안다면, 이 불의 존재를 우리의 생 한가운데서 몽상을 열어주는 무용성의 존재로 다시금 만나기를 진정으로 열망해 보아야 하지 않을까.

c. 발콩

발콩 balcon -흔히 발코니로 불리는- 은 우리가 외국 소설에서 흔히 그 자세한 설명을 통해서 만나게 되고 그리하여 이 존재의 상상을 어려움 없이 이끌어낼 수 있어, 이 존재는 그리 낯선 것은 아니었다.

하지만 실체적 발콩, 진정한 발콩, 즉 발콩의 정의를 만나기 위해선 여름 오후 생, 게으름이 지상 최고 법열이 되는 생의 순간에 이제 숨 쉬기 시작하는 그를 직접 만남 봄이 필요할 것이다. 실은 우리는 발콩을 현대 동양 공간을 채우기 시작한 아파트라는 현대 서구적 공간을 통해 알게 된 '베란다'라는 존재와 유사한 피를 나눈 존재쯤으로 이해하고 있다. 베란다, 우리에게는 얼마나 유용한 존재이던가. 좀 감추어야 할 존재를 다 떠맡고 있는 동양의 베란다는 참으로 슬픈 생을 영위하고 있다는 것을 서구의 발콩을 직접 만남으로써 이해하게 된다. 먼저 전자가 닫힘의 생을 주로 산다면, 후자는 열린 공간, 생의 미풍을 다 맞으며, 여름엔 특히 얼마나 사랑을 받는 생의 존재가 되는 것인지. 또한 이 열린 공간에서 여름 생을 만끽하는 존재들을 보는 사람마저 그 지극한 행복에 동참하는 일을 열어주니.

밖과 안의 거주 공간을 그토록 낭만적인 방식으로 연결하는 존재로서 그 역할은 참으로 특별하다. 그 공간에 임시 정박을 여는 존재에게도 이를 바라보는 자에게도 모두, 몽상이라는 지극한 행복의 여행으로 데려가고 마는 이 존재의 진정한 정의는, 여름 그르노블의 열기 식은 저녁 어둠이 내려오기 시작할 때, 그리고 꼭 그 어둠 빛과 똑같은 빛깔의 한 나이 든 존재가, 여름의 이 행복한 순간을 그대로 누리려는 능동적인 한 존재가 참으로 마음씨 좋은 얼굴에 그토록 편안한 미소를 머금고 나타날 때, 이해되기 시작하는 것이다. 창밖의 열기와 어둠을 모두 사랑할 줄 아는 나이를 가진 존재만의 특권적 생의 누림일 것이다. 지상 위에서 가장 큰 행복을 살 줄 아는 자의 몽상 즉,

가장 높은 차원의 형이상학을 아는 자의 생의 방식인 것이다. 그리고 이 안과 밖을 그대로 자신의 여름의 몸이 연결시키듯이, 그의 거리 아래로 모든 친구들에게 건네는 따뜻한 저녁 오후 인사는 바로 진정한 인류애로 모든 이를 순식간에 따뜻하게 손잡게 만든다. 이는 너와 나가 진정 여름 어둠 빛 열기 속의 그의 따뜻한 인사를 공유하게 되는 지극한 근원, 원초로 우리를 말없이 데려가 버리는 일이기에. 순식간에 지상은 몽상의 장, 행복한 원초 즉 인류의 근원으로 가 버린 장, 진정 행복의 자장이 열리게 되는 것이다. 이곳엔 너와 나를 분리시키고 단절시키는 고독한 경쟁의 공간은 사라지고, 이성의 자장 밖으로 무한한 행복의 여백의 장이 형성되어 버리는데, 사람들은 자신도 모르게 이제 그 자장 속에 놓이게 된다. 그리하여 우주 전체가 행복의 자장이 되는 것이다. 초현실주의가 무의식의 실험을 했던 갇힌 실내에서만 자장이 생겨나는 것이 아니리라. 바로 이 여름날 발콩의 생으로부터 진원이 되어 열어낸 자장, 세상의 자장 즉, 건강한 자장을 만나러, 예의 센세이셔널한 이즘이 무의식의 실험실에서 열어낸 자장, 꿈 또는 환각의 무의식이라는 감각적 공간이 피워낸 인위적 자장을 그 설립자인 브로똥만을 남겨두고 다 그곳을 떠났던 것이리라. 그리하여 그 이후의 시인들은 그토록 세상 한가운데서 세상의 원초 즉 기원을 만나기를 열망했던 것이리라. 이 원초, 기원은 다름 아닌, 감각의 정수가 최초로 만난 즉, 이성의 자장을 벗어난, 다시 말해 이성의 자장이 우리 생에 던진 잉여적 현실 –우리 본래의 생을 벗어난 현실이므로– 을 제거한 진정한 우리 생의 정수 그리하여 우리 본래, 우리 자신의 기원을 만나는 일인데, 이러한 우리 자신의 기원은 곧 인류의 기원과 결국엔 만나게 되어 있는 것이다.

　어느 여름날 고요한 오후가 신선한 공기 속에서 시작된 시간이었으리라. 난 학교 캠퍼스의 푸른 녹음을 남몰래 살아볼 욕심으로 어느 지점에 서서 예기치 않게 내 앞에 나타난 어떤 지형적 기쁨을 만끽하면서 걸어가고 있었는데, 나의 그 순간 자연 속 고독의 생보다 더 부러운 일상의 생, 그 자족의 생을 만나게 되었으니, 한 동양인의 닫힌 주거 공간에서는 만나 본 적 없는 발콩의 푸른 생이 바로 그것이었다. 내 생애 그토록 편한 여백의 점심 식사의 누림을, 그토록 느리고 푸르고 시원한 점심의 생을 난 지금껏 본 적 없으니. 여백은 젊음보다도 늙음이 알아내게 되는 생의 최고 법열 지대, '무심'의 종교학임을 다시 한번 확인하게 된다. 지상에서 그리 높지 않은 발콩에 두 노인 부부가 세상으로 열린 공간에 나와 하얀 탁자를 주인으로 둔 하얀 의자에 앉아, 단지 녹음 무성한 키 높은 나무가 주는 푸른 그늘과 시원함을 유일한 생의 전략으로 둔 채, 동양인이라면 자신의 주거 공간에서 세상 밖으로 공개시키는 일 없는 정오 식사의 생을, 오로지 야채 접시와 무심해서 좋은 바케드 빵과 아마도 비싸지 않았을 포도주 한 잔으로 어쩌면 그 맛 속에 간간이 섞였을 검은 혹은 짙은 초록으로 장식한 올리브가 해양성의 기후를 전하는 것이 전부였을 식사, 그 간소함으로 생의 전 행복의 미풍을 다 불러와 누릴 수 있는 이 간결한 생의 미학을 프랑스가 아니고서 어디서 만나볼 수 있을 것인가.

미가 아니라 미학, 바로 이 둘의 차이를 난 프랑스에서 확연히 느끼게 되었는데, 미학이란 미로 가는 장치, 혹은 전략이리라. 가장 간소한 장치 하나로 그것의 무심한 탈 연대기에 자신의 연대기를 그토록 멋지게 전개시켜 결국엔 미학이라 부르고픈 경지를 세우는 힘을 이 종족의 행복한 생의 전략에서 난 자주 만나게 되는 것이었다. 그리하여 미 자체보다는 미로 이르게 하는 인식, 전략 즉 미학이 더 중요할 것을, 왜냐하면 이는 무심의 생을 행복의 생으로 전환시키는 연금술과도 통하게 될 것이기에.

그런데 발콩이 몽상을 위하여 매달아 둔 공간, 매달아 두어 가능해지는 몽상의 공간이기 전에, 그 자신의 형태만으로도 미학의 대상 즉 무용성의 존재가 되어, 이 탈 연대기적인 존재 앞에서 나의 지극한 감동이 그 연대기를 달고 싶은 욕망을 불러일으킨 일이 있었으니, 이는 아름다운 눈, 눈의 미학을 보러 간 만년설의 산, 몽블랑 Mont Blanc이 살고 있는 작은 도시 샤모니 Chamonix라는 공간에서였던 것이다. 지극히 현대적인 눈을 볼 수 있었을 뿐인 한 동양인이 만난 눈의 도시, 샤모니는 그야말로 과거의 눈, 먼 고대의 눈을 보게 했다. 이는 세계의 모든 관광객을 방문케 하는 이 도시가 그야말로 과거의 공간을 그대로 담고 있는 구시가지를 전혀 소멸시키지 않고, 그로부터 몽상을 퐁퐁 퍼 올리게 하는 행복한 과거 빛의 소유로부터 오는 것이리라. 이 알프스 산맥의 꽃인 몽블랑을 따라 올라가는 산 중턱, 에귀 뒤 미디 Aiguille du Midi -그 유명한 '얼음 바다'Mer de Glace를 볼 수 있는- 에 그토록 환상적으로 데려가 주는 그 유명한 케이블카의 유일한 현대성 외에는 모든 과거를 그대로 굴뚝의 연기처럼 몽상 빛으로 살고 있는 도시였던 것이다. 이 공간의 작은 구시가지를 천천히 돌다가 만나게 된 어느 집이 달고 있는 발콩이 바로 내 생에 처음 만나는 미학을 어쩔 수 없는 욕망, 그 존재에 이름을 달고 싶은 욕망을, 그 존재가 내게 준 감각 생의 일화를 중얼거리게 하는 욕망을 난 당시에 흔적으로 남겨 두었던 것이다.

그대가 오시면 꼭 묵고 싶은 장소가 하나 있지요. 이름이 La Lune(달)이라고 이름 붙여져 있지요. 샤모니에 올 때마다 그 집을 몰래 훔쳐보지요. 몰래 훔쳐보는데 제격인 집이거든요. 연둣빛 볼레와 담 빛 벽 회칠이 이상한 신비를 부여하는 곳. 이 세상에서 가장 여유로울 줄 아는 정신을 가진 발콩을 매단 집이거든요. 꼭 당신 같아. 가장 게으름 피우는 여유를 잘 아는 늦은 오후의 사자 같은. 그 집을 지은 최초의 사람은 누구일까. 문과 문 사이의 창틀 간격을 그토록 공간 속의 비밀을 아는 방법으로 그 적당한 거리가 줄 신비 속에 두게 할 수 있음을. 문과 문 사이를 고려할 줄 알았던, 보는 이로 하여금 숲속의 마술 속에 휘감기게 하는 힘의 솟아남의 지대. 그 문을 통해 발콩으로 나오라는 그 나무 난간에 기대어 가장 매력 있고 여유 있게 세상을 지배할 행복의 몸짓을, 그 난간과 일체 되어 그 난간의 미학을 따르게 되면서 동시에 그 난간 밖으로 이 행복을 더 연장시키는 마술적 순간의 성취. 진정한 세계의 주인인 것을. 도대체 누가 최초 이 난간을 매달 줄을 이 문들 사이의 간격을 준비할 줄을 알았던 것인가.

그런데 이러한 발콩은 샤모니로 가는 길, 메제브Megève의 절벽 위 높은 하강의 수직 공간 –지극히 높은 산악 지대를 통과하는 중임을 새삼 절감케 하는– 이라는 자신의 동반자의 운명을 그대로 사랑하는 듯 이 아슬아슬한 지형을 따라 돌아가는 길 위의 집, 오로지 바람 소리 혼자 듣는 집, 이 집이 사랑의 운명선처럼 따라 놓인 곡선의 길, 바로 그 곡선 때문에 고독도 감미로울 것이었다. 아마도 이러한 길의 곡선을 멀리서 보고 태어나 그리고 이로부터 조금 떨어진 거리에서 생을 살았기에, 이 발콩은 그토록 특별한 미학, 유용성을 무용성의 감동으로 전환시킨 미학 즉, 위엄이 고독의 생 속에서 그토록 아름다운 힘으로 태어남을 이해한 탈 연대기의 미학을 태어나게 한 것이 아닐까. 결국 이렇게 아름다운 과거의 공간들은 저 혼자서 태어난 것이 아니었던 것이다. 그리고 난 어찌 된 일인지, 이곳을 다녀온 후 다음과 같은 보랏빛 탈 연대기의 감성을 풀어놓게 되었다. 왜 절벽과 곡선과 고독과 바람이 보랏빛을 낳게 되었는지를 난 지금도 알지 못한다.

길모퉁이 도는 곳
나무와 바람 소리
들을 줄
알았던 사람은

서재 그림 속에
산 보랏빛
옮겨 놓을 줄
알았던 사람은

....

3. 길에서 만난 음, 물, 불의 꽃

진정 프랑스의 거리는 여름의 생에서 자신의 기쁨의 일화를 풍성히 들려주게 된다. 일상의 유용성의 생에 익숙한 한 동양인에게 축제는 얼마나 낯선 용어였던가. 그때까지 축제는 참으로 사치의 추상어였을 뿐이었다. 프랑스에는 지방마다 도시마다 또는 마을마다 축제를 열고 있음을 난 나중에 알게 되는데, 내가 아무런 지식의 혜택을 입기도 전에 이 축제라는 실체를 바로 만나게 되었으니, 이는 그 공간만의 특별한 축제가 아닌, 프랑스 공간이라면 매년 열게 되는 일상 생의 특별한 체험 -어쩌면 일상을 그 순간 경이로 바꾸어 보려는 초현실주의 예술적 이즘을 다름 아닌 국가가 이해하는 감동적인 의도를 만난 일- 이 될, 음악 축제와 불꽃 축제가 바로 그것이었다. 난 축제가 외부인을 향한 관광의 유용성이라는 꼬리표를 달고 있는 것이 아니라, 진정 그 마을, 그 도시, 그 지역의 사람들에게 권태나 반복으로 인한 무료한 생의 위안이라는 참으로 인간적인 꼬리표를 달고 이루어짐을 알고는, 현대 문명의 한가운데서 가장 아름다운 인문 정신의 불꽃 같은 공간, 프랑스를 다시 한번 확인하게 되었던 것이다. 그리고 이는 예술의 아마추어들을 그토록 이해해 주고 그토록 사랑할 줄 아는 감동적인 종족을 최초로 만나는 기회였던 것이다. 그리하여 난 이 축제를 통하여 산의 공간 즉, 사브와 지방을 물과 불과 음으로 다시 한번 묶는 지형적인 형제애를 만나게 되었던 것이다. 즉 물과 불과 음은 내가 거주한 그르노블을 중심으로 인근의 사브와 지방, 샹베리와 안씨를 그토록 아름답게 같은 혈통의 여름 형제로 태어나게 하고 있었던 것이다.

a. 음의 불꽃, 음악 축제

6월 21일. 하지. 매년 이 날에 열리는 이 나라의 음악 축제, 페뜨 드 라 뮤직끄 Fête de la Musique. 그르노블 중심 광장, 쌩 루이 성당이 위치한 시내 중심의 이 광장엔 오늘 전철의 운행도 아랑곳없이 바로 그 선로 위를 밟고 중심 무대를 향해 빽빽이 서서 음에 맞추어 함께 몸을 움직이는 이 곳 사람들 -그르노블루와라고 불리어지는- 과 숱한 지방 그리고 숱한 나라의 이방인들의 율동 그리고 조금도 조급해하지 않는 전철이 조급한 나라에서 온 한 동양인에게는 놀라울 따름이다. 오히려 이 전철은 함께 즐기고 있다. 천천히 천천히, 춤을 추는 사람들 속을 자신도 춤을 추듯이 비집고 들어가는 그의 유연한 행동이란… 바쁘지 않은가? 유용성의 이 도구가 무용성 앞에서 이 무용성을 즐길 수 있다니. 그러나 축제는 이 중심 무대 한 곳에서만 펼쳐지지 않는다. 시내 골목골목마다 아마추어들이 자신의 표현의 욕구를 펼치는 것이다. 공짜로 제공되는 이 연주에 누군가 귀를 기울여 주는 것만으로도 그들은 행복하다. 오후 내내 그리고 온 공간에서 이루어지는 음의 진정한 향연.

체계적이고 사회화되어 기존에 순응된 모든 이들의 정신과 감각에 어둡고 은밀한 울림으로 두들기며 다가오는 날. 혼돈되어 숨겨져 있던 어떤 힘이 조금씩 율동을 따라 흘러나오는 날. 행복한 폭발 이상한 흩뿌림. 언제나 축제는 원시에 대한 노스땰지임에 어쩔 수 없다. 고기를 태우는 연기와 냄새. 이것이 없는 축제는 결코 디아볼릭끄(diabolique, 악마적인)한 흥분의 절정으로 올라갈 디딤돌을 잡지 못하게 되는 것이다.

 음에 가담하는 사람들. 이들은 그 나름대로 이 세상의 비밀의 하나를 맛보는, 그리하여 머나먼 미지를 향해 들어가는, 이 음의 나라에서 일어나는 미묘한 차이에도 다른 일화를 느끼고 다른 전율로 달려가는, 그럼으로써 기쁨을 증폭시켜 나가는 특별한 능력의 소유자들. 그야말로 생의 진정한 자유인인 것을. 오늘 이곳엔 이런 사람들만이 몰려와 있었다. 모든 종류의 음을 누릴 준비가 된 자들. 그것의 배합을 아는 자들. 어둠과 밝음, 가벼움과 무거움, 등등의 감각에 뛰어난 자들. 클래식, 재즈, 팝, 남미풍, 이태리풍... 그리하여 음의 발달은 진정한 감각의 발달인 것을. 이는 또한 숨겨진 낙원의 발굴 그리고도 그것의 창조마저 여는 일인 것을. 진정 이는 아름다운 의식과 함께 하는 생의 유희의 개척인 것을.

b. 불의 꽃, 불꽃놀이 축제

 그르노블 정박의 첫 여름, 사브와 지방, 특히 유명한 안씨 Annecy의 불꽃놀이에 대한 소문을 전해 듣지 않는 것은 어려운 일일 것이다. 이는 무엇보다 호수를 배경으로 띄우는 불꽃의 명성이 대단하였는데, 바로 이 안씨의 것과 참으로 아름다운 경쟁을 매년 펼치게 된다는 바로 국경을 사이에 둔 또 다른 호수, 스위스 레만 호수의 불꽃놀이가 그것이었다. 어떤 불꽃놀이들이기에, 그러한 불꽃놀이를 보러 가지 않는다는 것은 그 공간을 사는 자로서 죄인 것일까. 이는 다름 아넌 일상 생을 경이로 전환시키는 이 공간 생의 가담자의 자격을 갖추지 못한 죄가 될 것이다. 안씨가 어떤 공간인지를 알기 전에는, 난 오로지 불꽃놀이를 만나러 그 공간에 불꽃놀이가 열리는 하늘을 잘 바라볼 수 있는 공간을 담을 하늘만 바라보고 도착했다. 공짜 관람석이지만 200프랑의 최상 관람석 이상의 감동을 줄 특별한 자리를 잡아야 한다는 비장한 의도 속에서. 그리고 오로지 불꽃놀이만을 보았다. 이는 음악에 맞추어 음악을 너무도 특별한 자신의 연대기로 이해한 불꽃놀이 그리고 시의 낭송에 맞추어 시의 감성을 역시 자신만의 연대기로 이해한 불꽃놀이, 너무나 특별한 미학을 구현한 불꽃이라는 존재가 피어 올리는 예술을 생전 처음 감동으로 경험한 순간이었다. 하지만 난 이 유명한 휴양 도시가 안고 있는 호수가 어떤 존재로서 이 공간의 사람들을 지극한 경이로 이르게 하는지를 그때는 모르고 돌아왔던 것이다. 단지 불꽃을 투영시키는 존재, 불꽃을 더 시원하게 타오르게 하는 그리하여 단지 배경으로서의 존재인 호수를 보고 왔을 뿐이었다. 호수와 불꽃의 만남을 진정으로 이해하지 못한 자는 오히려 그로부터 멀지 않은 시간, 프랑스 혁명 기념일에 그르노블에서 만나게 된 불꽃놀이에서 오히려 더 큰 감동의 연대기를 달게 되었던 것이다. 난 프랑스 민족이 불꽃의 천재적 예술가임을, 그리하여 또 다른 불, 조명의 천재적 예술가임을 그때 알게 되었던 것이다.

오늘은 7월 14일, 프랑스 혁명 기념일. 도시마다 나름대로 이날을 기념한다. 오후의 긴 행렬 행사가 그르노블의 가장 긴 대로 장 죠레스 J. Jorès에서 끝난 후 그르노블의 강둑에서 펼쳐진 불꽃놀이. 이것이 내겐 그토록 유명한 매년 여름 어느 하룻밤에 열리는, 스위스와 국경을 마주하고서 역시 스위스 국경의 도시, 제네바에서 이와 비슷한 시기의 레만 호수를 배경으로 한 불꽃 축제와 마치 경쟁이라도 하려는 듯 펼쳐지는 지상에서 가장 아름다운 불꽃놀이일 듯한, 음악과 시에 맞추어 터지는 안씨에서의 불꽃보다 더 감동적이었다. 그르노블을 가로질러 흐르는 이제르 강. 이 강을 중심으로 전면의 강둑을 그야말로 발 디딜 틈 없이 메운 관람자들 -아마도 여름 그르노블의 모든 사람들이 바로 이곳에 모여 있었을 것으로 보이는- 을 위하여 강의 저 편의 나지막한 산 위에 있는 바스티유 감옥을 배경으로 펼쳐지는 혁명의 날을 기념하는 불꽃놀이.

이날 내가 만난 불꽃은 열정이라는 테마 그 자체였다. 먼저 이를 보는 어린 가슴엔 먼 미래까지 남아 소중한 기억이 될 것이고, 또한 열정이 식은 어른에게는 잡을 수 없는 안타깝고 부러운 대상의 현현일 것이거늘. 공중에 불꽃을 그려내는 사람, 그 또한 멋진 예술가임에 틀림없다.

비상과 추락의 조화. 매 순간 보여주는 다양하고 의미 있는 표현술. 그것은 하나하나마다 반드시 꽃을 피우는데, 그 절정에서의 터짐, 그 순간의 꽃 모양과 그 여운, 그리고 그것의 색채와 형태미 그리고 이를 받치는 공간 구성. 이 전체가 그대로 완벽한 예술 작품이었다. 그것도 순간의 예술, 남지 않는 오로지 한순간만을 피우는 예술이기에. 그리고 이 예술이 한여름 밤, 온 가슴을 서늘한 충격으로 이끌고 가는 것은 이를 이루는 물질 자체가 먼저 그러하고 또한 이것이 차갑고 명증한 하늘과 공기를 그 배경으로 담기에 더욱 그럴 것 같기 때문이다. 그리고도 그 예측할 수 없음, 순간적인 도약, 그 다이내믹함 그리고 이 불꽃의 그 영원한 속성일 예지의 미인 듯 번뜩임으로 인해 그러한 예술인 것을.

그리하여 이는 인간이 만들어 낸 아름다운 번개. 영감과 열정의 사람들에게는 가슴 깊은 곳에서 다시 확인하는 행복이요, '순간적인 번뜩임'이 무너져 버린 사람들에게는 가슴 아프도록 되찾고 싶은 대상이 되는 것을. 그리고 이는 어린 가슴에 새겨지는 영원한 황홀의 문신이 되는데, 그의 꿈으로 가는 과거의 몽상 속에서 꼭 한 번씩 만나게 될 그런 문신이 되는 것이다. 이 번개의 생은 영원한 순수의 극점, 순간적인 비상과 열정의 조화, 그리고 추락의 아름다운 여운인 것을, 결국 이는 시의 생과 다름 없을 것임을.

c. 물의 꽃, 산-호수

불꽃놀이로 먼저 알게 된 이 공간이 무엇보다 아름다운 물의 공간, 호수의 공간임을 알게 된 것은 그 이후부터 자주 방문한 여름의 시간에서였던 것이다. 불꽃놀이에서 풀려나 오로지 고요한 투영의 물, 자신을 부각시키기보다는 주변을 끌어안는 생의 방식에서 더 큰 감동을 주었던 물, 진정한 호수의 정의를 만나기 위하여 이 공간으로 달리는 차 속의 나를 자주 발견하게 되는 것이었다. 그런데 이 공간에 이르기 훨씬 전에 꼭 만나게 되는 미풍 속 농가의 창고인 듯한 존재와 그를 장식했던 붉은 장미의 단순한 공간 구성에서 왜 난 끊임없는 전율의 기쁨을 본능적으로 예고 받게 되는지 그 이유를 난 지금도 모른다. 한 번도 만난 적 없는 생의 상냥함, 그 정의를 그대로 보는 일은 나도 모르게 나 자신이 13세 예쁜 소녀의 생, 상냥함의 귀족이 되는 일로 다시금 초대받게 하는 것이었다. 이로부터 공기는 이전 공간과는 다른 빛깔, 그토록 가볍고 상냥한 생의 공기를 준비하면서 안씨라는 공간으로 나를 데려가는 것이었다. 여름의 더위가 이토록 상냥하고 투명하고 가벼운 실체가 될 수 있음을 난 안씨라는 공간에서 최초로 경험하게 되었던 것이다.

 이미 날아갈 듯 지극히 좋은 예감이 차에서 내린 나를 온몸으로 감싼다. 그리고 이러한 분위기의 더위 속에도 신비가 감도는 것 또한 이 공간만의 특별한 힘일 것이다. 즉 공간은 나를 울릴 준비를 하고 있고, 난 어떤 울림의 우물, 생의 시원함이 펑펑 솟아날 우물로 발걸음을 띄기 시작한다. 난 이 신비가 무엇보다 고목인 숱한 아름다운 가로수들로부터 온다는 것을 슬쩍 이해하게 된다. 그런데 참으로 이상도 하지. 이 거리의 그토록 다양한 미학을 말하는 오랜 나무들의 공간에서 나의 옛 공간이 그토록 부지불식간에 이 공간을 밀고 나타나는 것이었다. 지금은 사라진 어린 시절의 유원지, 그 어린 시절 생전 처음 만나는 우거진 이국적 나무들과 새장 속의 태생을 정확히 알지 못하는 새들 그리고 그 생의 진정한 여백에서 취한 듯 걸어가는 인파 속의 나를 이토록 먼 나라, 먼 공간에서 다시 만나게 될 줄은 정녕 몰랐던 것이다. 진정 그 어린 시절의 꼬마가 되어 풍선처럼 부풀어 생의 가벼움, 그 지극한 행복을 누리며 돌아다니는 것이었다.

　그러다가 이른 호수의 어느 공간, 난 멈추지 않을 수 없었다. 이는 물의 공간으로서의 호수, 내가 이해해 왔던 호수가 아니었다. 이 호수 위로 고요처럼 그림자를 드리운 산, 정녕 이 산과 호수의 참으로 드문 아름다운 사랑을 보았기 때문이다. 그토록 아름다운 산은 그 자신만으로 살려 하지 않았고, 그토록 아름다운 호수 또한 자신의 호수만이 되려 하지 않았다. 산은 호수가 되려 하였고, 호수는 산으로 살려고 했던 것이다. 이 공간의 대기의 분위기가 늘 희뿌연함을 주었다면, 이는 대기에도 호수의 은은히 번지는 포말을 담고, 호수도 연연한 산의 푸름을 그대로 담고 있어, 이 두 존재는 진정 혼연일체를 사는 생의 행복의 전형을 감동적으로 보여주고 있었다. 아마도 안씨의 산-호수를 한번 본 자에게는 산과 호수가 서로의 생을 사는, 그리하여 서로가 되는 지극한 행복, 그 이중적 생의 아름다운 방식을 영원히 각인시켜, 푸르고 흰빛이 섞인 모호함, 그 희뿌연 대기의 가벼운 몽상적인 분위기를 만나게 되면 예외 없이 안씨로 상상의 발걸음을 이미 걷게 되는 것이리라. 각인된 감각은 결코 망각되는 법이 없는 것인지, 과거 공간의 유사한 분위기로 환기가 열리면, 그로부터 먼 산의 공간, 이 그르노블에서도 '산-호수'라는 공간의 생을 그대로 다시 살게 되는 것이다. 비록 그 열기 그 가벼움 그 유희로 갈 설렘의 울림의 그 순간을 푸른 그 순간을, 그리고도 이 푸름에 담긴 신비의 검음의 순간을 그대로 살지는 못할지라도.

이상한 동요가 나를 감싼다. 길을 나섰다. 잠은 그래서 소중한 것. 그것은 '하루' 안에서만도 우리가 늘상의 사물을 처음 보는 듯함과 변함없음의 두 느낌을 가려내게 하기에. 잠 뒤에, 그것도 밤의 삶 이후 다시 -어쩌면 다른- 옷을 입고 나타나는 아침은 정녕 마띠네(Matinée, 아침에 일찍 일어나는 사람)에게는 새로움이 아닐까? 전철의 시야 내에서지만 오늘 아침, 늘상 보던 거리의 정경은 그 느낌을 새로이 산다. 반복이지만 그 속에서의 새로움이 아니라면, 인간은 어찌 살아가리. 느낌의 변주만이 권태로운 자의 유용한 약초일 뿐. 나의 집에서 전철을 만나러 나가는 짧고도 긴 길을 나는 매 순간 달리 살려 한다. 그것은 매 순간 다른 얼굴을 하고서 내 앞에 나타나기에.

  오늘은 무엇보다도 하늘이 마술적이다. 이상한 현기증 나는 분자들이 파란 하늘 바다 속으로 끊임없이 나를 유혹하는 것을, 마치 알비노니Albinoni의 아다지오 같은 하늘이 우수 어린 가을 호수를 온몸으로 담고 있는 것이다. 안시Annecy -호수로 유명한 스위스 국경에 가까운 프랑스의 휴양 도시- 가 그토록 다시 가보고 싶은 장소의 하나인 이유는, 그 호수보다도 호수를 둘러싼 산 때문이다. 정녕 호수를 사랑한 나머지 호수를 그대로 닮아버린 그 산은, 바로 호수가 된 산인 것을. 그는 자신의 삶을 이중으로 살고 있음을. 자신을 던져버린 투영과 그 물체 속으로 완전한 정신적 이동의 생을 살고 있음을. 합일, 일체 같은 희뿌연 은밀과 부드러움을, 정녕 산과 호수가 되는 두 기쁨을 살고자 하는 그 산의 기쁨을 어찌 모르리.

 안씨에 살고 싶었다. 하지만 이 공간은 이토록 아름다운 만큼의 비싼 휴양 도시임을 난 알게 되었다. 진정 여름의 도시인 이곳을 걷는 일은 주로 과거의 공간, 구시가지를 만나는 일과 호수를 그대로 만나는 꽃 녹음이 멋지게 우거진 가로수를 만나는 일로 우리를 초대하게 된다. 안씨의 구시가지를 걷는 일은 골목의 미로와 수로의 미로를 참으로 예쁘게 연결한 미학을 그대로 사는 일과 만나게 된다. 산과 호수가 함께 살아 희뿌연 푸른 생의 대기 아래서, 이 미학의 좁은 길 혹은 소로들을 길 잃고 싶은 어린아이처럼 이리저리 걷다 보면 시원한 물을 아래로 두고 지나가는 어느 아름다운 작은 다리에 무조건 서게 된다. 마치 작은 배인 양 지극히 편안한 유선형의 돌집이 이 다리에서 적당한 거리에 섬인 양 물 위에서의 거주를 펼치고 있기에. 이 작은 건축물의 돌과 그것이 지어내는 형태만으로도 앙증맞은 행복을 그대로 안겨주는데, 결코 산 공간과 그 인연을 절교한 적 없는 꽃, 붉은 제라늄이 이 물 위의 공간에서도 그토록 아름다운 인연을 맺고 있는 것이었다. 이 물 위의 이유 없는 건축물, 물 위의 공간에 그토록 아름다운 꽃과 돌벽과 그 자신도 이 호수 나라의 아름다운 전망을 놓치지 않으려는 듯 열어낸 두 창문과 그 옹종한 건축의 몸을 보고 그 자리에 바로 서지 않는 자는 진정 강심장의 소유자일 것이다. 그냥 서게 되는 것이다. 그냥 바로 보게 될 뿐인 것이다.

 그러나 이 건축물이 과거의 감옥 –이것이 티우 운하 중앙에 세워진 12세기의 감옥이었던 아름다운 일 궁전인– 이었다는 말을 듣는 순간 그냥 더욱 붙박이게 된다. 시간의 흐름을 다 잊은 채. 그리고 미소 지으면서 이런 감옥이라면 나도 그 안의 거주자가 되어도 좋으리. 감옥 안에서 조금의 권태도 갖지 않으리. 이 감옥의 교훈은 감정 교육이리라. 이 아름다운 공간에서 칩거되어 산과 물과 하늘과 꽃과 푸른 대기를 보는 일로 그의 마음은 가장 아름다운 자로 돌아오리라. 생의 지극한 아름다움을 느끼는 일보다 더 훌륭한 생의 치유제, 생으로부터 등 돌린 자의 치유제는 없으리라. 아마도 이는 루소와 같은 혈통의 존재가 알아낸 치유법이리라. 그의 <감성 교육>을 함께 이해하는 자가 이 푸른 대기 속에 두게 된 따뜻함이 물 위의 아름다운 돌로 그토록 아름다운 심성의 형태의 집을 짓게 된 것이리라.

이 푸른 안씨가 왜 검음을 유혹처럼 갖고 있는지를 난 지금도 모른다. 나의 친구의 짙은 눈썹과 검은 눈빛 그리고 짙은 검은 머리 빛과 함께 꽃잎 날고, 초록의 잎 날고, 물빛 날고 열기마저 날아다니는 호수 따라 넘실넘실 푸른 인파들 속에 섞여 오후의 빛과 그늘 아래 걸어 다니던 어느 순간, 난 지금도 그 이유를 모른다. 왜 이 짙은 초록 고목의 가로수들이 검은 빛을, 그것도 멀리서 오는 검은 빛을 유혹처럼 발산하고 있는지를. 왜 마치 나무들의 어느 '뒷면의 나라'로부터 오는 듯한 것인지 또 왜 그토록 깊고 먼 근원의 향수처럼 오는지를 난 지금도 알지 못한다. 난 단지 그 순간 안씨에서의 나의 친구의 그 검은 빛의 눈동자의 강렬함, 환한 빛과 열기와 그늘 아래서 반사되어 더 강한 검은 불빛을 던지는 나의 친구의 눈빛이 아니었다면, 난 안씨의 검음, 먼 과거의 나무가 내게 언뜻 보여준 그 깊고 신비한 검음을 결코 만나지 못했을는지도 모른다.

* 안씨Anncy는 알프스 지대에서 가장 매혹적인 도시로, 안씨 호수의 북쪽 끝에 위치하여 주위가 눈 덮인 산으로 둘러싸여 있다. 이 작은 중세 도시는 운하와 꽃으로 장식한 다리, 아케이드가 있는 거리로 아름답게 꾸며져 있다. 이 도시를 여유롭게 산책하면서 느끼는 분위기는 안씨에서만 느낄 수 있으며, 특히 시장이 서는 날이면 안씨의 매력적인 분위기를 확실하게 만끽할 수 있다.

Roger Broders

d. 물의 몽상, 감성의 산책

　산이라는 형태로 묶인 또 하나의 사브와 공간, 샹베리는 내게는 나의 교수의 이론이 정박하는 공간으로 다가왔기에 한 번도 여백 같은 편안함으로 가 본 적이 없는 곳이다. 나의 교수의 <상상적인 것의 시학>의 상상력은 내게 지극히 뜨거운 감성으로 다가와서 나의 본능을 행복하게 열게 하는 일 없는, 오히려 푸른 명증의 논리 속에 정제되고 기품 있게 그리고도 글쓰기 미학의 철저함을 담고 제시되길 요구하였기에, 샹베리는 내게 늘 냉정한 감각의 소유자로 다가왔던 것이다. 진정 그곳의 설산마저도 냉정한 인식을 놓지 않는 자였기에 이 공간은 내게 푸르고 푸른 태생의 존재였다. 그리고 이곳에 남겨진 옛 건축물, 샤또는 전혀 폐허가 될 줄 모르고 오랜 세월을 거친 후에도 참으로 푸른 호흡을 내쉬고 있었다. 침엽수림에 본능적 이끌림을 열어본 적 없는지라, 이러한 건축물의 침엽수림적인 생에 나의 본능이 울림을 갖지 못하는 것은 당연한 일일 것이다. 세월이 만들어내는 노쇠함, 그 노쇠함이 만들어내는 희미함, 그로부터 원인 모를 편안함의 여백을 폐허는 내게는 갖곤 하는데, 이 늙은 생의 매력을 이 오랜 세월의 건축물들은 전혀 알지 못한 채 싱싱하고 푸르기만 하였던 것이다. 건축물이 보여주는 분명함, 논리성, 합리성은 아마도 과거의 강력했던 공국의 명예를 그대로 지키려는 강인한 무사 혈통에서 나온 듯, 이 성이 달고 있는 문도, 그 위의 징을 박음도, 이 성의 지붕의 강인한 검음도 결코 쇠약함을 알지 못하는 자들이었다. 어떤 강인한 정신으로 살았던지 구시가지의 골목도 싱싱한 회색의 돌들로 과거의 모습 그대로 푸른 생으로 건재하고 있었다. 간혹 둥근 아치형의 골목의 원형이 몽상 같은 등불을 던져주기도 했지만 자주는 아니었다.

이 푸른 과거의 원형을 그대로 살고자 하는 존재들, 전통을 가장 잘 보존한 자들의 자존심이 샹베리를 지금까지 부르죠아의 -한때 시브와의 중심 도시였던 위풍당당한 이 도시는 귀족 정치 풍조와 이탈리아식 감각을 지닌- 도시로 상징화시키고자 하였다. 버스의 배차 시간의 오랜 간격을 불평한 난 바로 이 점이 그들의 자랑스러운 생의 방식, 전통을 고스란히 느끼려는 자부심에서 나온다는 것을 알고 역시 프랑스임을 다시 한번 확인하게 되었다. 전철을 달고 문명의 편한 이기 -특히 속도에 있어서- 를 누리는 그르노블의 생을 그들보다 낮은 단계의 생, 소위 귀족이 아닌 하위 단계의 생으로 여기는 그들의 생의 형이상학을 존중하기엔 난 문명의 이기에 너무나 익숙해진 그리하여 차원 낮은 존재였을 뿐인가. 그들의 생의 방식이 내게는 여전한 불편함으로 느껴지는 것은 어쩔 수 없는 나의 솔직한 심정이었으므로.

그런데 이 과거마저 푸른 자부심의 공간을 난 어느 여름날, 나의 교수의 <상상적인 현실에 관한 한 시학 Une Poétique de l'Imaginaire>의 생, 그 지난한 이론에 지친 생에서 멀리 떠나, 나다운 생에의 너무도 큰 그리움으로, 참으로 이 이론마저 형이상학의 문명일 것인데 그로부터의 여백, 자연스러운 생에의 회귀가 향수처럼 눈물 나는 그리움으로 나의 본능을 두들기는 어느 날, 난 샹베리에서 이런 시학의 공간이 아닌, 자연의 공간을 나도 모르게 찾아 나서게 되었다. 난 샹베리, 정확히는 이 공간의 연장 공간, 샹베리의 산에서 호수의 도시 안씨 사이에 놓여 이미 안씨의 호수를 준비하게 된, 이 공간들의 사촌뻘일 엑스 레 벵 Aix-les-Bains이 실은 안씨의 호수보다 더 유명한 호수를 가졌다는 것을 상기해 내었다. 다름 아닌 프랑스 낭만주의 시인, 라마르틴의 호수인 부르제 호수 Lac Bourget -이 곳에서 다음 여름에 만나기로 약속한 엘비 Elvie를 영원히 만날 수 없었던- 가 그것이었다. 이 호수가 바로 그 유명한 한 시인을 만들어 낸 것으로 이곳 사람들은 알고 있었다. 이 호수의 어떤 힘이 한 존재에게 낭만주의 성향을 가득 불어 넣어 주었던 것일까. 열기 속에 찾아가는 길은 나도 모르게 나의 어린 시절의 열기 속의 어떤 순간을, 그 순간 속의 천진난만한 생을 그대로 데려오는 기적을 낳았던 것인데, 참으로 프랑스는 현재의 나의 조국의 공간에서는 찾아낼 길 없는 나의 과거의 순간을 그대로 재현시키는 이상한 감동을 주는 힘을 갖고 있는데, 이는 어디서 오게 되는 것일까.

참으로 끝도 없이 넓은 호수, 그 먼 끝에는 산들이 은은한 푸름으로 수증기를 머금고 꿈꾸듯 서 있었는데, 물빛 그대로, 물의 원래 냄새 그대로가 내 과거의 피부의 땀구멍을 열게 하고 나의 과거의 천진한 숨구멍을 열게 하는 것이었을까. 사람들은 참으로 편안한 모습으로 호숫가에서 누워 책을 보거나 잠을 자거나 몽상을 하거나 놀이를 하는 것이 전부였다. 우리의 바캉스가 화려한 옷과 물건들의 유혹으로 그 원래의 물빛과 물 냄새를 다 잃게 했다면, 집의 생을 물가의 생으로 옮겨 무한한 휴식의 생을 즉 진정 그 자신으로 돌아가는 생을 물다운 물빛과 물다운 물 향기를 통해 참으로 간소함의 미학으로 펼치는 이 태생 다른 종족의 생이 그 순간 얼마나 부러웠던지.

 그리고 나는 내 앞에 무한히 몽상처럼 펼쳐진 이 호수의 어떤 힘이 낭만주의를 열어낸 이 시인의 감성을 풀게 하였는지 나도 이해하고 싶었다. 지금 우리가 마음껏 부리는 이 개인의 감성이 그 당시 19세기 초기엔 이성의 힘에 의해 마음껏 부리지 못하는 -특히 예술에 있어서- 사실을 난 나중에 알게 되었다. 감성마저도 사회적인 혹은 신적인 이데올로기의 종속으로 쓰여야 했으니, 지금 난 얼마나 호사한 생을 살고 있는 것인가. 당연한 나의 감성을 당연히 나를 위해 쓴다는 이 당연한 사실이 인간을 사랑하는 형이상학의 진보 덕분이었다니, 새삼 그 이후 세기의 생을 영위하게 된 것만으로도 얼마나 큰 행복을 증여받았는지를 그때야 난 알게 되었으니.

하지만 그 당시 수동적인 감성, 능동적인 힘의 상상력이 아닌 시는 젊은 나를 그다지 감동시키지 못했고, 매년 이 유명한 호수에서 낭만주의 시인들의 시를 읽는 유명한 행사가 열리는 이유에도 난 진정으로 동감치 못했던 것 같다. 그러나 여름이 되면 도처에 붙게 되는 이 행사의 포스트에서 이 바다 같은 망망한 호수의 푸름이 그대로 이성적 현실에 갇혀 먼 바다 너머로의 생을 동경만 할 뿐인 시인의 고독한 생을 더 절실하게 내게 데려다주는 것이었다. 우린 이 푸르고 고독한 호수를 닮은 시인의 시 <호수 Lac>의 한 단편을 만나보자.

> 이리하여 항상 새로운 연안으로 밀려져,
> 되돌아옴 없이 데려오는 영원한 밤에,
> 우리는 단 하루라도 세월의 대양 위에
> 멈출 수는 없는 것일까?
>
> 오 호수여! 겨우 한해가 운행을 끝내었구나.
> 그녀가 다시 보아야 할 소중한 물결 곁에서,
> 보아라! 그녀가 앉는 것을 네가 보았던
> 이 바위에 나 혼자 앉으러 왔구나.

또한 샹베리는 진정 루소 J. J. Rousseau의 공간이었다. 낭만주의 이전에 낭만주의를 철학으로 소설로 예고한 루소는 이 공간에서 귀부인 -유명한 그의 정부인 바랑 부인, 그녀의 17세기 저택 레 샤르메트 Les Charmettes가 남아 있는데- 의 도움으로 그의 자연주의 사상을 열어내게 되었기에, 역 가까이에서 멀지 않은 곳에는 루소의 몽상의 길, 산책길이 그를 궁금해하는 자들에게 그의 먼 매혹적인 향기를 아련히 맡게 하고 있다. 이런 매혹적인 감성의 존재를 어느 귀부인이 사랑하지 않을 수 있었을까. 이 정신적인 사랑으로 인해 루소는 자신의 비천한 태생을 넘어 가장 위대한 정신적 태생으로 다시 태어날 수 있었던 것이리라. 그는 당대의 이성에 최초로 항거한 용감한 반항아이자, 인간의 진정한 행복의 완성은 감성의 회복에 있음을, 이는 다름 아닌 자연으로부터 감성의 단련을 배우게 된다는 것을 그토록 시대보다 앞서 말한 예언자이기도 하다. 현대 시학에서 말하는 감성, 새로운 감성은 그의 감성이 아니어서 현대 시학에서 그는 등장한 바 없지만, 현대시가 이 감성의 진보에서 열린 것임을 알게 된다면, 그는 결국엔 현대시의 오랜 지지자이자 현대시의 문을 열어준 공로자이기도 한 것을 이해하게 된다.

결국 나의 교수의 <상상적 현실에 관한 한 시학>의 연구소 공간

샹베리와 루소가 혼자서 숱한 산책을 통해 만난 <감성 교육>의 장
일 자연이라는 연구소 공간 샹베리는 어쩌면 다른 태생이 아니라, 그
끝에선 이미 같은 피의 태생이었음을 이해하게 되는 것이다. 루소의
감성이 자연의 감성이라면, 이제 그 먼 후예인 나의 교수의 감성은
진보된 감성, 초월된 감성으로 다시 태어나고 있을 뿐. 자연에서 출
발하여 자연을 초월하는 일은 생의 자연 즉, 자연스러운 생에서 생의
정수를 만나는 일에 이른 진보에 비유될 수 있을 것이고, 이는 결국
자연을 넘어 자연 너머로 확장의 열림을 낳는 일이니, 이는 결국 루
소의 궁극적인 바램과 만나고 있을는지도 모른다. 왜냐하면 자연을
이해하는 자는 자연이 주는 울림을, 그로 인해 생에 번지는 신비를
만나지 않을 수 없으며, 바로 이것이 그로부터 먼 시인 르네 샤르의
생의 울림, 그 신비를 펑펑 솟아나게 하는 울림과 다른 일이 아니기
때문이다. 단지 루소의 공간은 상냥하고 맑은 꽃의 공간이었다면, 샤
르의 공간은 뜨겁고 어두운 신비한 그늘의 꽃의 공간이었다는 차이
를 가질 뿐.

e. 감성의 꽃, 상상력의 꽃

그르노블은 호수 대신 산을 간직한 공간이지만, 이로부터 본격적인
사브와 공국으로 진입하는 길은 같으면서도 다른 태생을 이해하게
하는 산과 호수의 만남을 보게 되는 길목이 된다. 그르노블에서 나의
교수를 만나러 가는 길이기도 한 샹베리로 향한 길은 숱한 산의 생
의 변주를 보는 길이 된다. 이 산들이 만들어내는 원초 빛과 함께 그

토록 인간적인 다정함을 전하는 이 산의 존재들이 그리는 또 다른 추상화가 끝이 나는 순간까지는 난 어떤 누구와의 지적인 대화도 어떤 맛난 독서도 거부하게 된다. 이 산과의 만남, 이 탈 연대기적인 존재와의 만남에서 더 큰 생의 지식을, 더 큰 생의 맛을 얻게 될 것이기에. 어찌하여 이 산들은 그런 형태미로 이 세상을 건너가게 되었을까. 동양에서는 산이 달게 되리라고는 상상도 못한 형태를 달고 사는 것이었다. 마치 어느 그르노블 까페 앞 벤치에서 만난 사철나무를 꼬리로 달고 있던 개의 모습에 내가 너무도 놀랐듯이. 이러한 산과 개라는 자연의 존재가 보여준 무한한 형태의 가능성이 이 지형으로부터 멀지 않은 곳 -오뜨 리브 Haute Rives라 불리는- 에 이 지상에서 존재할 수 있는 모든 상상력에서 빚은 듯 상상적 형태미의 총 집합인 궁전, 이상적인 궁전, 빨레 이데알 Le Palais Idéal이라는 예술품을 한 우편 배달원으로 하여금 33년 동안의 혼자만의 상상 속에서 혼자만의 돌로 짓게 만들었던 것이 아닐까. 그리하여 우리에게는 태생적 요인은 결코 간과할 수 없는 숙명적인 결과를 낳도록 하게 됨을 알게 하는 것이 아닐까.

그리고 아마도 이 샹베리의 자연의 감성, 몽상의 생의 교훈 또한 이와 밀접히 가까운 태생의 공간은 아닐지라도 그로부터 멀지 않은 어느 공간에 영향을 주었음이 틀림없다. 비록 이 공간은 호수로부터 멀어져 있지만, 분명 멀리서 들려오는 이 감성의 교훈으로부터 스스로 상상력을 터득하였을 한 특별한 우편배달부 셔발 씨 M. Cheval의 그 혼자만의 33년 동안의 오랜 시간을 던져 세운 일생의 한 작품, 상상으로부터 그대로 태어난 궁전, 진정 상상력의 꽃이라 불리어 마땅할, '이상 궁전' -빨레 이데알 Le Palais Idéal- 을 감동으로 만나게 되기 때문이다. 상상력의 정의를 만나보고자 하는 자는 이곳을 반드시 방문해 보아야 하리라. 낮의 직업을 끝내면 돌아와서 혼자 돌로 오로지 자신의 상상의 세계 속에서 만나게 된 존재를 그대로 재현한 궁전. 어떤 보석도 어떤 귀중한 재료도 아닌 오로지 하얀 화강암의 돌로 지어 올린, 그러나 이 세상 어디에서 이런 기괴하고도 아름다운 상상의 형상을 가진 존재들이 살고 있는 궁전을 만나 볼 수 있을 것인가. 숱한 외부 공간의 작은 길들을 따라 오르고 내리면서, 그 어떤 미학 이즘에도 남겨지지 않은 -진정 탈 연대기의 이즘에서 그 스스로 시작하여 탈 연대기의 이즘의 미학의 전형을 구축한- 이 예술가의 그토록 기상천외한 상상력을 나 또한 살아보려 하지만, 이 무궁무진한 상상력을 낳은 힘의 근원은 정녕코 알 수 없는 일이었다.

난 궁전의 내부가 무척 궁금했다. 그 내부엔 외부에서는 알 수 없었던 그의 상상의 근원을 말해 줄 흔적이 있을 것인지, 혹은 몽상의 대가, 상상력의 대가답게 그곳에 또 어떤 기상천외한 휴식의 공간을 마련하고 있는 것인지 궁금했다. 난 바깥 더운 공기와 단절되는 선선한 공기의 내부로 내려가면서, 이 궁전은 결국 오로지 상상의 휴식을 이해하는 자의 것임을 알게 되었다. 역시 흰 화강암의 재질만으로 평평하게 칠한 것이 전부였다. 일상의 존재인 내가 기대한 몽상의 비단 침대는 없었던 것이다. 푸른 창문 너머로 몽상의 짙은 초록 정원을 멀리 내다보게 할 그런 실내 장식은 어디에도 없었다. 그러나 실망도 잠시 고개를 머리 위로 든 순간, 그다지 아주 낮지도 아주 깊지도 않은 높이의 역시 흰 화강암 천장에 어떤 글씨가 쓰이어 있음을 발견했다. 난 잠시 극도로 흥분했다. 그의 상상력의 비의를 전할 문구일지도 모르기에. 그의 상상력의 생의 비밀, 어쩌면 생의 행복의 비밀을 던져 줄 문구일지도 모르기에. 나도 그처럼 상상력을, 행복을 내 생에 실현하는 법을 알게 될지도 모르는 일이기에. 난 더듬더듬 읽어가기 시작했다. 이 내면 공간의 천장을 가득 채운 글자를, 분명 그가 직접 새겼을 그리하여 먼 동양의 나라에서 온 한 존재에게도 그 자신 직접 생의 수첩의 글 새김으로 그의 가슴 속 깊은 생의 교훈일 것임에 분명한 글자를 떨리는 가슴으로 읽어 내려갔다. 지극히 다른 먼 태생의 한 존재에게도 감동의 붉은 가슴 호흡을 뿜어내게 하는 말이었다. 평생을 실천한 그의 생의 교훈을 난 얼마나 지켜낼 수 있을 것인가. 문명과 유용성을 넘어설 수 있는 무용의 생의 감동을 난 얼마나 온 몸으로 실천해 낼 수 있을 것인가. 그리고 난 즉시 다행히도 동반한 나의 수첩에 옮겨 적기 시작했다. 그가 오랜 세월 너머에서 우리에게 들려주는 상상력의 생의 정의를 여기에 적어 두고자 한다.

여기서 나 잠들기를 원했네.
원시시대 조각가들의 화랑에.

생의 근점에서 난 나의 천재성을 길었네.
그의 내생들이 침투할 수 없는
잘 선택된 한 신.

이 바위는 언젠가 말하리라.
나를 창조하면서
난 의지가 할 수 있는 것을
증명하고자 했다고.

나의 의지는 이 바위
만큼이나
강하였던 것을.

생은 전투였던 것을.

생은 이들을 완성시키기 위해
창조자는 가장 겸손한 것을 쓴다.

이러한 특별한 물약으로부터
나의 영혼은 그의 심토를 잠근다.

너 인간은 기억하라 즉
너는 먼지일 뿐이라는 것을.
너의 영혼만이 불멸하리라는 것을.

꿈의 끝.
동양의 요정은 서양과 형제애를 갖게 된다.

* 오뜨리브에는 이집트, 로마, 아즈텍, 샴등의 건축을 연상케하는 기이한 건축물이 있다. 이는 지방 우체부였던 페르디낭 슈발 Ferdinand Cheval이 각고의 노력 끝에 혼자 손수 지은 것이다. 그는 매일 말을 타고 주위를 돌며 돌을 모았다. 이웃 사람들은 그가 미쳤다고 비웃었으나, 그의 계획은 초현실주의 앙드레 브르똥을 비롯하여 많은 화가들을 매료시켰다. 건물 내부에는 셔발이 쓴 표어와 권고문들이 가득 차 있다. 그중 가장 인상적인 것은 다음과 같은 문장이다.

1879-1912년 1만일 걸림. 구만 3천 시간, 33년의 노력으로 완성됨.

III. 길

IV. 공간과 정수

Prologue
-정수를 만나는 일-

　프랑스 공간에서 만난 드문 행복의 운명은 파리가 아니라, 그르노블이라는 공간을 나의 유학의 공간, 그 정박의 공간으로 선택함으로써 이루어졌음을 고백한 바 있다. 이때 행복의 운명이란 프랑스 현대시를 책 속의 추상적인 이해가 아닌 절절히 뜨거운 가슴의 이해로서 만날 수 있었음을 의미한다. 고로 난 프랑스 현대시를 책 속의 연대기적인 지식으로 만난 것이 아니라, 그것의 생생한 살 속에서 뜨거운 호흡으로 만남으로써, 시는 지식의 일이 아니라 일상 생을 진정한 생으로 전환하는 일임을 알게 되었던 것이다. 이를 위해 시는 이성을 여는 일이 아니라, 감성을 여는 일이고, 이때 감성은 일상의 그것이 아닌 새로운 감성을 의미하는 일임을 알게 되었던 것이다. 이 일상 또는 문명을 떠나는, 그 여백에 머무르는 감성, 즉 새로운 감성을 그르노블의 공간은 참으로 자연스럽게 내게 가르쳐 주었던 것이다. 결국 나의 현대시는 책으로부터 오기 전에 먼저 공간으로부터 왔던 것이니, 공간은 진정 책보다 먼저 현대시를 가르쳐준 나의 스승이 되었던 것이다.

　그렇다면 현대시의 이 직접적이고 본능적인 이해는 어떻게 가능했을까. 이는 특별한 사물이 된 공간 앞에서 감성을 여는 일에서 멈추지 않고, 이 사물-공간에 대한 나의 감성의 연대기를, 비록 모호한 것일지라도, 이를 달려고 하는 시도에서 가능했던 것이리라. 이리하여 공간이 경이를 낳게 하였다면, 이는 감성을 여는 일과 감성의 연대기를 다는 일을 통해서였던 것이다. 이것은 바로 그르노블 최초의 공간 앞, 어느 골목이 예고했던 것이고, 이후 그르노블의 전 공간은 바로 이것의 놀라운 무한한 변주였던 것이다. 그리고 공간이 내게 경이를 가르쳤다면 이는 감성을 통해 생을 바꾸는 일이었던 것이다.

그런데 나의 감성의 생을 바꾸는 경이는 여기서 멈추지 않는다. 이는 사물에서 모호한 감성을 여는 일이 궁극적으로는 사물에서 정수를 끌어내는 일에 그 완성점을 두고 있기 때문이다. 현대 시인들의 작업은 바로 여기에 놓여있고, 그들의 위대함은 바로 그들이 인류에게 세상 그리고 우리의 정수, 그 지식을 증여하기 때문이리라. 고로 궁극적인 경이는 나 또한 사물 앞에서 감성을 통해 그 정수를 끌어내는 일에 놓이게 되고, 이는 나아가 시인의 정수, 즉 시의 공간에서도 그 정수를 파악할 수 있게 될 것이다. 이리하여 감성이 정수의 연대기를 다는 일을 나 또한 시도하게 되는 경이를 만나게 되는 것이다. 그리고 바로 이 순간은 우리가 일상을 진정한 경이로 전환시키는 생의 연금술을 터득하는 순간이 되는 것이다.

이리하여 감성을 숨 쉬게 하는 문명이 진정한 문명이라면, 이 진정한 문명의 정수가 다름 아닌 시의 공간, 예술의 공간이리라. 그런데 진정한 문명, 즉 시가 전해 줄 정수의 만남은 실은 일상의 공간에서 정수를 이끌어내는 일에서 먼저 그 출발점을 열어내었던 것이다. 고로 특별한 공간에서 감성을 열고 그 연대기를 다는 일은 점차로 그 공간의 정수를 이해하는 일로 이어지는데, 이는 결국 우리 속의 정수를 이해하는 일에 다름 아닐 것이고, 나아가 시, 즉 타인 속의 정수를 이해하는 일로 이어질 것이다. 고로 공간과의 만남은 감성을 열게 하고 그 공간을 넘어 진정한 공간, 결국 진정한 생의 공간을 만나는 행복한 초월을 열어주는데, 이것이 바로 '정수' 혹은 '근원'으로 불리어질 현대시의 진정한 지향과 통하는 일이 될 것이다.

요컨대, 공간은 연대기적인 지식의 책보다 어떤 지식의 매개도 없이 참으로 자연스럽게 우리의 감성을 탈 연대기의 공간, 즉 문명의 여백의 공간으로 되돌려주고, 여기서 그 자신만의 모호한 연대기를 달려는 시도를 하게 부추기고, 이는 점점 진정한 연대기, 정수의 연대기를 달게 함으로써, 우리에게 생을 진정한 경이로 전환시키는 연금술을 가르쳐주게 되는 것이다. 이는 나아가 진정한 문명의 정수, 시 또는 예술의 정수를 이해하는 일로 열리게 된다는 것을 알게 되는 것이다. 그리고 현대 비평 또한 이런 정수의 연대기 다는 일에 다름 아니었던 것이다. 결국 공간은 지식을 넘어 본능적인 행복으로 우리에게 현대시를 가르치는 것이다. 이때 단 두 가지의 조건이 필요한 것인데, 먼저 공간이 매혹을 부려야 하고, 둘째 이 매혹에 감성이 움직이기 시작하는 일이 그것일 것이다.

난 참으로 공간의 행운아인 것을. 바로 이 매혹의 존재, 공간을 먼저 파리가 아닌 그르노블에서 만날 수 있었기에. 그리고 나의 작가, 샤르를 키운 공간 남불을 만날 수 있었기에. 그의 시를 가득 채우는 그토록 아름다운 생의 정수는 다름 아닌 남불이 길러내었던 것이다. 그의 시가 보여주는 공간과의 용해, 완전한 결합을 만나러 직접 방문한 남불은 내게 감성을 저절로 녹이는 공간이 존재한다는 것을 알게 해 주었던 것이다. 그가 우리에게 말해 준 '사물-감성' 공식은 결국 그를 키운 공간, 남불이 은밀히 그에게 가르쳐 주었던 것이리라.

 그리고 유학의 생을 접고 다시금 조국의 공간을 만났을 때 나의 절절한 행복은 시작되었던 것이다. 나의 조국의 공간 도처에서 소위 녹이는 공간을 만났기 때문이다. 남불의 그것보다 더 깊고, 더 신비한 녹음의 힘을 나의 조국, 살의 공간은 늘 그토록 간직하고 있었던 것이다. 공간에서 녹을 수 있는 자, 그는 이 세상에서 가장 멋진 연금술사가 될 것임에 틀림없으리라. 왜냐하면 그는 공간 앞에서 자신을 녹이고, 그리고 세상마저 녹이는 자요, 그리하여 자신의 정수와 세상의 정수, 그 아름답고 신비로운 곡선, 그 길 위에서 진정한 생의 호흡을 열어 낼 수 있는 자이기 때문이리라.

1. 감각의 정수
-정수의 연대기 닫기-

1. 감각의 정수
   -정수의 연대기 달기-

 1. 지형의 정수,
    사실의 선에서 감각의 선 끌어내기

 특별한 공간을 만난다는 것은 무엇을 의미하는 것일까. 그곳의 특별한 지형을 만난다는 것은 무엇을 의미하는 것일까. 이는 단지 눈으로 그 공간을 '본다'는 것인가. 난 이를 공간을 '산다'는 말로 정정하면서, 이러한 만남은 특별한 생을 사는 일 즉, 특별한 생의 시간을 얻는 일이라고 말하고 싶다. 특별한 지형을 본다는 것은 먼저, 눈으로 그 미적인 선을 따라 나의 감성의 선을 움직이는 것이라 믿고 싶다. 하지만 지형 그대로의 선을 따라 감성을 연 자는 그 지형을 아직 온몸으로 살지 않았다고 말하고 싶다. 단지 그 지형을 기존 -있는 그대로의 선- 의 어떤 미학으로 유희했을 뿐. 고로 특별한 지형에서 어떤 감각을 여는 일에서 만족한다면, 진정한 생, 생의 정수를 아직은 만나지 않은 것이라 말하고 싶다. 특별한 지형에서 시작된 감각의 열림은 그 여정의 끝에선 그 지형의 정수를 만나야 한다고 난 말하고 싶다. 요컨대 지형의 있는 그대로의 선 즉, 지형의 사실주의를 보는 데서 그치는 것이 아니라, 그 지형에서 뽑아낼 정수의 선을 볼 수 있어야 한다고 말하고 싶다.

그렇다면 일상의 선, 사실의 선에서 어찌 정수의 선을 뽑아낼 수 있을까. 이것이 다름 아닌 감각 -흔히 현대 예술에서 '감성'으로 총괄되는- 이 하는 일인 것이다. 즉 현대 예술을 이끌어가는 초월적 감성이 하는 일인 것이다. 이때 정수의 선은 하나가 아니라, 보는 자의 감각에 따라 달라질 수 있는 것이다. 고로 사물은 실은 그 무엇도 미리 규정지은 바 없이 무한히 열려 있는데, 지금까지의 이성이 그토록 얽어매어 유용성이라는 한 선으로 굳혀 두었던 것이니. 그리고 이 숱한 정수는 하나의 근원이라는 우물, 하나의 기원의 현실을 이루는 '같고도 다른' 표현일 뿐인 것이다.

어떤 정수, 흔들리는 선

만약 고호 V. Gogh의 그림 중 예를 들면 <삼나무가 있는 밀밭>, <까마귀가 나는 보리밭>, <별과 삼나무>가 그의 다른 작품보다 더 우리의 감각을 치고 더 우리를 감동시킨다면, 아마도 이 그림들이 사실의 선이 아닌, 오로지 그의 감각으로 이해한 <삼나무>, <보리밭>, <별>로서 우리 앞에 제시되었기 때문이리라. 이들의 화폭에서 흔들린 대상들, '삼나무', '보리밭', '별'은 그의 감각만이 최초로 이해했을 즉 '흔들림'에서 만난 그 사물들의 정수인 것이고, 이는 다시금 우리의 감각을 흔들게 되고 이로부터 우리는 흔들리는 이상한 감동을 만나게 된다. 이때 이는 흔들린 대상들이 지향할 의미 이전에, 대상이 우리를 흔들어 둔 감각 자체를 만끽하게 되는 것이다. 이 감각은 물론 또 하나의 경이의 감동, 결국 감동의 경이인 것이다. 고로 경이는 사실의 선이 아니라, 흔들린 새로운 선에서 더 강력하게 일어나고, 이로부터 감각은 사물의 정수를 찾아 나서기 시작한다.

 어느 날 파리의 오르세 미술관 Musee d'Orsay을 찾아간 난 그 공간에서 지금도 이름이 기억나지 않는 화가의 한 그림에서 나의 일상의 공간, 그르노블에서 우연히 만난 어떤 길이 내게 주었던 그 놀라운 감각을 그대로 담은 즉, 감각의 흔들림을 그 순간의 감각에서 '존재함의 현상' -이유를 알 수 없이 있음 그 자체가 이를 설명할 뿐인 현상-으로 그대로 담은, 한 그림 앞에서 난 행복한 충격에 휩싸인 채, 그 주변의 유명한 그림들 사이에서 오로지 이 덜 유명한 작가의 한 그림 앞에 묶여 나의 감각의 감동을 울리고 또 울리는 것이었으니.

 그 이후로 난 유명한 그림을 유명한 정의로 만나기보다는, 작가가 누구이든지 나의 감각을 쳐 줄 그림을 가장 경이롭게 만날 순간을 책이나 갤러리의 방문 때마다 고대하는 것이었다. 어쩌면 나의 감각의 본능적인 기호는 카오스였던 것일까. 사실의 선으로 그려진 길이 아니라, 길이 전 감각으로 흔들려 감각의 총체적 흔들림의 행복으로 그 불안한 행복으로 내게 던져질 듯 무너질 듯 내려오는 오르세 미술관의 어느 그림 속의 흔들리던 길을 이후 어느 화폭에서도 다시 볼 수 없었는데, 참으로 예상치 못한 일이었던 것을. 나의 조국에 와서 이 흥분된 흔들림, 균형적인 선의 깨어짐, 내 앞에 쏟아 떨어지는 흔들림의 감각, 그 행복을 화가의 감각이 그린 화폭에서가 아닌, 세상의 직접적인 감각의 화폭일 동해의 한 바다에서 우연히도 조우하게 되었던 것이다.

장사바다다. 이 순수한 내음. 온 가슴 터지도록 들이마신다. 모네의 아니 그보다는 세잔느의 남불 어느 바닷가보다도 더 감동적인 바다는 없었다. 바다에 면한 마을이 그토록 내 마음의 인상과 닮게 그려진 곳은 없었다. 장사, 여기서 또 다른 바다에 면한 마을을 본다. '바다에 면한 마을'은 부표된 부동이다. 그는 항상 바다에 취해 있다. 바다가 주는 모든 감각으로 비스듬히 떠 있다. 바다의 모든 것을 흡수한 채 아니 흡수된 채 그 자신 바다가 되어 버린 사물이다. 이는 뭍으로 뭍으로 혹은 하늘로 하늘로 향하는 바다의 달리고 싶음의 욕망을 온전히 물려받은 존재다. 마을은 취한 듯 부드럽지만 그 거대한 역동의 공간에서 부동의 자세로 바위 같다. 흔들림을 온전히 느끼면서 흔들림에 유희로울 줄 알면서도, 자신의 운명을 지켜낼 수 있는. 근원의 새벽처럼 원시로 잠들어 있는, 꼬리 섬에서 시작되는 마을은 분홍빛 모래로 뻗어있고. 내 앉음보다 더 높이 무너져 내리는 파도 뒤로, 눈높이보다 더 높은 파도는 수평선을 마음대로 조절하고. 그래서 난 바다의 한가운데서 파도라는 배를 마음껏 타고 간다. 눕는 바다. 비스듬해지는 바다. 내 앉음을 희열에 차고 은밀스러운 불안의 '사선'으로 만드는.

난 사실 자주 그르노블의 특별한 공간 -오로지 나의 감각이 말하는- 앞에서, 그 공간을 있는 그대로 사는 것이 아니라 그 공간이 자신도 모르게 내게 주는 감동의 이유를 찾곤 했는데, 이는 나의 감각을 움직이는 일, 나의 감각의 저 깊은 곳을 움직이는 일, 그리하여 나의 감각에 무한한 전율을 무한한 감동을 전해오는 일, 그 감동의 원인을 즉 내게 불러일으킨 감각을 정의하는 일을, 결국엔 감각의 정수를 끌어내는 일을 난 연습하곤 했던 것이다.

요컨대 지형을 사는 일은 그 지형을 만나는 감각을 여는 일이고, 또한 지형을 충격적 행복 즉 경이로 사는 일은 그 지형을 만나는 감각이 자신 속의 정수와의 일치를 그곳에서 만나는 일이 된다. 그리하여 지형을 사는 일은 내 속의 감각을 사는 일이고, 그럴 수 있다면 내 속의 감각의 깊이를 사는 일이요, 결국엔 그 감각이 내 속의 정수를 끌어내는 일인 것이다. 그리고 이는 생의 가장 큰 행복의 순간, 특별한 순간을 사는 일에 다름 아닐 것인데, 현대시는 바로 이런 순간을 사는 일임을 나중에 깨닫게 되었던 것이다.

 2. 감각의 정수, 사실의 선에서 기하학의 선 뽑기

 지형의 선을 일상의 감각으로 사는 일이 아니라, 감각의 정수로 만나는 일은 어쩌면 일상의 선에서 기하학의 선을 뽑아내는 일과도 만나는 것이리라. 현대 회화에서 사실의 그림이 아니라, 반 구상 또는 추상을 지향하는 그림은 바로 이 감각의 정수를 알았던 자들이 누리는 경이가 아니었을까. 사실 현대를 사는 우리는 이제 사물을 완벽히 재현한, 사실의 선을 정밀히 표현한 그림에서는 더 이상 경이를 갖지 않는 것 같다. 우리가 보는 일상의 선을 다른 선으로 제시했을 때 우리는 작은 궁금증을 갖기 시작한다. 즉 있는 그대로의 선과 일치하지 않는 선, 있는 그대로의 선을 넘어 버린 선에 매력을 갖게 된다. 창조자의 감각이 이해한 것, 그만의 감각의 정수가 그 대상의 선에서 어떤 정수를 끌어내는 일을 만나기를 우리는 고대하는 것이다.

 나 또한 그르노블 대학교 도서관에서 만난 유명한 사실주의 작가 귀스타브 꾸르베 G. Courbet의 작품들에서 난 아무런 감동도 받을 수 없었고, 나의 감각은 열릴 줄 몰랐다. 하지만 어느 날 그르노블의 한 서점에서 최초로 만나게 된 오귀스트 마께 A. Macke(1887-1914)의 반추상의 그림에서 그가 일상의 집들에서 그만의 감각의 정수로 끌어낸 정수의 선 즉, 반추상의 선 –사실의 선을 벗어났지만 원래의 형태를 흔적으로 남기고 있는– 이 이 또한 특별한 행복의 색과 만나 있음을 본 순간, 나의 감각은 열리기 시작했던 것이다. 그리곤 그 이후부터 그의 그림은 볼 때마다 내 감각을 영원히 열어주는 것이었다. 그리하여 그의 작품 <튀니지 풍경 Le Paysage Tunnisien>은 늘 나의 시야의 지평선에 놓여선 내가 방문해 본 적 없는 중동의 한 마을을 그토록 행복하게 관조하도록 만들곤 했던 것이다. 아마도 그 마을의 직접적인 방문과 그곳 지형의 사실적인 선의 확인은 오히려 나의 본능을 붙잡지 못했을는지도 모른다. 오귀스트 마께는 사물에서 공간에서 지형에서 그만의 감각이 알아낸 행복한 정수를 제시하였기에 나의 본능을 늘 이토록 붙들었을 것이다.

이에 비해 그의 공간에서 자신만의 감각의 정수로 그 공간의 정수를 끌어내는 일, 그 극을 달린 것이 몽드리안 P. Mondrian(1872-1944)의 추상화로 가는 일일 것이다. 이는 그가 일상에서 만난 지형이나 대상을 그만의 감각이 알아낸 비법으로 그 공간의 비밀스러운 정수를 가장 고밀하게 제시하는 일이었으니. 이는 감각의 정수화의 극의 순간이고, 고로 그 대상이 정수만으로 살아있는 순간인 것이니, 이는 그의 감각만이 알아낸 보이는 선, 사실의 선 뒤에 감추어진 분명히 존재하는 -오로지 그의 감각만이 그 존재론을 증명할- '정수의 선'을 그대로 제시하는 일, 그 진실한 "존재함의 현상"(<아르뛰르 랭보>,(<바닥과 정점을 찾아서>) -샤르가 정의한 현대시의 존재론적 요약- 을 제시하는 일이니, 이것이 현대 회화이고 또한 현대시의 궁극적인 존재론적 운명을 의미하는 것이기도 하다. 고로 추상회화에서 만나는 형태의 정수 -한 점이나 하나의 선으로 나타나는- 는 현대시의 추상 언어 즉 이미지라 불리는 언어, 요컨대 감각의 정수가 낳은 언어와 같은 태생의 존재들일 것이다.

3. 리샤르의 <시와 깊이>, 감각의 정수 만나기

우리는 지금껏 깊은 감각은 사물에서 그 정수를 뽑아내는 시도를 한다는 사실을 만나 보았다. 이러한 현대 감각, 현대 감성을 이해한 대표적인 경우를 현대 테마 비평을 대표하는 비평가, 쟝 삐에르 리샤르 J. P. Richard(1922-2019)에서 우리는 만나볼 수 있게 된다. 그의 대표적인 저서 중 하나인 <시와 깊이 Poésie et Profondeur>에서 <깊

이>는 현대 감각의 그것을 말하고 있고, <시>는 이 감각의 <깊이>의 궁극적 지향 현실 즉 정수일 것임을 우린 예고 받을 수 있다. 요컨대 감각이 깊이로 계속 이르게 되면, 그 끝에선 감각은 정수에 도달될 것으로 여겨진다. 고로 사물의 정수를 보는 일은 먼저 감각이 정수에 이를 수 있는 힘에서 비롯되는 것이다. 아마도 이 저서의 제목을 통해 시에 이르는 비의의 길로서 작자는 감각이 깊이에 이르도록 단련시킬 것을 말없이 우리에게 권하고 있는 것이리라.

<네르발의 지리학적 마술>, 지형의 정수 연대기

여기서 우리는 현대 비평은 바슐라르를 그 시작점으로 두고 있다는 사실을 상기할 필요가 있다. 먼저 이미지를 이해하는 방법론에서 이 비평은 열리고 있는 것이다. 이미지는 상상력 다름 아닌 특별한 감각이 도달한 정수의 구축인 것이다. 사물의 정수를 보아낸 감각의 정수의 결정화일 것이다. 하지만 이 결정화는 변함없는 고착이 아니라, 끊임없이 흔들리는 아름다운 운명을 가진 결정結晶일 것이다. 그리하여 이 비평은 일상의 사실의 선을 그 시작점으로 하는 것이 아니라, 작품 속 정수의 선 즉, 이미지를 그 시작점으로 두고 있는 것이다. 이때 바슐라르에게는 사물이 세상의 근원, 기원에 이른 '이미지'로, 리샤르에게는 사물이 시인의 감각의 깊이가 도달한 그것의 '정수'로 이해되기에, 이로써 전자가 감각의 보편성, 사물의 진실의 보편성에 더 놓여있다면, 후자는 시인의 감각과 사물의 진실의 개별성에 더 많은 관심을 두게 된다.

우리는 현대 시인들 -네르발, 보들레르, 베를렌느, 랭보- 을 다루고 있는 그의 아름다운 비평 저서, <시와 깊이>에서 위대한 시인들의 감각의 깊이가 사물에서 어떤 정수를 드러내고 있는지를 볼 수 있게 되는데, 이 중 네르발의 경우를 만나보도록 하자. 왜냐하면 네르발의 감각에 대하여 그가 달아 둔 제목, <네르발의 지리학적 마술 Magie Géographique de Nerval>이 왠지 우리의 관심을 가장 잘 드러내 보여 주게 될 것 같기 때문이다.

> 예를 들어 여행가 제라르(네르발)에게 감각들과 순간들의 수집이 어찌하여 하나의 지향된 방향의 추구로, 하나의 장소와 우연에 대한 시로 움직여 가는가를 보시오. 그가 자신을 미끄러져 들어가도록 하는 이 표면, 바로 여기에 얇아지게 하고, 그 아래로 현실과 이미지들의 다른 층들로 나타나게 되는 표면이 바로 여기 있는 것이오. 이리하여 제네바의 호수는 나폴리Naples 만의 <약해진 이미지>가 된다 ; 매번의 대상은 다른 대상의 추구에 참여한다, 그리고 세계는 패여지고, 이 순간 열리는 것이다. <현재의 포장 아래서>, 과거의 이미지가 다시 태어나고, 미래의 신기루가 그려진다. <평화로운 지평선 저 너머로, 난 항상 내 추억 속에서 불타고, 반짝이는 (눈발 되어 날리는) 먼 신기루의 눈부심을 느낀다.> 그리고 너무나 명료한 지평선의 선은 곧 이 포착할 수 없는 불꽃의 눈부심, 저 곳(au-delà)에 항상 위치하는 이 중심에서, 혹은 인상의 이곳(au-deça)에서 흩어지는 것이다. 우연에 대해 말하자면, 우리가 그것을 조금이라도 의문을 가진다면, 그것은 자신의 진정한 얼굴, 우연의 일치의

그것이라기보다는 필요의 그것이라 할, 그 얼굴을 재빨리 감추어 버린다. <생의 단일한 틀 아래서>, 그때 우리는 보이지 않는 모형 위에 그려진 어떤 선이 부각되는 것을 보게 되는데, 이 모형은 길 잃을 고통 아래서 따라가야 할 길을 가르치게 되는 것이다.> 이곳, 저 곳에서 더 이상 지그제그의 길은 없는 것이다 : 여행은 이제부터 필연적인 목적을 갖게 되는 것인데, 이 목적이 매번의 여행가에게 규정된 길은 그의 운명이라 불리어지는 것이다.

네르발의 이 모든 노력들, 바로 이것이 무엇을 겨냥하는지를 우리는 바로 지금 알게 된다 : 이는 이러한 보이지 않는 선을 따르는 일, 이러한 운명의 소유로 들어가는 일인 것이다. 왜냐하면 이는 이 운명이 그려지는 것이 사물 안에서이고, 그리고 그가 그 운명을 이끌어내어야 하는 것도 바로 그 사물로부터인 것이다. 고로 매번의 경치는 하나의 존재 즉 이 경치의 개인적인 진실, 그리고 결국 그에게 의미와 가치를 부여해 주게 될 공간적이고도 시간적인 구조를 향한 초월이 되는 것이다. 네르발적인 지형학은 세상을 묘사하지 않는다 : 이는 세상을 탐험하고, 세상 자체에서 이를 드러내는 것이고, 또 이러한 지형학은 세상에서 행복의 길, 구제의 길을 발견하게 되고, 결국 이러한 지형학은 <미지의 행성에 대한 마술적인 지형학>이라 불리어지길 원하는 것이다. 그러나 이 미지의 행성, 이는 바로 이 땅, 다시 발견될 땅, 다시 창조될 땅임을 우리는 잘 이해하는 것이다. 네르발을 이해하는 것, 이는 그와 함께 이 두 번째 탄생의 일련의 행위들을 다시 만들어내는 일인 것 ; 또한 이는 그와 함께 이것(두 번째 탄생)이 이루어지는 특별한 세 짝의 관점에서 그의 모험을 다시 살아보는 일인 것, 이때 세 짝이란 깊이와 상승과 일치의 세 상상적인 장을 의미하는 것이다.

<pp.18-19, Seuil, 1955>

4. 현대 비평의 길들 - 최초의 감각과 깊이의 이해

a. 리샤르의 길, 감각 생의 <깊이>, 곧 <시>

그렇게 부를 수만 있다면, 소위 나의 외적 경이의 체험은 리샤르 J. P. Richard의 <시와 깊이>를 이해하게 했던 것이다. 그는 바슐라르의 몽상의 이론을 그대로 이어받아, 작품 속에서 몽상을 하는 법을 열면서 작가의 상상력 즉 사물과 만나 최초로 열린 그의 감각, 그 일화를 끌어내는 일, 즉 시인의 <감각>이 사물을 만나 어떤 깊이로 내려가, 소위 감각의 연장을, 다시 말해 감각적인 생의 연장을 어떻게 열어내게 되는지를 보여주는데, 이때 그의 이론의 선배인 바슐라르가 작품에서 만난 하나의 매료된 이미지, 단 하나의 놀라운 이미지로부터, 작품 자체의 상상력보다는 바슐라르 자신의 상상력을 열어냄으로써, 극도의 주관적인 독서법을 준비하게 되었다면, 그의 선배의 이러한 주관성에 대립하여 좀 더 객관적인 비평, 즉 작품 전체를 통해 변주되면서 계속 나타나는 이미지 -내용이든, 형태이든- 로부터 그 이미지의 현실이 보여주는 감각의 현실, 소위 상상력의 현실을 드러내려 한 점이 바로 그를 소위 '테마 비평'의 대표적인 존재로 만들게 한 것이 리라.

 작품을 통해서 관통되는 주된 테마, 예를 들면 불을 통해 작가 그 자신이 최초로 그것과의 만남을 상상적 현실, 감각적 현실로 말하는데, 이러한 상상, 감각을 통해 평범한 사물은 그 깊이를 담게 되고, 이 깊이를 통해 사물은 그만큼 자신의 현실을 확장시키게 된 것임을 우리는 알고 있다. 이는 비평가의 고유한 감각을 통해 드러나는 일인 것임을. 고로 예를 들면 노발리스의 불 앞에서 보는 이의 몽상이 어찌 그토록 달리 이루어지면서, 보는 그의 감각, 그의 상상력은 얼마나 다른 길로 뻗어 가는지를 보여주는 것임을. 즉 이는 탈 연대기적인 불을 이렇게 작가의 감각이 만나 그의 감각의 생에서 최초로 연대기를 만들어내는 일임을 보여주려 했음을. 이것이 다름 아닌 현대 시인 것이고, 이를 드러내는 일이 현대 비평 -바슐라르 이래 테마 비평 등등의- 이 되는 것임을 이제 우리는 이해하게 되는 것이다.

 이렇듯 공간 즉 사물이 줄 수 있는 감각은 숱한 새로운 길로 열려 있는 것이다. 이는 상승 혹은 하강 등의 구조적인 길이 되거나, 불 혹은 물 혹은 대기 혹은 대지 -서구의 관점에서 볼 때 인식의 네 요소- 와 새로이 연계된 현실들이라는 테마의 길이 될 것이다. 그리고 노발리스가 어떤 불을 만난다면, 이 불은 먼저 지금껏 만나본 적 없는 불일 것이다. 왜냐하면 그는 현대 상상력의 소유자이므로. 고로 그의 불은 새로운 현실, 불이 줄 수 있는 이전과 다른 감각 즉, 최초의 감각이 전해 줄 현실일 것이고, 이 일화는 시가 될 것이다.

상상력의 상류와 하류

 숱한 새로운 감각의 길 -이때 불의 경우- 중, 이미지의 최초의 혁명가인 바슐라르가 불의 상상력의 근원, 그 상류점을 만나러 간다면, 즉 불의 원형을 만나러 간다면, 다시 말해 상상력이라는 새로운 인식법을 통해 이성은 알 수 없을 사물의 숨은 보편적 지식을 발견하는 일을 열게 되었다면, 이와 반면 그의 상상력의 후배 -더 정확히는 그의 상상력을 시 읽기의 객관성에 초점을 둔 방법론의 후배-, 리샤르는 불의 상상력의 하류점들을 보고자하고, 이로써 사물의 보편적인 현실의 드러냄보다는 역으로 그로부터 흘러내릴 개별적인 현실을 오히려 드러내고자 하였던 것이다. 현대시의 상상력의 방향은 어쩌면 후자의 개별성의 추구에 먼저 더 가까워 보일는지도 모른다. 하지만 이 개별성은 결국엔 보편성의 한 파편이었을 뿐임을 우리는 곧 알게 되는데, 개별성은 보편성을 만날 때, 그 진정한 가치를 실현하게 되는 것이므로. 왜냐하면 사물과의 진정한 최초의 만남은 개별성을 넘어 보편의 울림으로 나아가게 되는 것이므로. 결국 진정한 최초의 만남은 사물의 가장 깊은 현실의 종을 울리게 되는 것이므로. 그리고 진정한 최초의 만남이 정수와의 만남이 될 때 만남의 인연은 완성될 것이고, 이는 숙명적인 만남이 되는 일일 것이므로.

b. 바슐라르의 길 : 사물의 영원한 현재성, 원형을 찾아서

사물에서 보편의 현실을 끌어내는 길로 상상력을 열어낸 일. 이것은 상상력을 이성과 동등한 인식의 힘으로 격상시킨 혁명적 전환이었다. 이는 가스똥 바슐라르 G. Bachelard(1884-1962)가 실은 그 이전에 과학자였기에 또 그 이후 인식론자였기에, 당연한 선택의 방법론인지도 모른다. 개별성으로부터 이를 총괄할 수 있는 보편성을 끌어내는 일, 사 원소 -서양의 인식론이 사물의 네 범주로 인식하는 물, 불, 대지, 공기-를 상상력을 통해서 각 사물로부터 영원한 속성이 될 원형의 현실을 끌어내는 일, 이는 당연한 그의 선택이었는지도 모른다. 이때 이는 물질의 실체적인 원형이 아니라, 그것의 상상력의 원형, 즉 상상력의 길을 통해 도달되는 원형이었다, 그리고 그는 이를 동사의 의미론적 형태로서 드러내고자 했는데, 이것이 서구의 현대 인식론에서 흔히 만나게 되는 구조의 또 하나의 시작점 -왜냐하면 당시 언어학과 물리학에서 이미 '구조'의 인식이 시작되었다면, 상상력에서 구조의 인식은 아직 열리지 않았으므로- 이 아니었을까. 이것이 또한 통시적인 인식에서 벗어나는 공시적인 방법론을 여는 또 하나의 시작점이 되지 않았을까. 결국 사물을 인식함에 있어 시간적 일화가 중요한 것이 아니라, 이보다는 사물의 현재성, 영원한 현재성을 찾는 일, 이 영원한 현재성의 일화를 알아내는 일, 바로 이것이 서구 인식론에서의 '구조'의 시작점이 아니었을까. 상상력을 통해 그로부터 영원한 속성을 찾아내는 일, 이러한 항수를 '원형'이라 부른 것이 아니었을까. 실은 이는 보들레르가 사물에서 만나고자 한 '모국어'의 한 구절이 아니었을까.

회귀하는 상류와 하류

그리고 실은 사물로부터 영원한 속성, 원형을 끌어내는 일, 이는 감각이 이르고자 하는 가장 먼 깊이와도 결국엔 통하는 일이 아닐까. 사물의 근원을 만나는 일은 결국엔 사물의 정수를 만나는 일에 다름 아닐 것이기에. 사물에 대한 상상력의 하류 지점은 결국엔 그것의 상류 지점을 향해 다시 흐르게 될 것이므로. 지리학상으로는 만날 수 없을지 모르나 상상력의 길에서는 상류와 하류는 끊임없이 만날 것이므로. 왜냐하면 상상력은 사물과의 이원론, 즉 경계를 세우고 존재하는 것이 아니라 그 경계를 지우고 서로 오고 가는 일원론의 세계 속에 존재하므로. 그리고 이러한 사물로부터 시간의 흐름을 넘어 영원한 속성일 근원 또는 정수를 끌어내는 일은 현대 비평의 관점마저 통시보다는 공시적인 관점의 비평, 혹은 연대기 -이성이 이미 세운 표지- 보다는 탈 연대기 -감각 또는 상상력이 최초로 세우는 표지- 관점의 비평을 낳게 한 것이 아닐까. 이때 사물의 정수는 단 하나의 상상력의 길에서 얻어지는 것이 아니라, 보는 이의 감각의 길, 상상력의 길에 따라 다른 형태의 정수를 획득하게 되는데, 이것이 시 창조의 길과 다름없는 현대 비평의 길이 되었던 것이다. 고로 과거의 시 비평에서 추구되었듯이 객관적인 사실이 증명할 수 있는 진실보다는, 이제는 감각 즉 상상력만이 증명할 수 있는 주관적인 진실이 현대 시 비평의 지식, 결국 생의 지식의 초점이 되는 것이리라.

만약 사물과의 최초의 만남이 새로운 현실, 새로운 감각에 관심이 더 많고, 결국 새로운 현실의 증가에 더 많은 관심을 갖는다면, 이는 리샤르식의 성향에 더 부합되는 것이고, 새로운 감각을 통해 도달한 새로운 현실, 그 최초의 만남이 인류의 먼 과거 즉 고대, 혹은 나 속의 먼 과거 즉 유년기의 순간으로 이르게 된다면, 이는 바슐라르식의 성향을 더 많이 내포하는 것이리라. 그리고 굳이 분류한다면 리샤르의 상상력이 사물의 정수 혹은 나의 정수를 이끌어 내게 된다면, 바슐라르의 상상력은 사물의 근원 혹은 나의 근원으로 도달하게 될 것이다.

2. 공간에서 온 정수, 시

2. 공간에서 온 정수, 시

1. 최초의 공간, 진정한 경이, 정수의 예고

난 책 I 부의 끝 지점에서 고백했듯이 역 앞 까페에서 먼 유목의 생을 선택하지 않고, 그르노블 최초의 존재들을 확인하면서 나의 최초의 정박의 공간에서 다시금 정박을 이어가기로 마음먹었었다. 내가 만난 그르노블 최초의 존재, 그 기괴한 산은 생은 의무의 굳은 직선이 아니라 유희의 곡선일 것임을 그리하여 행복이라는 생의 명제를 예고해 주었었는데, 이번엔 바로 이 공간으로부터 멀지 않은 지점, 즉 바람이 사방팔방 통하고 그리고도 묘한 집중을 던져준 지점에서 공간의 특별한 힘을 난 최초로 체험하였음을 이 책 II 부의 첫 장에서 언급하였다. 이는 또 하나의 생의 방식의 예고였는데, 이는 유희의 행복론을 넘어선 경이의 존재 방식이었던 것이다. 그리하여 이 특별한 공간이 은밀히 알려준, 평범한 일상에 가져다줄 특별한 힘의 체험, 일상과 다른 새로운 차원의 현실 체험은 지금껏 우리의 화두가 되었던 경이의 체험임을 지금껏 말해 왔다. 이는 다름 아닌 먼저 이성을 멈추고 감성을 여는 일임을, 그리고는 이로부터 만나는 새로운 현실 하지만 모호한 현실, 즉 탈 연대기의 현실에 자신의 고유한 감성의 연대기를 다는 일의 열망을 불러일으키는 체험임을 우리는 지금껏 보아왔다. 이리하여 이 첫 공간의 힘이 예고해 준 대로, 그르노블의 전 공간 특히 산과 거리는 내게 바로 이 경이의 공간 체험이 되었음을 지금껏 난 행복하게 고백해 왔다.

그런데 공간의 특별한 힘의 체험은 이러한 경이를 전해 주려는 것으로 끝나지 않으려나 보다. 이는 공간이라는 사물이 우리에게 줄 또 하나의 다른 힘의 비밀을 담고 있었던 것이니, 이는 지금까지 언급한 경이가 도달할 방향 즉 궁극적 벡터를 제시하는 일이 그것이다. 그렇다면 경이의 궁극적 벡터는 무엇인 걸까? 이는 공간에서 새로운 탈연대기의 현실을 만나는 일을 넘어, 이제는 공간의 '정수'를 만나는 일이 그것이다. 그렇다면 이는 어찌하여 가능하였던가.

내게 경이를 예고한 최초의 공간. '사방팔방 통하는 힘의 지대이면서, 묘한 집중이 세워지는 지대'. 외적으로 전 방향으로 열려 있는 외향성의 공간이면서도, 이와 동시에 안으로 묘한 집중이 세워지는 내향성을 은밀히 세우는 공간. 이런 특별한 공간이 내포한 묘한 집중의 순간이란 내게 일상 생의 현실들, '잉여' -진정한 순간에 비교해 볼 때- 라 명명될 현실들이 순간 다 사라진 듯, 오로지 순수한 정점이라 할 현실만이 남은 즉 어떤 정수에 도달한 순간으로 다가왔다. 이런 정수의 체험이 이런 특별한 공간을 정수의 공간으로 명명하도록 부추기는데, 이 공간에서 끌어낸 정수는 어쩌면 나의 정수 혹은 나의 근원이 아니었을까. 고로 이 묘한 집중의 순간은 생의 잉여들이 사라진 순간이고, 이로써 남는 한 점, 정수에 도달하는 듯한 순간이었던 것이다. 이는 혹 샤르가 그토록 갈망하던 시학, 핵심 하나만을 갈망하던 '정제의 시학'과 통하는 것은 아니었을까.

이리하여 지금껏 보아온 경이의 일, 즉 특별한 공간에서 이성이 멈추고 그 여백에 이르는 일, 그리하여 새로운 감성을 열고 감성이 모호한 지대를 지나는 일, 그리고는 모호함이라는 탈 연대기적인 지대에 자신의 감성의 연대기 달기를 시도하는 일, 그리고 이로부터 얻게 된 감성의 일화는, 실은 경이가 이르게 될 궁극점이 아니었던 것이다. 이 감성의 일화는 이제부터 잉여의 현실들을 사라지게 한 후 만나게 될 정수의 현실에서 시작될 것인데, 이때 정수는 특별한 공간의 정수이자 이 공간이 낳은 감성의 정수를 의미하는 일이요, 결국 감성이 특별한 공간에 대한 정수의 연대기를 다는 일, 곧 정수의 일화를 다는 일에 그 진정한 궁극점을 두고 있는 것이다. 이는 다름 아닌 경이의 운명적인 궁극점, 그 진정한 벡터가 되는 일이고, 이럴 때 '진정한 경이'에 도달되는 것이리라.

그리하여 정수, 이는 먼저 공간의 정수일 것이나, 실은 감각의 정수, 고로 감각이 알아낸 우리 속에 이미 내재되어 있다가 이제 발굴되는 정수로 이해하고 싶다. 고로 이 탈 연대기적인 공간 -그르노블 역 앞의 어느 지점-, 하지만 사방팔방이 통하고 묘한 집중이 세워지는 특별한 공간에서, 나만의 감각의 생이 알아낸, 모든 잉여가 다 닳아가 버리고 하나의 집중이 세워지는 공간, 마치 어떤 중심점, 나의 감각의 중심점, 결국은 나의 생의 중심점이 된 공간을 만났던 것으로 이해하고 싶은 것이다.

2. 본느프와의 정수 공간, <뒷면의 나라>

난 이 사방팔방 바람이 통하는 공간, 그러면서도 묘한 집중이 세워진 공간과 같은 이 지상 위에서의 특별한 공간 체험이 어쩌면 프랑스 현대 시인 이브 본느프와 Y. Bonnefoy(1923-2016)의 유명한 산문집 <뒷면의 나라 L'Arrière-pays>의 첫 장에서 만나게 되었던 그의 특별한 공간 체험으로부터 그리 먼 것이 아닐 것이라는 너무도 내생적으로 반가운, 하지만 용기를 요구하는 가정을 해 보게 되었다. 아마도 나와 같은 감각의 궤도에서 생겨났으리라 여겨지는 그의 특별한 공간 체험은 어떤 것인 걸까. 분명 지상의 공간이면서도 지금껏 만나본 적 없는 전혀 다른 생의 공간에 대한 감각의 연대기를 그는 첫 장에서부터 우리를 긴장시키게 될 톤으로 전개하고 있다. 이 공간이 바로 그가 궁금하고도 신비롭게 명명한 이 책의 제목이 예고하고 있는 <뒷면의 나라>일 것이다. 곧 이 공간에 대한 좀 더 비밀스러운 정보를 시인으로부터 듣게 하는데, 이 공간은 실은 "지상 위에 위치하지 않는 insituable 공간", 오로지 감각만이 공간의 존재를 알아내게 되는 공간이었던 것이다. 그리고 이때 이 특별한 공간에 대해서 그는 직접 '정수' -"매우 높은 정수의 나라"- 라 명명하였던 것이다.

> "난 흔히 사거리에서 어떤 불안의 감정을 겪곤 했었다. 내게는 이 순간에 그러한 것 같은데, 이는 오로지 이 장소 혹은 그 가까운 곳에서만 그러한 것 같았다. : 바로 거기서, 내가 아직 취하지 않은 길 위에서 그리고 내가 이미 멀어진 길 위에서 두 걸

음 떨어진 곳에서, 그래 바로 그곳에서 매우 높은 정수의 나라가 열렸던 것이고, 또 그 곳은 내가 살러 갈 수 있을 곳이고 또한 이미 내가 잃어버린 곳인 것이다. 하지만 이 다른 길로 내가 참여해야 할지를 선택해야 하는 순간에 그 무엇도 가리켜 주지도 심지어는 환기해 주지도 않았다. 나는 흔히 눈으로 그 길을 따라갈 수는 있었고, 그런데 그것이 새로운 길로 연결되지 않았다는 것을 확인할 수 있었다. 그러나 이것이 나를 진정시키지는 않는다. 왜냐하면 나는 이 다른 길이 지상의 또는 기념물의 상상되지 않은 양상들에 의해 구분될 수 없으리라는 것을 알고 있기 때문이다.

이미지의 형태나 색으로도, 또 이 세상의 미나 초월로도 꿈꾸는 일은 나의 취향이 아닌 것이다. 나는 대지를 좋아하는데, 이는 내가 나 자신이 가득 차게 되는 것을 보게 하는 것이기에. 내게는 심지어 산 정상의 순수한 선들, 나무들의 장엄함, 패인 웅덩이 깊이에서 물의 움직임의 활기, 교회 전면의 은혜까지, 이들은 너무도 강렬하기 때문에, 이곳에서, 그 시간에, 단지 원해질 수 있다고 그리고 이는 우리의 행복을 위해서라고 내가 믿는 일이 생기는 것이다. 이러한 조화는 하나의 의미를 갖는데, 이 풍경들과 그런 종류의 것들이 여전히 고정되어 있고, 또 어쩌면 반가운 것인, 하나의 말인 것이기에, 중요한 것은 이 절대가, 우리의 방황 끝에는, 분명해지도록 하기 위해 온 힘으로 이를 보고 듣는 일이 그것이다. 고로 여기에서 이 장소는 이런 약속 속에 놓이게 되는 것이다."

<pp. 9-10, Gallimard, 2003>

그렇다면 본느프와에게도 이 특별한 공간은 일상의 잉여가 제거된 순수한 공간, 그리하여 정수라 명명될 어떤 현실에 놓이게 된 듯한 예감을 가져다주는 공간이 아니었을까. 그리하여 정수의 공간은 시인의 말 그대로, '전면'의 공간 -이성이 지배하는 공간- 에서가 아니라, <뒷면의 나라> -감성이 왕관을 쓰는 나라- 의 공간에서 만나는 상상적인, 하지만 우리의 가장 진정한 공간이 아닐까. 즉 현실 자체를 있는 그대로 만나는 이성이 그 분명한 경계선을 그을 수 있는, '전면'이라는 지상에 분명 존재하는 나라가 전자의 공간이라면, 감성과의 특별한 만남으로부터 존재하기 시작하는 나라, 고로 감성이라는 가장 깊은 생의 인식 차원, 고로 전면에서 아주 먼 곳, 뒷면의 공간에서 그 만남이 이루어지는 나라가 바로 후자의 공간인 것이다.

그리하여 이 유명한 책의 2장을 여는 첫 페이지에서 그는 이 특별한 공간에 대해, "지리학적으로 존재하는 공간이 아닌, 하지만 분명히 감성에서는 실재하는 공간이다." 라고 쓰고 있는 것이리라. 이런 까닭에 그는 "비록 뒷면의 나라에 다가갈 수 없을지라도, 그것이 완전히 위치하지 않는 것은 아니라는 사실을 나는 항상 알고 있었다."라고 말하는 것이다. 이때 이런 확신을 위한 단 한 가지 조건을 그는 덧붙인다. 그것은 지형학의 조건인 "연속성" 즉 외적인 경계선과 "제삼자의 원칙" 즉 공간과 감성의 만남에서 뒤로 물러나 이 둘 사이에 맺어지는 뜨거운 관계, 혼례의 관계, 때로는 숙명적인 관계에 밋밋한 제삼

자로 남아 있는 존재론을 조금이라도 "포기"하는 일인 것이다. 요컨대 공간과 나와의 관계 맺기를 이성을 통해서가 아닌 감성을 통해서 그것도 새로운 감성 –이성의 여백에서 가능해지는– 을 통해서 시도하길 곡진하게 권하고 있는 것이다.

> 먼저 만약 뒷면의 나라가 나에게 다가갈 수 없는 것으로 남아 있더라도, –심지어는 그것이 존재하지 않는다는 것을 알고 있고, 항상 알고 있었던 것이지만–, 그렇다고 그것이 완전히 위치하지 않는 것은 아니라는 사실이다. 이는 일반적인 지형학의 연속성의 법칙과 제외된 제삼자의 원칙을 내가 조금이라도 포기하기만 한다면 가능한 곳이 된다."
>
> <같은 책. p.33>

<높은 장소는 존재하는가?>

우리는 이 궁금하고도 신비한 제목의 공간에 대한 시인의 한 인터뷰, <높은 장소는 존재하는가?> –그의 유명한 책, <시에 대한 대담들 Entretiens sur la Poésie> 중– 에서 그 자신이 직접 풀어내는 특별한 공간, 정수의 공간에 대한 그의 입장을 들어볼 수 있다.

> 우리는 이제부터 어디로 갈 것인가? 하나의 <높은> 장소, 심지어는 아주 단순하게 하나의 진정한 장소, 하나의 생이 되는 장소, 이는 그 공간에 사는 자들과 그 공간의 관계임에 틀림없을 텐데, 이 관계는 너무도 밀도 있고, 너무도 완성된 것이어서,

이런 존재들은 이 땅, 이 하늘과 하나의 육체를 만들게 될 것이다.

<p.35, Mercure de France, 1992>

"높은 장소", 즉 정수의 공간은 먼저 문명으로부터 벗어남, 그리하여 이성의 여백에서만 열릴 수 있는 공간이라고, 그리고 이 문명의 공간, 이성의 공간, 표면의 공간이 아니라, 문명으로부터 후퇴한 공간, 표면으로부터 후퇴한 공간, 결국 내면의 공간, 다름 아닌 감성의 공간에서 만날 수 있는 공간이라고 시인은 말하고 있는 것이다. 즉 공간은 공간이되 나의 감성과 만난 공간 -이때 미지근한 만남이 아닌 뜨거운 만남의 공간-, 그의 표현에 따르면 이는 우리의 감성을 "울리는" 일에서 태어나고 -이때 감성은 문명을 벗어난 감성-, 이로부터 감성으로 만난 공간은 현실의 표면으로부터 후퇴한 내면의 어느 곳, 즉 뒷면의 어느 지대에 분명히 자리잡게 되는 것이다. 이 순간의 감성에 의해 태어남으로써 이제부터 존재하기 시작하는 공간인 것이다. 고로 이성의 지리학으로는 존재하지 않지만, 감성의 지리학에서 분명 위치하는 공간이라고 그는 말하고 있다.

본느프와가 만난 프란체스카의 <뒷면의 나라>

그리고 이러한 현실 공간에서 시작되는 정수의 체험을 예술의 공간에서의 정수의 체험으로 시인은 확대시킨다. 시의 공간과 그림 공간은 진정한 정수의 한 공간임을 제시하려는 듯이. 예술은 감각이 정수에 이른 지점에 대한 그 일화의 공간이고, 이때 일화는 우연의 일화보다는 숙명의 일화, 즉 정수의 일화가 되고자 하는 것이다. 고로 예술의 다른 형태는 결국엔 같은 감각의 존재론을 통해 감각이 정수에 이르게 되는 같은 과정을 갖고 있다는 듯이. 우리는 정수를 잘 이해하는 우리 시인의 감각이 자신과 마찬가지로, 오랜 과거 그 자신의 시대의 공간에서 만난 정수를 그린 화가, 삐에로 델라 프란체스카 Pierro Della Francesca(1415-1942) -16세기 이태리 낭만주의 완성- 의 화폭에서 화가의 정수를 시인이 이해하는 일을, 다시 말해 시인이 한 예술 공간에서 시도한 정수의 연대기, 정수의 일화를 잠시 만나 보도록 하자. 요컨대 화가가 만났던 과거의 <뒷면의 나라>에서 우리의 현대 시인이 그의 감성으로 다시금 하지만 최초로 만난 <뒷면의 나라>의 일대기를 잠시 만나 보도록 하자.

> 또한 나는 다음과 같이 말하지 않고는, 결코 삐에로 델라 프란체스카의 <바띠사의 승리>의 작은 구릉들 -쉬운 길들, 하지만 무한한 뒷면- 의 미궁을 보지 않는다. : *이 화가는 그의 다른 염려들 중 나를 집착하게 하는 이 염려를 가졌구나.* 그런데 나는 이런 표지 아래서, 그것의 지평선이 너무도 낮아서 그들을 드러내는 그런 큰 평원들을 좋아한다. 왜냐하면 바로 그때 보이지 않는 것과 가까운 것이 서로 섞이기 때문이고, 다른 곳이 도처에 있고, 중심은 아마도 두 걸음 떨어진 곳에 있으리니 : 난 오래 전부터 그 길 위에 서 있는데, 내가 최초의 벽들을 알아보거나, 최초의 어둠에게 말을 거는 일은 그 전에 단지 한 번의 커브를 도는 일만이 필요할 것이니.

실은 개인적으로 그림을 보는 순간 나를 무한히 문명의 여백으로 데려가 준 이 16세기 이탈리아의 어느 평원은 이 그림의 제목 -<바띠사의 승리>-이 암시하려는 어떤 성서적 일화의 계시와는 난 참으로 무관하다. 성서조차도 문명이요, 이성이요, 기존의 인식의 굳은 길이므로. 이 평원 앞에서 나의 감각은 오로지 나의 본능에 따르고 싶기에. "숱한 염려들 중 [시인을] 집착하게 한 염려", 즉 뒷면의 공간을 드러내는 염려는 독자인 내게도 열려 나만의 고유한 뒷면의 공간을 열게 되었던 것이다. 시인 본느프와에게 <뒷면의 나라>로 그 만남을 열어 준 이 공간이 뒷면에서 존재하는 공간이 되는 이유를 시인은 다음과 같이 고백하고 있다. "지평선이 너무도 낮아서 그들을 드러내는 그런 큰 평원들을 좋아한다. 왜냐하면 그때 보이지 않는 것과 가까운 것이 서로 섞이기 때문이고, 다른 곳들이 도처에 있고, 중심은 아마도 두 걸음 떨어진 곳에 있으리니"라고. 다 드러나는 지평선 앞에서 시인은 "보이지 않는 것과 가까운 것이 섞이는" 순간, 즉 특별한 감각의 열림으로 들어감을 암시하고 있는 것이다. 이러한 문명 즉 이성으로부터 멀어진 감성에서부터 그의 감각엔 다른 곳들이 자리 잡기 시작하고, 이로부터 "아마도 두 걸음 떨어진 곳"에서 정수의 공간, 지극히 높은 공간의 존재를 시인은 알게 되는 것이다. 이는 오로지 그의 감성만이 다시금 최초로 포착할 수 있을 뿐인, 과거의 화가 프란체스카의 감성에 포착되어 말없이 은밀히 제시되었던 <뒷면의 나라>인 것을.

그런데 더욱 놀라운 것은 시인이 처음 만나는 이 화폭의 공간이 그에게 전혀 낯선 공간으로 여겨지지 않는다는 점이다. 고로 그는 "난 오래전부터 그 길 위에 서 있었는데"라고 말하고, 그리고 그곳의 "최초의 벽돌을 알아보고, 최초의 어둠에게 말을 거는 일"은 어느 길에서의 "단지 한 번의 커브만 돌면" 가능해짐을 알 만큼 그는 이곳을 너무도 잘 알고 있는 것이다. 이 16세기의 어느 지평선의 공간을 20세기의 한 시인이 이토록 잘 이해하는 일은 감각의 전생에서 이미 만난 것이 아니라면 어찌 가능할 것인가. 감각의 전생에서 시인은 이미 이 공간을 살았던 것이리라. 이런 전생으로 회귀하는 힘을 통해 우리 또한 기원의 시간, 원초의 지대로까지 거슬러 올라가는 것이 아닐까. 이런 기적 -감각의 전생을 다시 사는- 은 이성이 아니라, 감성이 특히 문명을 벗어난 감성이 이루어낸다는 것을 우리는 이제 뜨겁게 이해하고 있다.

3. 샤르의 정수 공간, "나의 뒷면의 나라"

그런데 놀랍게도, 정수의 공간을 가리키는 이 <뒷면의 나라>라는 인상을 새기는 표현을 다른 시인의 시에서 전생의 인연인 듯 또 한 번 반갑게 만나는데, 그것이 바로 샤르의 시 <웅얼거리기>(<군도의 말>)에서였다. 이 시에서 시인은 본느프와를 통해 유명하게 된 이 공간을 그보다 이전에 -시인의 나이도 또한 시의 나이도 앞서 있기에- 이미 명명하고 있었던 것인데, "나의 뒷면의 나라"가 바로 그것이다. 이 또한 분명 샤르가 만난 지상 위에서의 정수의 공간일 것인데, 여기서

"늑대"라는 존재로 제시되고 있다. 이때 본느프와의 <뒷면의 나라>가 샤르의 "나의 뒷면의 나라"와 같은 태생의 공간이라면, 세상의 정수는 곧 나의 정수와 다름 아닐 것임을 우리는 이제 잘 알고 있기에, 즉 세상의 정수와 나의 정수는 서로 다른 이원론의 현실이 아니라 하나의 현실에서 만나는 일원론의 일이라는 것을 초현실주의의 후예인 샤르도 본느프와도 그리고 먼 동양의 후예인 우리도 이젠 잘 알고 있기에, 이는 가능하리라.

그런데 어이하여 "늑대"가 샤르의 내면의 공간, 뒷면의 나라가 되었을까. 실은 늑대라는 존재는 그가 자주 방문했던 그의 친구의 농장 이름이 "여우 굴"이었던 것인데, 그의 <여우 굴에서의 매혹>이라는 시에서 보여주듯이 이 공간은 시인에게 지극히 아름답고 행복한 상상력의 지대를 제공했음을 상기해 본다면, 늑대는 어쩌면 이 공간에 대한 추억과 깊은 연관을 맺고 있는지도 모른다. 고로 여우 굴은 시인으로 하여금 문명으로부터 멀리 데려가 문명으로부터 후퇴한 감성을 열게 한 공간임에는 분명한 것이리라. 그렇다면 이 굴의 주인, 늑대는 어찌하여 시인에게 "나의 뒷면의 나라"가 되었던 것일까. 그리고 이는 무엇을 의미하는 것일까.

> "나를 돌려주지 않기 위하여, 내가 그곳에 있게 하기 위하여, 나는 너를 공격한다, 하지만 너, 사람들이 잘못 불길하다고 말하는 늑대, 나의 뒷면의 나라의 비밀로 반죽된 너에 난 얼마나 반하였는지. 전설 같은 거대한 사랑으로 너는 처녀지 같은 너의 길, 너의 손톱으로 추적된 너의 길을 남겨 두었던 것이다. 늑대여, 나는 너를 부른다, 하지만 너는

명명할 수 있는 현실을 갖지 않았지. 게다가 너는 지적이지도 않아. 비교할 수 없는, 보상의 존재, 나는 무엇을 알고 있는 것이니? 갈기 없는 너의 질주 뒤에서 난 피 흘리고, 나는 울고, 난 폭력으로 나를 조이고, 나는 망각하고, 난 나무 아래서 웃는다. 사람들이 매달리는 비정한 몰이, 그것에선 모든 것이 이중의 먹이에 반대하여 이루어진다. : 즉 너의 보이지 않음과 나의 강인함.

이 시에서 시인은 "사람들이 잘못 불길하다고 말하는" 존재인 늑대에 자신이 얼마나 반하였는지를 고백하고 있다. 왜냐하면 "너"라고 불리는 그리운 존재가 된 늑대는 시인에게는 "나의 뒷면의 나라의 비밀로 반죽된" 존재이기 때문인 것이다. "그리운 너"는 "전설 같은 거대한 사랑의 처녀지 같은 길을, 너의 손톱으로 추적되는 너의 길만을 남겨두고" 달아나 버린 존재로 우리 앞에 제시되고 있는 것이다. 시인이 이 존재를 공격한다면, 시인 자신이 그에게서 다시는 떠나지 않기 위해서인 것이라고 시인은 말하고 있다.

이때 공격은 다름 아닌 명명의 행위에 다름 아니다. 하지만 시인의 이 존재에 대한 명명은 불가능한 일임을 시인은 깨닫는다. 그에게 매혹적인 굴의 흔적만을 남겨두고 사라진 그리운 "늑대"는 분명한 이름을 갖지 않는 현실, 즉 분명히 설명되지 않는 현실의 존재임을 시인은 깨닫는다. 단지 시 제목이 암시해 주듯이 <웅얼거리기>로만 접근

할 수 있을 뿐인 현실이었던 것이다. "나의 뒷면의 공간으로 반죽된" 이 불명명의 공간은 실은 현대 예술의 감각이 도달한 지대를 대변하고 있는 것 같다. 이러한 "지적이지 않은" 웅얼거림의 현실은 지적인 이성의 존재들에게는 불길함의 그것이지만, 시인에게는 그리고 예술가들에게는 무한한 매력의 처녀지, 반할 수밖에 없는 현실이 되는 것이다.

4. 정수의 공간, 명명할 수 없는 나라

그런데 난 시인이 흔히 웅얼거리는 언어로 가리킬 뿐인 -불명명의 현실이므로- 이런 지대가 오로지 시인의 내면에서 저절로 떠오른 -오로지 상상력에서만 길어낸- 지대라기보다는 오히려 이런 명명을 낳게 만들었을 어떤 실제적인 특별한 공간과의 만남으로부터 오지 않았을까 가정해 본다. 어쩌면 이는 영원한 그의 정박의 생, 시의 생을 풀었던 자신의 고향, 남불 보끌뤼즈 Vaucluse라는 공간의 어느 지대일 그런 공간과 만난 바로 그 순간, 시인의 초월적인 감각 -현대 프랑스 시에서 보들레르로부터 단련된, 일상의 감각이 아닌 일상을 넘어 그로부터 환기를 열거나, 그것의 정수를 보는 감각- 이 이 공간을 총체적으로 흡수한 시적 공간이 아닐까. 순간 이 공간을 산 시인의 총체적 감각이 그에게 가져다준 그의 내면의 가장 깊은 지대 -근원 같은 지대, 자신 속의 정수 지대, 자신의 근원을 닮은 지대, 자신의 정수를 닮은 지대- 를 건드리는 특별한 생의 순간을 살게 되었던 것이 아닐까. 이런 특별한 공간과의 만남이 그의 내면 안에 묻혀있던 특별한 지대를 불러와 주었는데, 이를 이성의 나라에서는 이해할 수 없기에 "명명할 수 없는" 나라, 또는 "지적이지 않은" 나라로 시인은 명명하고는, 이는 일상 혹은 기존에서 무어라 규정지을 수 없는 지형이요 이성의 지식으로 포착할 수 없는 지형임을 의미하는 것이리라. 여기서 현대시는 이러한 특별한 공간과의 만남, 그리고 그로부터 시인의 초월적 감각이 환기하는 생의 특별한 현실과의 만남, 바로 그것이라 말할 수 있을 것이다. 특별한 감각이 포착한 이 지대는 이성의 언어로 분명하게 설명할 수 없는 곳이기에 감각의 언어, 감성의 언어가 웅얼웅얼marmonnement 함으로써만 드러낼 뿐인 지대인 것이다. 고로 시 제목이 된 <웅얼거리기>는 샤르가 선호하는 용어이고, 이는 현대시의 지향 현실은 명료한 언어로 설명할 수 있음이 아닌, 모호한 언어로 -오로지 감각이 포착하고 그 실재함을 감지할 뿐인- '가리킴'일 뿐임을 암시하고 있는 것이기도 하다. 요컨대 시의 공간은 현실의 공간이 시인의 감성을 만나 새로운 차원의 공간으로 태어난 공간이기에, 이성의 지리학적 공간이 아닌 감성의 지리학에서 존재하는 공간이고, 고로 이런 공간은 이성의 언어, 분명한 언어로 명명될 수 없는 공간이요, 오로지 감성의 언어, 웅얼거림의 언어로 명명될 뿐인 공간인 것이다. 그리하여 이는 이성의 나라, 전면 혹은 표면의 현실에서 만날 수 있는 공간이 아니라, 감성의 나라, 후면 혹은 뒷면의 저 멀리 후퇴한 공간, 즉 감성의 깊이의 현실에서만 만나게 되는 공간인 것이다. 그리고 여기에선 생의 표면의 진실이 아닌 생의 깊이의 진실을 만나게 되는 공간이 되는 것이다.

이런 내면의 공간, 뒷면의 공간은 보들레르가 시작한 환기에서 그리고 초현실주의의 무의식에서, 그리고 이후 현대 시인들의 '사물-감성'에서 궁극적으로 도달하고자 하는 공간으로 보아 무방할 것이다. 결국 일상의 감성이 아닌, 일상을 넘어선 새로운 감성이 사물 -이때 공간- 과 만나 도달하고자 하는 공간인 것이고, 이때 새로운 감성은 현대 상상력의 같은 이름에 다름 아닌 것이므로, 이러한 상상력이 도달하고자 하는 내면의 공간, <뒷면의 나라>는 '상상적인 것'의 현실 - 이마지네르 Imaginaire- 이라고 불려도 무방할 것 같다. 이성의 나라에서 증명될 수 없는 이유로 상상적인 현실이라 불리지만, 이는 실은 감성 또는 상상력의 특별한 힘만이 도달할 수 있는 우리 생의 가장 깊은 곳의 현실, 생의 진실을 드러내 주는 공간인 것이다. 바로 이 내면의 공간, "뒷면의 나라"에서 시인의 감성과 독자의 감성은 행복한 만남, 혼례를 갖게 되는 것이다. 이 지리학 밖에 존재하는 공간, 탈 지리학적인 공간이 다름 아닌 "정수" 또는 "근원"이 거주하는 나라이리라. 이 "뒷면의 나라"로 가기 위한 단 하나의 조건을 본느프와는 우리에게 이미 알려주었다. 감성을 문명으로부터 이성으로부터 멀리 두는 일이 바로 그것인 것을. "일반적인 지형학의 연속성과 [공간과 감성과의 만남에서] 제외된 제삼자[로 남아 있는] 원칙의 포기"가 그것이었지 않은가.

5. 샤르의 정수, 한 점의 공간

그런데 샤르가 이 "뒷면의 나라"에서 흔히 만나는 정수는 한 점의 형태로 자주 등장한다. 그의 시에서 그토록 자주 만나게 되는 '정수', '핵심', '고갱이'는 '한 점'에서 흔히 완성되려는 듯해 보인다. 이런 정수의 형태는 일상의 잉여들의 비움 혹은 그 제거의 시학에서 태어나게 되었을 것이다. 이런 정수에 대한 열망의 결과 그가 지향하는 현실도 이를 드러내는 언어 현실인 이미지도, 모두가 한 방향인 지극한 간결과 응축이라는 동일한 운명을 나누게 되었으리라. 그래서 그의 생의 탈 연대기의 공간 -특히 자연 한가운데- 에서 시인의 감성이 최초로 만난 정수는 그것의 새로운 연대기, 진정한 연대기를 달고는 그의 시에서 그토록 숱한 감동적 태생의 '한 점'으로 태어나게 되었던 것이 아닐까. 그리하여 시인의 "뒷면의 나라"는 그 숱한 현실적 공간을 응축시켜, 그의 감각의 가장 깊은 곳, "나의 뒷면의 공간"에 빛의 한 점으로 상이 맺히는 나라가 된 것이 아닐까. 그 결과 "램프의 황금 점"(<입노스의 단상, 5>)에 속하거나, "불꽃의 정점, 장미"(<높은 분수>, <발랑드란느의 노래)에 다가가거나, "불타는 한 점"(<여행자들>, <향료 사냥꾼들)이 되어 시인의 감성은 "뒷면의 나라"에서 사물의 정수이자 자신의 정수를 만나게 되었던 것이리라.

흔히 사물과 감성은 한 몸이 되어 한 점에서 살게 되는데, 이러한 시인의 한 점이 된 그의 "뒷면의 나라" -사물과 감성이 만나 한 점으로 태어난- 는 시인의 고향 소르그 강을 응축시켜 한 점으로 그 공간에

세공 박힌 시인 자신을 말할 때, 우리의 감동은 극에 달하게 된다. 감동적인 공간에서 감동으로 넘친 감성은 그곳에서 공간의 정수를 끌어내는데, 이는 다름 아닌 시인 자신의 정수인 것이다. 이 정수로 태어난 한 점은 사물의 가장 깊은 정점, 가장 순수한 극점, 가장 뜨겁고 가장 깊은 한 점으로 이해된다.

6. 근원, 복수로 이르는 한 점

 정수의 나라가 실은 내가 고대 빛에서 흔히 보던 근원 빛 현실과 통하듯이 아마도 근원으로 통하는 현실이 되는 것은 아닐까. 왜냐하면 샤르의 정수는 늘 감각의 고향으로 돌아간 듯 그토록 편하고 그토록 무한한 충일감으로 가득한 것이기에. 샤르의 정수는 내게 왠지 감각의 수렴점이 될 운명의 공간으로 여겨지는 것이다. 어쩌면 정수는 근원을 향해 달리고 있는 것이 아닐까. 그리고 이때 근원은 이 세상에 미리 존재하던 근원이 아니라, 오히려 내가 최초로 만난 근원이 될 것이다. 이는 결국 나의 감각의 근원이 될 것이고, 나의 감각이 도달한 가장 깊은 지점이 될 것이다. 고로 현대시를 근원이라는 현실의 탐구로 규정짓는다면 바로 사물의 가장 깊은 현실, 가장 진실한 현실을 '근원'으로 부르고자 하는 일에서 나오는 일일 것이다.

 그런데 이 지점은 어쩌면 복수 형태가 아닐까. 즉 숱한 울림을 갖고 있는 것이 아닐까. 이 울림의 한 지대가 바로 정수인 것은 아닐까. 그리하여 정수는 근원이기도 하고, 정수는 근원의 한 현실이기도 한 것이 아닐까. 정수가 도달하는 지점을 한 점으로 보았다면 이 상류, 근원은 숱한 원래의 울림이 있던 곳 그리하여 숱한 정수가 울리는 곳, 고로 근원은 한 점보다는 복수를 그 완성점으로 보아야 하는 것이 아닐까. 한 점으로 들어가게 되었지만 -"모든 것을 하나로 들어가게 하라"(<입노스의 단상, 153>), 즉 연대기적인 지식에서 벗어나, 이 세상을 감각을 통해 그로부터 정수를 끌어내고 마침내 한 점으로 응축시키는 정수의 시학을 완성했지만- , 이 한 점 안에는 오히려 한 점이 아니라 복수의 점들로 넘치고 있는 것을, 이때 복수의 점들마다 정수를 담고 있는 것을, 결국 한 점은 그 내면에 복수의 정수들을 담은 공간이었던 것을 알게 되는 것이다. 시인의 말에 따르면, 이 정수가 담고 있는 생의 지식은 "백 가지 통로를 가진 지식", 생의 진정한 지식이었던 것이다. 결국 이 행복한 미궁이 우리의 생이고, 감성이 알아낸 "뒷면의 나라", 근원에서 이 미궁의 길 하나 하나의 울림을 동시에 듣게 되는지도 모르는 일인 것이다.

지식이 비밀을 간직할 수 있는 것,
백 가지 통로를 가진 지식을 낳아라.

<뱀의 건강을 위하여, VI>, <군도의 말>

근원, 살아있는 총체

정수란 결국 한 점이 아닌 것이다. 정수란 복수를 내포한 한 점인 것이다. 그리고 한 점으로 화석화된 현실이 아니라, 복수의 현실, 즉 근원 다시 말해 본래적 울림의 현실을 내포한 것을 의미하는 것이다.

요컨대 먼저 집중, 수렴의 시학일 이성의 제거, 고로 잉여의 제거에서 시작하여 즉 한 점의 도달을 목표로 시작하여 한 점에 들어가 보니, 그곳은 숱한 수, 복수의 정수가 흐르고 있는 아름다운 총체였던 것이다. 이는 아름다운 존재 Etre, 즉 화석화된 존재가 아니라 살아있는 존재, 총체성 속에서 살아있는 총체인 것이다. 정수는 잉여를 제거한 아름다운 한 점으로 이미지화되지만, 그 응축은 그토록 다양한 수의 모임이었던 것을. 그리고 이는 우리의 가슴 속에서 터질 것을 그 운명으로 두고 있는데 그 터짐이 많으면 많을수록 울림의 생은 더 커지는 것을.

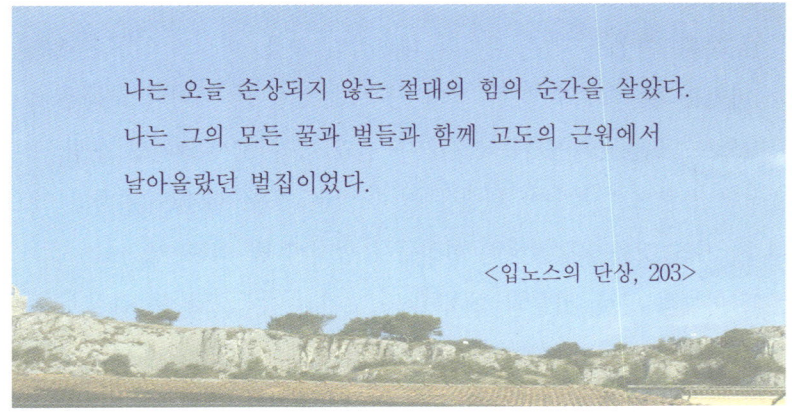

나는 오늘 손상되지 않는 절대의 힘의 순간을 살았다.
나는 그의 모든 꿀과 벌들과 함께 고도의 근원에서
날아올랐던 벌집이었다.

<입노스의 단상, 203>

시인은 여기서 우리에게 이 근원에 도달했던 순간의 감성 연대기, 소위 근원의 연대기를 말해주고 있는 것이리라. 이 최상의 순간은 "손상되지 않는 절대의 힘을 산" 순간이라고 그는 들려주고 있다. 그의 감성이 도달한 이 높은 지대는 "고도의 근원"이라 불리는데, 이 일상을 넘어선 순간, 이성과 문명을 넘어선 순간은 시인 자신 "모든

꿀과 벌들과 함께 날아올랐던 벌집" 그 자체가 된 지극히 드문 '행복의 분봉'이라는 순간으로 말해 주고 있는 것이다.

 결국 시와 더불어 예술의 움직임 모두가 시간을 버리는 일, 문명을 버리는 일과 연관되어 있다. 시간을 버리는 일에서 영원한 현재의 가능성이 열리는 것을. 문명을 버리는 일에서 영원의 시작의 가능성이 열리는 것을. 시작과 영원이 가능한 것을. 시간의 흐름보다 생의 향수 즉 진실이 중요한 것을. 이는 결국 지금까지의 시간을 지배했던 것, 문명을 지배했던 것, 진실을 지배했던 것이 다름 아닌 이성이었다는 각성에서 출발하고 있다. 고로 현대 예술은 이성에 대한 대 반격인 것을. 이성에 대한 감성의 대반격인 것을. 이로써 잘못된 잉여를 버리는 일, 그로부터 한 점의 정수를 찾는 일, 여기서 사물은 궁극적으로 근원을 회복하는데, 이 "뒷면의 나라"엔 본래적인 울림, 총체적인 울림으로 복수의 현실을 담고 있는 것을. 이것이 원래의 "존재 Etre"인 것을. 즉 진정한 현실들이 동시에 숨 쉬는 일, 이는 플라톤의 이상적 현실, 사물의 변치 않는 고정된 속성으로 둔 현실, 소위 고요한 상태의 정점, 상아탑 속에서만 존재하는 정점이 아니라, 총체적인 현실로서 동시에 숨 쉬는 살아있는 현실들이 거주하는 정점의 의미에 더 가까우리라. 고로 정수가 도달한 근원은 한 점이자 복수의 점을 내포하는 것이었다. 결국 샤르의 감각은 정확했던 것이다.

샤르로부터 온 나의 한 점

그리고 시인의 이러한 지향이 그도 모르게 먼 동양의 정신적 제자에게 이런 시학 –무척 단조롭고 얕은 층의– 을 쓰게 했던 것일까.

1.

유영하는 가장 검은 한 점이 되라! 가장 뜨거운 밀도로 움직이는 한 점. 그러다 어느 지점에서 가장 향기롭게 폭발하리라.

2.

바로 직계를 잇는 예술가의 직감. 그 본능의 점진적인 단계. 잉여의 것들이 발붙이지 못하는 직감의 직선거리.

3.

형식은 껍데기가 아니라, 감각이 그곳에서 새로운 세계를 만나고 그 감각이 의존하려 하는. 언어가 내리친 한 번의 선(Ligne)처럼, 선(Zen)의 느낌으로 다 깎이고 내려온. 그럼에도 다른 숱한 새로운 감각이 그 속에 거주하는.

7. 특별한 공간이 여는 시의 공간

우리는 샤르가 특별한 공간에서 특별한 순간 -시의 순간이라 불릴- 을 만나게 되는 것을 그의 시에서 자주 보게 되는데 -그의 시는 자주 특별한 공간의 시이기도 한 것인데-, 그 대표적인 경우가 <여우 굴에서의 매혹>으로 친구의 농장, '여우 굴'이라는 이름의 이 특별한 공간에서 그는 자신의 시가 지향하게 될 이상적 현실에 대한 암시를 받게 되고, 이때 이는 "태양 물레방아"라는 상상적인 현실을 환기하게 되는데, 이 상상적인 현실 공간은 또한 희열의 공간으로 이어지게 된다. 일상의 한가운데서 특별한 공간을 만나는 일, 샤르가 시를 통해 절절히 보여주는 일인 것이다. 특별한 공간은 단순히 공간 체험으로 끝나는 일이 아니었던 것이다. 이는 시인의 마음 속 깊은 지대를 만나게 하는 특별한 체험으로 열리는 일이고, 이로부터 정수 혹은 근원이라 불릴 지대를 여는 일로 이어진다. 요컨대 이러한 특별한 내면의 지대, "뒷면의 나라"를 만나는 순간이 바로 시의 순간임을 프랑스 현대시는 끊임없이 고백하고 있는 것이다. 결국 특별한 공간 앞에서 열리는 '외적 경이' -공간의 경이이자 감성의 경이- 는 다시금 진정한 공간 즉 현실 공간과 감성의 혼례를 통하여 태어나는 공간 다름 아닌 "뒷면의 나라" 앞에서 열리는 경이, 정수를 만난 경이, 근원에 도달한 소위 '내적 경이'로 이어진다는 것을, 현대시는 공간을 한 예로 보여 주고 있는 것이다.

<여우 굴에서의 매혹>

　분명 남불의 특별한 지형이 샤르의 내면의 지향을 열게 하였고, 그 내밀한 특별한 만남으로 그의 시가 태어나게 되었듯이, 난 비록 남불은 아니지만 그르노블의 공간에서 그 일상의 공간에서 특별한 지대를 만날 수 있었던 것이고, 이 특별한 만남이 가져다준 기쁨을 누린 것이며, 더 나아가 나 또한 이 특별한 지대와의 만남이 나의 특별한 내면 지대를, 진정 행운이 있었다면 샤르의 경우처럼 '나의 뒷면의 나라'를 만나게 되었을 것이다. 그렇다면 이러한 "뒷면의 나라", 정수의 공간을 그르노블 공간은 도처에서 내게 열어주었던 것일까. 사실 나의 최초의 공간 –역 앞 어느 골목, 사방팔방 통하고 순식간에 묘한 집중이 세워지는 공간– 과 닮은 태생의 공간을 난 그르노블에서 드물지 않게 만나곤 했다. 하지만 정수의 공간을 도처에서 온 호흡으로, 아니 전율의 호흡으로 모든 잉여를 순식간에 다 날리고, 단 하나의 중심점으로 수렴되는 특별한 감각을 세우게 되는 공간을 진정으로 만나게 된 것은 다름 아닌 르네 샤르의 고향, 보끌뤼즈 Vaucluse와 또 그와 같은 태생의 공간일 남불에서였던 것이다.

8. 남불과 정수, 공간-녹는 감성의 스승

우리는 샤르의 시 <에바드네 Evadné> -소 시집 <혼례의 얼굴>(<분노와 신비>)- 에서 남불의 모벡 Maubec 성이 사물 속에 녹는 일을 보게 된다. 그의 <사물-감성> -분명 남불 태양으로부터 시인이 자연스럽게 터득했을 사물과 '용해'에 이르는 감각, 그의 가장 유명한 시집 <분노와 신비>에서 이를 그토록 뜨겁고 감동적으로 보여주었던- 이란 감성은 사물 앞에서 환기하는 일을 넘어 이제는 사물과 일체 되는 일을 열고 그로부터 사물은 정수를 보여주게 되는데, 이는 동시에 나의 정수, 나의 감성의 정수가 되는 것이다. 이로써 사물은 내 밖의 존재가 아니라 내 속의 존재, 나와 함께 사는 존재가 되어, 나를 이 세상의 진실한 주인, 감각의 주인으로 만드는 기적을 낳는다는 것을 난 나중에 알게 되었다. 그리고 바로 이러한 시도가 프랑스 현대 예술의 시도인 것을 난 나중에 또한 알게 되었던 것이다.

그런데 이 먼 정박의 공간에서 돌아와 만난 내 조국의 땅은 진정 녹는 감각, 공간을 만나 녹는 감각 -용해보다 더 본능적이고 강한 결합의 감각- 을 열어주었고, 그리고 이러한 녹는 감각이 도달할 가장 차원 높은 단계는 무 -선(Zen) 혹은 무속까지 연계해도 좋은- 의 향기의 차원이 될는지도 모른다는 것을 난 말없이 이해하게 되었던 것이다. 하지만 난 나의 조국이 가르쳐준 녹음의 감각 전에 샤르를 녹였던 모벡 성, 모벡 성이 녹아내리는 공간, 프로방스를 먼저 찾아가 보고 싶다. 그가 왜 녹았는지, 그가 어찌 녹을 수 있었는지를 먼저 알고 싶다.

여름과 우리 생은 유일한 공인된 연인이었다.
들판은 너의 향기 나는 치마 색깔을 먹었다
갈망과 구속은 서로 화해했다
모백 성은 찰흙 속에 박혔고
곧 그의 리라의 요동이 무너져 내릴 것이다
초목의 격렬함은 우리를 흔들리게 하였다
대대를 벗어난 어두운 날개를 펼친 까마귀가
능지처참된 정오의 말없는 부싯돌 위에서
부드러운 움직임을 가진 우리의 합의를 동반하였다
낫은 도처에서 휴식을 취해야만 했으리라
우리의 드문 일이 지배를 시작하였기에.
(………………)

그것은 놀라운 해들의 시초였다
대지가 우리를 좀은 사랑하였음을,
난 기억하네.

<에바드네>, <분노와 신비>

*

　하지만 나의 유목의 생을 잠시 접고, 한국으로 돌아온 나의 조국에서 역시 임시 정박의 생 -2년 뒤 다시 돌아가야 했기에- 에서 난 그야말로 진정한 정수의 공간, 저절로 본능의 뜨거운 전율과 눈물로 답하는 정수의 공간, 내 피의 근원의 공간을 난 도처에서 만났게 되었던 것이다.

3. 녹음과 열락의 공간, 한국

1. 녹음의 공간, 열락의 공간

프랑스, 그곳의 보들레르가 나의 이국 취향을 지극히 부추겨 날아갔던 곳, 하나 보들레르의 생의 공간 파리가 아닌 산이 여는 생의 공간에서 나의 유목의 생을 열어 놓았던 그르노블은 내게 감성의 열림을 자연스럽게 이끌어 주었고, 그로부터 감성의 연대기 다는 일 또한 말없이 가르쳐 주었다. 감성의 열림은 또 하나의 소중한 생의 방식, 경이에 놓이는 일, 경이의 자장으로 들어가는 마술을 연다는 것을 알게 되었다. 그리하여 산이 내게 일깨워준 감성으로 사물과 만나는 일, 이토록 소중한 감성의 작은 눈을 안고 난 내 조국으로 돌아왔다.

그런데 나의 태생적 살의 공간이 진정 놀라운 경이의 공간임을 난 깨닫게 되었다. 이는 감성을 열게 하는 일, 환기의 감성을 여는 일, 무의식의 감성을 여는 일, 즉 지금껏 그르노블이라는 한 서구의 공간이 내게 깨닫게 해 준 감성의 차원보다 더 높은 것으로 내게는 감지되었다. 이는 다름 아닌 녹는 감성, 녹음의 감각이었던 것이다. 내 조국의 공간은 녹음의 감각을 말없이 전수해 주었던 것이다. 이는 샤르의 시 속 남불 공간이 간간이 데려다 준 감각, 녹음의 감각과 닮아 있기도 했지만 또한 분명 다른 녹음의 감각을 알게 하였다.

그 공간의 사물은 나의 감각을 저절로 녹게 하였다. 나의 감각과 사물은 함께 녹았다. 나도 왜 그런지는 모르는 것을. 그냥 녹는 것이다. 그리하여 그냥 열락인 것이다. 그리하여 내 조국의 공간은 녹음의 감각을 본능적으로 알게 하였고, 사물과 녹는 일은 이제 유희를 넘어 경이를 넘어 '열락'이라는 더 깊은 차원의 존재론을 열어내게 되었으니, 조국의 공간은 실은 바로 이런 생의 도, 다름 아닌 '열락에 이르는 도'를 가르치는 말없는 스승이었던 것이다. 난 이 이유 없는 녹음의 감각의 이유를, 이리하여 이르는 열락의 생의 이유를 내 조국 공간이 길러 품고 있는 정수에서 발견하게 되었다. 고로 나의 살의 공간은 정수의 나라인 것을, 정수 자체가 되어 살아있는 공간인 것을. 아마도 이브 본느프와의 감각의 호흡을 순간 멈추게 할 공간인 것을. 그 앞에 펼쳐진 정수의 공간 앞에서 그의 감각도 녹고 그 또한 열락의 생으로 이르지 않겠는가. 단지 이 공간 앞에서 유용성을 벗고 무용성의 감성으로 서 있는 일로부터 분명 이 생의 마술은 시작될 것이니까.

고로 나의 조국의 지형은 그냥 열락의 공간인 것이다. 다음은 이 열락의 연대기, 열락의 조촐한 일화일 것이다.

열락의 애인

한국의 땅은 진짜 내 애인이다. 나를 이 땅의 경사 그 자체, 이 땅의 검은 빛 그 자체, 흙 어둠 그 자체, 그 속에 두어지는 고적한 가을 그 자체 되게 하네. 아니 이 땅의 모든 것의 그 자체가 되는 그 놀라운 신비 속으로 나를 두게 하네. 이 땅의 지형을 그대로 사는, 이 땅의 비탈의 숱한 빛깔 꽃 얼굴의 꿈속 화단과, 어둑어둑해 오는 황토 흙과 늙은 소나무와 싱그러운 9월 바람 냄새의 그 자체가 되어 존재하는, 마치 이 땅 그 자체가 되어 호흡하듯, 느끼는 몸으로 감각하는 일, 이것이 내가 말하는 至福이다. 소박한 바람이 정체되는 이 땅의 마을, 그 순간이 되어.

월송정 향기

이번 여행에서 내가 발견한 첫 번째 행복은 월송정의 소나무 향기. 달이 아닌 월나라로부터 온 소나무로부터 흘러내린다. 정자와 옛 향취는 다 부서졌지만 유일하게 솔 향기만은 천년을 넘어 그대로 내려오고 있었다. '열락'이 따로 없는 것이다. 서양의 강한 자극의 향과는 다른 직접적이고 표면적인 향과는 다른 그토록 깊은 간접적인 방법으로 우리의 근원으로 돌려보내는 향. 향나무의 향과는 다른 솔향은 시원함이 아니었다, 지금껏 내가 상상 속에서 그리고 있듯. 그것은 순식간에 아니 어쩌면 천천히 우리를 휘감고 도는 천천히 스며드는 열락 저 깊은 곳으로 번지는 더운 향이었다

불영 계곡의 영원

영덕의 위도에 놀라운 주왕산이 놓여있다면 평해를 넘어선 백암의 위도에는 더 놀라운 세계 어떤 계곡이 존재하고 있었던 것이다. 이는 영원히 영원히 펼쳐진 고대였던 것이다. 주왕산은 한순간의 고대이지만 불영 계곡은 영원으로 이어지는 고대였던 것이다. 지금껏 훔쳐보았던, 몰래 보았던 -그것도 그 짧은 순간의- 고대가 여기선 그 신비의 황홀경이 내 앞에 모습을 다 벗은 채 영원으로 가는 양 자신을 드러내 놓고 있었던 것이다. 아! 이 생에서 열락으로 가는 공간이 바로 조국의 공간에 누워 있네. 그 어떤 두려움도 없어라, 불행에 대한. 이런 열락이면 나를 순식간에 초월 -내 지극히 바라는- 로 옮겨 놓을 테니.

2. 과거의 공간, 무와 무속으로 가는 길

나의 조국의 공간은 프랑스의 어느 공간도 가르쳐 준 적 없는 감각, 녹음의 감각을 가르쳐 주었다. 그리고 서구의 공간이 가르쳐 준 일 없는 생의 존재 방식, '열락의 생'을 교과서 없이 바로 가르쳐 주었다. 하지만 녹음과 열락을 가르쳐 준 공간은 현재의 공간, 문명의 공간이 아니라, 과거의 공간, 문명 밖의 공간이었다. 보는 이로 하여금 그 순간 녹음을, 열락을 주는 정수의 공간은 문명의 손길에서 먼, 과거 그대로를 호흡하는 공간이었다. 결국 현재에서 우리가 만나는 녹음은 문명의 녹음이요, 시간의 녹음인 것을.

그리하여 문명의 녹음, 시간의 녹음의 공간은 과거의 공간에서 왔던 것을, 그런데 난 이 과거 공간의 주인, 나의 선조들의 감각의 생이 지극히 궁금히 여겨지는 것을 어찌할 수 없는 것을. 과거의 공간이 현재 생의 한 존재인 나에게 녹음의 감각을 가르쳐 주었다면, 과거의 존재들, 선조들에게는 어떤 감각을 열게 하였을까. 우리의 과거 공간은 현재 생의 나에게 순식간에 녹음의 감각을 주었던 것을, 그리고 이 공간이 정수의 공간임을 알게 해 주었던 것이다. 즉 나의 조국의 과거 공간은 말없이 정수를 가르쳐주었던 것이다. 난 궁금하다. 현재 생의 나에게도 정수를 가르칠 수 있다면, 과거의 존재들에겐 더욱 그러했으리라.

그렇다면 그들이 공간으로부터 배운 정수는 어떤 것일까. 정수가 잉여를 녹이고 진정한 한 점으로 가는 길이라면, 이 한 점으로 가는 길은 여러 길인 듯하다. 아마도 우리의 선조들은 잉여를 녹이고 정수에 이르는 일에 가장 뛰어난 자들이 아닌 걸까. 잉여를 녹이고 한 점으로 가는 일을 넘어 '무'에 이르는 자들이었으니. 정수에 이르는 숱한 길 중 선조들은 '무'의 상상력을 만난 존재들로 보인다. 분명 이 '무'의 상상력, 즉 잉여를 녹이고 진여에 이르는 일, 사물의 형상 앞에서 무에 이르는 상상력은 특히 과거 동양의 존재들에게는 그 영향으로부터 멀리 있기 힘들 부처의 가르침에서 왔으리라 여겨지기도 한다. 하지만 조국의 공간은 그 자체만으로 이미 무의 상상력 –아마도 가장 높은 차원의 상상력, 가장 지극한 향기의 상상력– 을 통해 정수에 이르는 법을 과거 존재들에게 가르쳐 주었던 것이 아닌가 여겨진다.

난 조국의 과거 공간이 과거의 존재들에게 자연스럽게 가르쳐주었을 또 하나의 정수에 이르는 길로서 '무속'이라고 불리는 상상력을 들고 싶다. 어쩌면 전생으로 들어가는 길로서 무당에 의해 추구되었던 상상력은 일상의 생마저도 무속을 만나게 했던 것은 아닐까. 이생과 전생을 오가는 상상력은 사물과 사물 사이를 넘나드는 상상력을 키웠을 것으로 보인다. 고로 서양의 이원론 대신, 동양은 이 자연스러운 일원론을 통해 사물과의 교감을 그토록 쉽게 할 수 있었던 것이 아닐까. 이 무속의 힘은 문명의 연계를 녹이고, 다시 말해 이성의 유용적인 연계를 녹일 수 있는 힘이고, 이로부터 사물과 사물 사이 혹은 존재 사이 진정한 연계를 맺게 하는 힘을 열었던 것이리라. 정수는 다름 아닌 진정한 지식을 사는 일일 것이므로.

요컨대 난 조국의 공간이 과거의 존재들에게 말없이 가르쳐 주었을 정수의 길, 정수에 이르는 상상력을 무와 무속이라는 호흡 길로 보고 싶고, 이는 다른 어느 나라의 공간이 길러낼 수 없을 귀중한 생의 방식, 진정한 생, 정수의 생을 이 공간의 과거 존재들에게 열게 한 비의였던 것이리라. 이리하여 조국의 과거 공간은 사물을 녹이는 일, 사물과 녹는 일로 어떤 선문으로 어떤 천문으로 들어가는 가장 아름다운 호흡 길을 열어 놓았던 것이었다. 결국 이러한 호흡법은 나의 조국의 공간이 말없이 가르쳐주었던 것이리라. 그리하여 이 태생적 살의 공간 앞에 서면 나 또한 참으로 자연스럽게 그런 호흡으로 들어가게 되는 것이 아니었을까.

1. 무의 공간

그리고 이런 호흡을 자연스레 배운 나의 선조가 그런 호흡이 그대로 배인 공간을 만들어 두었던 것이 아닐까. 그러하기에 그런 과거의 공간에 서면 나 또한 그런 호흡을 절로 숨 쉬게 되는 것을. 조금 전 만나 본 불영 계곡의 지형이 나의 선조로 하여금 그 옆에 정수와 열락의 공간, 월송정을 세우게 했던 것이고, 남도의 바다가 잉여를 던지고 응축으로 이르러 하나가 된 정수의 공간, 향일암을 세우게 했던 것이리라.

또한 조상이 닦았던 '무'의 감각의 호흡이 선암사의 그런 문, 선문을 세우게 했으리라. 그리고 그 문은 우리에게 그런 선(Zen)을 다시 가르치고, 그런 호흡을 다시 가르치게 되었던 것이리라. 그리고 우린 남해 금산의 바위 앞에서 저절로 선에 이르고 '무'에 이르게 되는 것이다. 그 공간의 바위의 태고가 책도 스승도 없이 저절로 우리를 '선'의 호흡 길로 그리하여 '무'의 순간 그대로 아득히 데려가는 것이다. 이러한 무의 감각 길은 생을 초월한 다른 생을 담고 있는 봉분의 원, 그 곡선의 길을 열어, 거기서 근원의 호흡 길을 만난 듯 행복해지고 뜨거운 미소를 짓게 하는 것이리라. 이것이 내 조국, 한국의 공간의 힘인 것이다.

이렇듯 만남의 순간 생의 곡선을 열어주는 일, 이는 사물에 의해 감성이 구제되는 일인 것을. 이러한 귀중한 감성의 구제, 생의 구제는 이 과거 공간의 주인, 우리의 선조들이 세상에 세우는 사물-공간에서 흔히 만날 수 있는 일인 것을. 그들의 손길은 어찌하여 그러한 생의 곡선을 그대로 내포한 사물을 세울 수 있었던 것일까. 그들은 진정한 문명을 가슴 뜨겁게 이해한 자들일 것이다.

다음은 무로 이르는 감각을 통해 나의 선조들에게 정수를 가르쳤을 과거의 공간, 과거 존재들의 공간에 대한 당시 나의 감각이 말한 일화인 것이다.

선암사, 생의 곡선

이 절에서 만난 한 작은 문의 높이와 형태는 그대로 저 생 -가장 나직한 가장 순진한- 으로 들어가게 하는 '있는 듯 만 듯' 최고의 존재론을 그리하여 이 생 저 생 사이를 오고 가는 은밀을 누릴 뿐인 비의 -가장 깊은 순간들과 하나가 되는 최 고차원의 생- 를 그대로 보여주고 있음을.

산문
아니
선문이라고
말하지 않고!

그를 향해
주변의 모두가

선으로 가는 길
이거나,
선의
폭발적인 응축을
가진 곳.

그 자체에서
선線에 들어가거나
그러면서
선禪으로 들어가거나
주변의 웅얼웅얼
검은 힘과
선으로 나타난
존재가 된,
그 문 앞에서의

강력한 돌입

끊임없이
에너지 폭발하는
응축의 핵 속으로
빨려 들어가는
신비,
그리고도

기쁨,
그리고도
열반.

내 앞에
모든 것을
지우고,
모든 것을
지우는 기쁨.

그 아찔한 기쁨을
뚫고
근원 같은 신비로
가는
또 다른 (무한 속)
기쁨 -
내 그 정확한 길로
가는 듯.

남해 금산

이는
다 닳은 바위의
근원
그 도에 도달된 돌의
황홀한
은근히 붉은
생의 비밀을
실오라기 하나 없이
다 드러내고 있음을.

진정한 생이 그리우면
그리도 은근히 붉어지는
열락의 생이 그리우면
한순간 다 벗어 놓고도
충만한 나가 그리우면
근원에 노출된 나가
미풍, 그 생의 애무
받고자 한다면,

고대 빛 붉음도 아니고,
미래 빛 하양도 아닌,
분홍빛, 그 은근한 취함으로

지금,
여기,
땅 위 열국임을
영원한 생을
홍조 빛 바위들

고요한 표정으로
말해주네.

아!
놀라운 일
은근히 붉어진 분홍빛
둥글어진 돌들
억만 시간 생 담고 있네.

그리고도
이 생 되어
지금,
여기,
닿음,
그 둥금 하나로
살고 있네.

무에 이른 선
-진평 왕릉-

둥근 봉분
옆으로
그 또,
둥글게 둥글게
이르는
길들만이.

최급의 채워짐의
道를,
空이 된 形의
무급을
여왕께서는
편안한 원의 나라
 -미풍도 들향도 보이는-
하나로
달랑
보여 주시니.

2. 무속으로 가는 공간

문득의 공간

여유의 호흡을 얻을 것인가, 이 고대를 넘어오는 푸른 향기 너머로. 이 땅의 과거의 존재들은 이미 알고 있었던 것이리라. 문득의 호흡을, 문득을 사는 법을, 문득을 세우는 법을, 문득이 낳는 놀라움을 그리하여 이런 놀라움이 우리 생에 증여할 행복, 감동의 행복을 누릴 줄 알았던 것이리라. 보리밥 하나에 마루 너머로 산이 낳는 뭉게구름의 문득을, 화단 속 문득의 채송화를, 푸른 빛 창호지 너머로 오는 문득의 행복을 그리고도 가난한 선비는 기와와 검음이 함께 전생을 말하는 공간에서 푸른 오후의 풀 향내를 문득 들이킬 줄 알았던 것이리라. 그들은 문득의 감각을 어떻게 알게 되었는가. 어쩌면 그들은 문득의 공간이 낳게 될 감각, 작은 지복의 감각을 선험적으로 알았던 것은 아닐까.

분명함을 사랑하는 현대의 공간은 이 문득을 잃고 말았다. 이 지복을 잃고도 소실한 것이 무엇인지 현대 공간의 존재들은 모른다. 분명한 건물을 보고 분명한 건축물 속에 살고 있는 이 존재들은 진정 '숨 쉬는 감각'을 잃었다. 즉 문득이라는 특별한 호흡의 감각을 잃었다. 감각은 자신의 진정한 문을 진정한 생으로 이르는 문을 다 닫아 버린 것이다. 고로 숨 쉬는 공간을 잃는 일, 이는 감각의 숨쉬기를 잃는 일이고, 이는 또한 떨림의 행복을, 멀리서 전해져 오는 근원에 닿을 듯한 행복을 잃게 되는 일에 다름 아닌 것이다.

호흡을 여는 공간

 실은 어떤 공간은 호흡을 하고 있었다. 그리하여 그 공간 속의 나 또한 호흡을 하였다. 나와 공간은 함께 숨 쉬는 공존의 생을 여는 것을. 진정한 생은 공간 밖에, 사물 밖에 따로 분리되어 있는 생이 아니라, 사물로 흡수되는 나, 또한 나에게로 흡수되는 사물, 이 서로가 같은 행복한 감각의 자장을 누리는 생일 것이다. 이런 공간이 진정한 문명의 공간이 아닐까. 진정한 진보란 이러한 공간의 회복을 의미하는 것이 아닐까. 결국 진정한 공간은 진정한 호흡의 길을 끌어내는 것이다. 진정한 감각의 호흡 길을 찾아내는 것이 진정한 문명이어야 하지 않을까. 이럴 때 우린 문명의 진정한 정의를 다시 회복할 수 있지 않을까.

무속, 그 은밀한 존재론

 우리 동양의 과거 생은 이러한 호흡을 너무나 잘 아는 생이었다. 서구는 결코 알지 못했던 그들보다 멀리 앞선 호흡의 생, 매우 높은 차원의 호흡의 생을 우리의 과거는 알았던 것이다. 이 호흡법은 생의 생기를 일상 너머로 끌어내는 에네르기적인 호흡법이 아닌, 가장 고요하게 가장 무심하게 그러나 생의 가장 깊은 골을 숨 쉴 줄 아는 호흡법이었던 것이다. 생의 가장 중요한 길로 가는 그토록 고요하고 나직한 길, 그 은은한 지복의 길을 여는 호흡을 알고 있었던 것이다. 이는 바로 무속으로 가는 길과 만나고 있는 것이다. 아마도 나의 할머니, 나의 할아버지가 쉰 호흡 길일 것이다. 이는 바로 무속을 절로 배우게 해 주었던 과거의 공간과 그들이 그 속에서 자신도 모르게 단련시킨 생의 존재론에서 연유되었으리라.

우리의 과거 공간, 문득을 여는 공간, 이 특별한 호흡의 지형은 이 공간 속의 존재에게 그 자신도 모르게 무속이라는 상상력을 가르쳐 주었던 것이니, 이 과거 인류 공통의 상상력, 샤머니즘은 나의 선조들에게도 그 공간의 모든 존재들과 하나로 이어지는 상상력을 열어 주었던 것이다. 즉 문득의 공간에서 사물은 다른 사물과 닫혀 있지 않고, 서로 내통하며 열리는 특별한 체험을 하게 되었던 것이리라. 그리하여 사물과 사물이 경계 없이 서로 관통하는 이 특별한 체험으로부터 이생과 저 생의 내통, 그 은밀하고 지극히 신비스러운 소통을 문제없이 이해하는 생의 존재들이 된 것이리라.

서구의 초현실주의가 양차 대전 후 문명과 이성에 대한 봉기로 겨우 그 초보적이고 미숙한 -환각 사용이라는- 방법으로 엿보고자 한 이 사물과 내통하는 상상력은 실은 문명 이전의 존재, 오랜 과거의 존재들은 너무도 잘 이해한 고차원의 상상력, 즉 세상과 하나가 되는 지복의 상상력의 한 계통이리라. 이 인류학이라는 같은 이름의 혈통에 속하는 상상력 중에서 우리 선조들의 상상력, 사물과 만나는 감각, 곧 무속은 내겐 왠지 특별한 듯하다. 사물과 바로 통하는 감각은 그 어느 경우보다 생을 정제시키는 그리하여 생의 정수를 만나게 하는 결국 진정한 생의 존재론으로 이끌고 가는 듯한 것으로 보이기에. 이는 어찌 가능할 것인가. 문득의 호흡을 여는 공간은 나의 조국 밖에서는 그리도 드물 것으로 보인다. 나의 태생적 살의 공간은 프랑스는 결코 알 수 없을 신비의 살, 깊은 과거의 생으로 바로 데려가는 지형이요, 이유를 알 수 없이 땅과 바위와 하늘과 나무가 그토록 작은 꽃과 말없이 서로 만나고 은밀히 미소 짓는 공간이므로. 문득의 호흡은 그냥 태어나는 것이 아니었다. 바로 이런 공간이 그곳의 과거의 존재들에게 참으로 자연스레 무속이라는 이름의 상상력을, 사물과 은밀히 내통하는 감각을, 그리하여 사물 한가운데서 잉여의 생이 아닌 정수의 생을 바로 만나는 호흡 길을 열게 했던 것일 테니까. 그리하여 그토록 검은 가난 한가운데서도, 사물과 바로 내통하는 지극한 열락의 생, 신비의 살로 들어가는 생을 영위하게 된 것은 아닐까. 이는 지금으로선 오로지 과거로 이르는 상상의 길, 감각의 특별한 호흡 길의 몽상에서만 가능할 것인가. 그리하여 어머니의 생의 길, 할머니의 생의 길이 나의 어린 감각에 언어 없이 아물아물 새긴 희미한 흔적을 통해서라도 난 그립도록 만나고 싶은 것이다. 나의 깊은 생의 뿌리, 나도 모르게 내려졌을 귀한 근원의 힘을 지극히도 만나보고 싶기에. 이는 나의 어린 시절의 공간, 삼덕동이 어린 나의 감각에 너무도 희미하게 새긴 일화를 더듬으면서 이 과거의 시간, 과거의 공간, 그 속의 과거의 상상력을 방문해 보고자 한다.

무속의 선

I

무속의 선을
그을 줄 모르는
사람이요,
그는

어머니라는
무속의 선과
만날 줄 모르는
사람이요,
그는

이제
어머니와
무속의 선으로

만날 수 있게 되었소,
나는

어머니 속에
숨어 있는
무속의 선
살지 못한다면
그는,

떠돌이요.

II

어머니를
만나려거든,
그만큼
낮게 들어가라

낮은 길목은
정녕 道인 것을
낮은 길목은
생의 신비,
그 호흡 길인 것을

가장 낮은 길
무속의 길은
無의 신비, 펑펑 날리는
무속의 길은
어머니 생의 결,
무에서 다른 꿈길 여는
선의 결인 것을

이리하여
무속의 선은
이 생 가장 깊은
기풍으로
저 생, 가장 가벼운
열락을 여는,

天의 문인 것을.

칠성각 호랑이

I

할머니 생 이후를
빌러 갔는데
할머니 생 거기 있었네.
생의 시절 흘리신
어둠 향 결
다 여기서 나왔구나.

지고 오시던 구비 길도
담아 재우시던 어둠도
쫓아 세우신 고요도
낮이 흔드시던 호흡도
다 여기서 나왔구나.

할머니 자리로 향 올리는데
그때 바라보던 호랑이
아! 날 바라본다.

고요한 구비의 길 위
가장 정화된 주문이 피웠을
어둠과 향기의 눈,

그 불의 길 던지며!

칠성 호랑님은 말해주셨구나
생을 건너는 법을!
고독을 향기로 지나는 법을
고요에 지극한 유희 세우는 법을

가자 가자
불 눈 흘리며 가자
백팔의 생의 일화들
소진하러.
그리하여
고향 같은 근원,
은밀한 생의 일화를 살러.

II

불의 길이 기르신
할머니,

골목 끝
근원의 구비로 만들고
정적으로
노송의 향기 키우고
오후의 어둠으로
생 밖 긴 여백 기르고
화투 속 봉황 춤
고대 향나무 그,
열락의 선으로 옮겨 심으니
근원의 길 걸어가신
할머니,

그 향기 여기 다 있소.

눈의 불
나로 들어와
이 생 속 당신 생
향의 불 피어나니
근원의 문신된
어둠과 구비와 낮은 길
생의 여백엔 늘
웅얼거리는데
할머니 남겨주신
생의 꿈결이라.

이는
생 밖 생 유희라
하지만,
생 속 생 담김이라.

무속의 먼 스승, 어린 시절 공간

　프랑스 이후 알게 된 이 땅의 힘과 신비는 실은 내 어린 시절을 지배한 삼덕동, 어쩌면 이 시절을 지배한 할머니와 어머니의 생의 결속에 고스란히 녹아 있던 것임을 은연중 깨닫는다. 이로써 삼덕동은 다시 태어난다. 이 땅의 강력한 힘을 다 싣고서. 그리하여 삼덕동은 이 생 저 생을 문제없이 정한수 한 그릇으로 넘나드는 어머니가 지배한 옛 공간이고, 잉여가 아닌 본질의 생의 길을 걸으신 어머니가 지배한 시간인 것을. 그리하여 삼덕동의 긴 골목은 생의 감각을 새긴 감각적 근원을 넘어서 본질의 생, 그 근원의 구비가 되는데 즉 긴 골목의 생, 그 여백이던 어둠이며 정적이며 향기는 이제 유희를 넘어 근원의 향기를 피워내는 구비의 근원이 되는데, 이는 백팔의 일화를 소진시켜 근원의 일화로 바꾸는 고독에 지극한 향기를 세우는 힘, 무속의 힘을 사셨던 할머니의 공간이자 시간인 것이다. 그리하여 어린 시절의 내 생의 결인 웅얼거림은 실은 잉여를 무화시키고 지극한 하나, 근원의 길 즉 생의 열락으로 이르는 호흡길 그 비의를 터득한 할머니의 행복한 상상력이 세운 길 속에서 가능했음을. 그리하여 긴 골목은 어린 아이의 감각의 생이 유희하여 생의 결을 터득하는 공간의 의미를 넘어 생의 근원점에 도달하는 길의 시작인 낮은 길목, 낮은 호흡의 길이 되고, 이는 다 버리고 가장 큰 기쁨을 갖는 무의 길로 통하기도 하고, 또 세상의 중심에 놓여있는 생의 비의인 선(zen)에 놓여있기도 하였다. 이는 결국 이 생과 다른 저 생의 가장 지극한 기쁨에 놓임으로써 천문을 통과하는 일로 연결될 것이다. 그리하여 삼덕동의 긴 골목은 무속을 터득한 할머니와 어머니의 생의 길이 일깨워준 생의 길이 되었고, 생 밖 생의 유희는 실은 생 속 생 담김에서 가능했음을 그리하여 생의 진정한 유희는 생의 백팔의 잉여를 녹여, 이 무화에서 지극한 '무'로 이른 생의 가장 진실한 순간, 근원점에 도달된 순간에야 가능한 것임을 알게 되었다.

 이렇듯 세상과 소통하는 비의, 감각이 사물과 온전히 교류하는 즉 절절한 혼례의 지극한 행복을 말하게 될 무속은 나로 하여금 다음처럼 무속이라는 상상력에 나의 감각의 연대기를 달도록 부추기었던 것이다.

巫 俗

무속이란
돌로 들어가는 것이고
나무로 들어가는 것이고
파랗디 파란 하늘로
문제없이 (들어가는) 일이다.

모든 것을 불러낼
노랑 저고리 입고서
돌과 나무와 하늘을
하나로 엮고
관통하는 일이다.

무속이란
이/저 生을 오가는
무당의 처절한 색동빛
하나하나였음을.

무속이란
가장
다듬어지지 않을
처절함을
그대로
뼈까지 사는 일일 것이다.

3. 선(Ligne)에서 선(Zen)으로

1. 현재에서 길어낸 한국의 선

프랑스에서 얻게 된 감각의 지평선, 생의 지평선은 나의 영원한 정박의 공간, 나의 삶의 공간으로 되돌아왔을 때 나의 태생적 공간의 지평선을 만나게 하였는데, 이는 나의 조국의 특별한 지형이 알게 한 특별한 생의 지평선, 감각 생의 지평선이었고, 이는 결국엔 나의 감각 생의 지평선이 되었던 것이다. 이는 지형에서 뽑아낸 정수, 지형의 정신에서 뽑아낸 정수였는데, 이는 내게 선(ligne)이자 선(Zen)의 지평선으로 흔히 말없이 그려지곤 했던 것이다. 비록 과거의 공간은 아니었지만 현재 속에서도 이 땅은 과거 생의 감각을 그대로 안고 있었던 것일까. 문명에 의해 그 신비의 조각만을 보여줄지라도, 그 지평선 속에서 무속의 선을 또는 선(Zen)의 선을 만나게 되는 드문 행운을 난 종종 얻게 되는 것이다. 문득의 호흡을 열게 되는 어느 공간에서 난 과거의 정수가 그대로 선(線)으로 드러나는 일을 종종 만나게 되는 것을, 여기서 너무도 반가운 우연으로 과거의 존재들이 누렸을 무속의 감각만이 알아내게 되는 천문을, 무의 감각이 바로 직감할 선문을 만나게 되는 것을. 어찌된 일인가. 옥수수의 선 하나에도, 붉게 굽어 사라지는 산길에도, 향의 근원을 말하는 듯 향나무의 굽은 선 하나에도, 선사의 담 옆 백일홍 향기의 선 하나에도, 과거 공간의 검은 신비는 그대로 살고 있었으니, 신비는 분명 곡선을 타고 오는 것이 아닐까. 어찌하여 이 굽은 선은 선(Zen)으로 가는 것일까. 어찌하여 이 묘한 곡(曲)의 선은 선문으로 우리를 데려가는 것일까. 어찌하여 이는 우리로 하여금 천문을 직감하게 하는가. 프랑스의 공간에서는 만날 수 없는 공간, 정수의 공간이었던 것을.

한국의 선

I

내 조국, 분명
다른 땅과는 다른 것을.
내 조국,
혼의 등불을 알고 있다.
혼의 눈물 머금게 하고 있다.
온 가슴 흔들어댄다.
그 가장 뜨거움 속으로
눈물의 지복,
흔들어 세운다.

옥수수 하나마저
무속의 선
세우고
절절한 선(Zen)의 나라,
끌고 가는 곳.

II.

한국적인 선을
이해할란가

이 살찌지 않은
아카시아 나무가
그리는 선에서
원인 모를
한국적인 선을 만난다.

이 조촐한 선의
기쁨이,
이 조촐한 선(Zen)으로
이르게 하는
이유 없는 이유를
공연히 만난다.

이리하여
조선인은
이리도 쉽게
선문으로 들어간다.
아득히 들어간다.

조선 땅은
천문인 것을
아니
온통 천문인 것을.
그 신빗길 그대로
빨려 들어가는 것을.

백일홍의 나라

내 피 도는
산 구름
절 기와 옆
백일홍
선(Zen) 알고 있네.

높은 마루
내려와 있을
깊은 기와
이 맛을
알았던 자
그리워할 수밖에.

한 송이 백일홍의
차원을
백일홍 곁을
지나는 바람의
차원을
무의 선으로 들어가는
붉은 길목의
차원을

세상에서도 드문
한 차원의
여유가
내려와
선의 문을 밀고
들어가는
이런 여백, 그댄
본 일 있는가.

 시는 천문이 된다는 것을, 시는 새로운 세계로 들어가는 문이 된다는 것을. 프랑스 현대 시인들은 이 천문을 보여주는 자들인 것이다. 천문은 다른 생으로 들어가는 문인 것을, 하지만 이 다른 생은 얼마나 더 진정한 생인 것인가. 그리고 이는 얼마나 우리를 황홀하게 하는가에 그 운명은 달려있는 것임을. 나의 조국의 공간은 어찌하여 도처에서 이 천문을 간직하고 있는 것인가.

천문

이 세상에 있으면서,
다른 생으로
들어가는 문을 아는 일.
열락의 생
결국
천문으로 들어가는 길
아는 일.
감각이 여는 다른 생

이는
초월을 아는 일

선 하나에서도
색 하나에서도.

그렇다면
지복은 널려 있는 일.

이 생과
저 생을 연계시키는
무속의 신비 속에.

2. 근원의 지평선, 삼덕동

나의 과거로 가는 선의 공간

 내게서 어린 시절 생의 공간, 삼덕동은 무엇인가. 나의 조국의 공간이 그 신비의 조각을 통해 내게 그 정수의 선, 한국의 과거의 선을 환기해 주었는데, 현재 생에서 환기된 이 선이 어찌하여 나의 과거 생의 선, 삼덕동 골목의 선으로 회귀하는 것인가. 나의 과거의 생을 새긴 골목은 이제 내면의 선으로 다시 태어나고자 하는 것인가. 그리하여 난 환기에서 흔히 불러내어 나의 감각이 기억하는 삼덕동, 감각의 원형을 정의해 보곤 하였다.

 삼덕동 골목을 데려오는 일, 이는 나의 지평선, 나의 감각의 지평선, 나의 감각 선의 지평선이요, 이는 실은 웅얼웅얼 내 속 깊은 곳에 묻혀있던 지평선, 그토록 내밀하고 깊숙한 곳에 있던 나를 다시 만나는 지평선, 결국엔 나의 정체성을, 나의 감각의 정체성을 웅얼거리며 말해 줄 나의 진정한 생의 지평선을 사는 경이를 만나는 일이었다. 고로 이는 나의 심층 고고학의 지평선을 발굴하는 일인 것을. 나의 생의 모든 여백이 바로 이 삼덕동에서 나온다는 것을 숱한 시간과 공간의 유목의 생 이후 난 깨닫게 되었으므로. 이곳이 바로 나의 감각 생의 근원 지대임을 난 아주 오랜 세월이 흐른 후 깨닫게 되었으므로. 그리고 나의 근원의 공간은 나의 어머니, 나의 할머니의 생의 근원의 공간이었고, 이 귀한 존재들의 생을 통해 난 이 땅의 과거의 존

재들의 생 또한 이 땅이 가르쳐 준 감각의 호흡법인 무속을 통해 그
들의 근원에 이르곤 했다는 것을 깨닫게 된 것은 참으로 오랜 세월
이 지난 후였던 것이다.

삼덕동이 알게 해 준 것

내 생애
구름과
한가와
긴 골목과
검음과
장미의 말없이 서 있음과
까마득함은
여기서 나오는 것을.

냄새와
고요와
어둠과
푸른빛으로 열리는 작은 창과
텅 빔
그리고도
아득함
아찔함

그
긴 골목 끝
장미와
플라타너스의 유희
정적과
전신주의 고독
그 짙 고동빛
고독
모든 것을 흡수하는
근원으로의 고독

그 설레는
생의
낮은 길,

바로
삼덕동이
알게 해 준 것이다.

3. 프랑스가 연 삼덕동

 삼덕동, 어린 시절의 본능 속에 저절로 새겨져 버린 생의 결들. 생의 순간들을 그냥 배워 버린. 어둠도 그늘도 은밀도 정적도 곡선도 향기도 결국 모든 무위들, 내 생의 총체적인 무위를 여기서 배워, 이후 생의 무위와 여백은 그 근원을 여기에 두고 자라나고 있었으니. 그런데 삼덕동이 내 생에 환기되는 일은 참으로 역설적이게도 프랑스에서였으니. 이유도 없이 근거도 없이 내 앞의 공간 앞에서 내 먼 먼 어린 시절의 공간, 내 심층의 고고학 속에 파묻혀 있던 지대가 그토록 쉽게 나타나는 일을 난 내게 설명할 수 없는 채 지극한 기쁨 속에서 맛보곤 했던 것이다. 마치 저 먼 나라로 가 버려 다시는 만날 꿈조차 꾸어본 적 없는 잃어버린 나를, 근원 속에 고스란히 잠자고 있던 나를, 그 진귀한 과거의 나를 다시 만나게 된 양 눈물 가득한 뜨거운 미소 속에서 이 신비로운 현현을 맛보곤 했던 것이다.

 생 세버랭 Saint Séverin 교회 옆 한 까페. 고호의 잘 익은 황토빛 닮은 노란 탁자의 빛남이 나를 유년기의 어느 황금 시절로 순식간에 데려가는 곳이다. 사촌 경화네 집의 그 노란빛 대문. 그 심각한 노란빛이 오히려 알 수 없는 근원의 행복의 샘이 되는 것은 그 어린 시절의 나도 알 수 없는 일이었다. 어린 시절의 내게는 결코 풀 수 없을 숱한 형태의 샘, 상상의 지대가 있었던 것 같다.

 나를 이유 없이 행복하게 하는 상상의 공간들. 내게는 상상이 가능하면, 꿈꾸기가 가능하면, 나의 행복은 이미 보장된 것을. 참으로 이상한 것은 프랑스에서 삼덕동의 숱한 숨어 있던 테마들을 발굴하는 것이다. 현재의 내 조국에서보다 이곳이 내 과거의 삼덕동과 더 가까운 것인가. 이 곳에서의 내 상상력은 더 자유롭고 숱한 의무나 고정 관념으로부터 벗어나고, 내 조국에서 만날 수밖에 없는 제한된 상상력의 갇힘. 이런 현상들을 여기서는 벗어나게 되기 때문일까?

 나의 감각은 예술가의 그것에 속하는 것인가. 바로 이러한 상상의 순간에서 나의 뇌는 숨 쉬고, 나의 생은 기쁨을 회복하는 것을. 어찌할거나. 나만의 글쓰기가 가능한 그 순간 속에서만 나의 호흡을 고르고, 나의 숨은 휴식을 취하고, 내 영혼은 향기로운 정원을 호흡하며, 그 순간의 존재를 드러내 줄 단어의 심연에, 그 어떤 통사 속에서 새로이 재배열되는 단어의 정원 속에서, 그것이 피워낼 신비, 그 향 속에서 내 영혼은 행복하게 산책하도다. 아! 바로 내가 갈망하는 나의 생이여! 내 존재가 진정한 생에 참여하는 순간이여.

 여기에 새로운 생은 전개되는가. 새로운 생은 20세기의 경우에 자주 볼 수 있었듯이 부재한 것의 창조. 그리하여 인위적인 것만을 지칭하는 것이 아닐 것이다. 이는 바로 있는 '그대로의 현실 Réel tel qu'il est'과는 다른 현실의 자신 나름의 체험, 살기 vivre의 체험에 다름 아닐 것이다. 이는 '이미 있었던 세계' 속으로 세계가 아닌, 지금껏 이성의 세계가 도달해 보지 못한 곳으로의 행복한 탐험. 행복한 발굴. 바로 '더 깊은 우리 자신이 되는 일'로의 모험을 뜻하는 것이리라.

내가 원하는 곳으로의 탐험을 난 이미 프랑스의 시인들이 다 가 보았다고 체념하고 실망한 적이 있다. 그러나 실은 진정 동일한 상상력은 존재할 수 없는 일이고 비록 유사할지라도 난 자유롭게 처음으로 내 생의 호흡을 가다듬는 나의 행복, 나의 존재의 실현. 내 생의 그 순간의 완성을 갖게 되는 유일한 내가 되는 일이므로.

고로 삼덕동이 내게 진정한 근원의 공간이 된다면, 이는 현재 생인 문명의 생에서 나의 본질에서 벗어나는 생을 되찾을 수 있는 순간의 생이 되기 때문인 것이다.

4. 초월의 스승, 용지

난 프랑스에서 한국에 돌아온 후 용지라는 공간을 만나게 되었다. 용지는 이 나라의 현대에서 사라진 고요를 내게 돌려주면서, 모든 과거 모든 근원으로 가는 길목이 되어주었다. 나도 모르게 이 땅은 내 조국의 결을 강하게 느끼게 해 주었고, 한국이 담고 있던 본래의 냄새를 일깨워주기 시작했다. 이 땅은 자연스러운 무위의 공간이 되어 미적 인식의 공간, 프랑스 공간과는 다른 방식으로, 보이는 것을 넘어서게 하는 이상한 힘을 품고 있었다. 이 땅은 저절로 초월을 만나게 하는 공간 그리하여 있는 것의 너머를 보게 하는 힘의 공간이 되어 자신의 지형에 내재된 것을 만나게 했는데, 이것이 바로 이 땅의 공간이 절로 우리에게 가르치는 무의 상상력의 연장이고, 이는 다 버리고 이르는 지극한 기쁨, 무엇보다 세상의 중심점에 앉게 되는 고요한 기쁨을 말하게 되는 것이었다. 그리고 다 버리고 이르는 세상의 중심점엔 신비의 생, 신비가 되는 비의가 놓여 있었던 것이다. 다 버리고 이르는 정수의 생이 신비가 되어 흘러내리는 지복이 그곳에 놓여 있었던 것이다.

다음은 나의 용지가 신비의 생을 만나도록 시혜한 초월 생의 일화, 초월 생의 연대기들이다.

I.

내가 용지가 되는 일. 그것은 결코 건방을 떠려는 일이 아니다. 이는 삶의 신비를 모두 획득하는 일인 것을. 신비 그 자체가 되는 삶, 신비 그 자체를 사는 삶, 이는 생의 환희를 절절히 터트리는 생 중의 생인 것을. 생의 정수의 획득으로 그 엑스타즈로 터져 내리는 삶인 것을. 이것이야말로 최고 권좌의 삶인 것을. 일상의 삶과는 다른 삶인 것을. 그렇다면 일상의 필요는 어디에 있는가? 남불의 축 늘어진 여유의 한가로운 늦오후가 내포하는 모든 순간. 이 공간의 이미지가 주는 일상 혹은 자연의 이미지가 던지는 그리하여 멀리서 오는 것은 오랜 곳으로부터의 데려옴 혹은 깊은 과거의 숨어 있던 이미지들, 그 회상인 걸까? 이 순수한 정수는 무엇인가? 이는 이 생에 무엇을 가져오는가? 무엇을 가져다주고자 함인가? 분명 일상은 우리의 진정한 생이 될 수 없음을. 사람들은 우리의 생이 이러한 일상으로만 채워지는 것이라 생각한다. 분명 내겐 이것이 아닌 것이다. 초월이라는 표현으로 흔히 나타나는 생(Vie). 나의 욕심은 나의 생을 온전히 이러한 생 -삶의 정수- 으로만 채우고 싶다는 것이다. 이 생이 실은 일상의 삶 속에 떠받쳐져 있음에도 불구하고. 이러한 정수의 생을 사는 법을 나의 용지가 보여준다. 그 정수의 터짐이 '신비'로 흘러내리는, 그런 삶이 매 순간 실천되는 생. 나의 일생이란 이러한 생의 실천이고 싶다.

* 용지는 대구 범물동에 거주하는 산으로 이르는 공간

II.

용지엔 모든 것이 있다.
환기도 녹음도 초월도 무도 선도 천문도
그야말로 다 있는 것이다.
그 모든 것을 불러오는 산의 영원한 봄 감각도
내 앞의 모든 것을 다 녹이는 붉은 바위도
소나무 모퉁이를 돌면서 쳐다보면
어둠도 등불도 다 안고 있는
여름날 오후 뜨끈한 열락의 근원
담고 있는 알지 못할 소나무의 굽은 선들
낮은 전신주와 산의 만남으로
생의 모든 휴식들 불러오고.

초월, 행복의 존재론

 나는 초월을 우리의 행복에 이르려는 하나의 道와 연계 짓고 싶다. 나는 이 생에서의 삶을 고행의 바다로 선입견화 시키고 싶지 않다. 나는 현대시를, 특히 프랑스의 그것을 극도의 개인적 모험들로 가득한, 그리하여 해독할 수 없는 암호로 가득한 공간 -우리 생에 아무런 연관도 도움도 될 수 없는- 이라는 편견을 갖고 싶지 않다. 아! 우리는 이생에서 행복할 수는 없을 것인가. 컴퓨터와 생존을 위한 외국어와 콘크리트 속에서의 갇힘과 초점 없는 습관화된 희생, 그로써 맞보는 작은 보람 하나만이 가득 채우는 21세기의 한국의 삶이여! 우리의 생을 이끌어가는 전략이, 생의 방법론이 이런 하나의 슬픈 방식으로 수렴되어야 하나. 나는 생의 길에서 행복을 끌어낼 수 있다고 생각한다. 그리고 무엇보다 이 방법론의 보고일 현대시로부터 이 행복을 길어 올릴 수 있다고 생각한다. 이는 단 한 가지의 인식의 전환으로서 그러할 것이다. 이는 바로 초월인 것을.

 그러나 이는 세상과의 단절이 아니라, 이를 가장 깊게 껴안는 행위로부터 나온 것이리라. 그리고 이는 우연적인 일상에서 벗어나 본래의 자아의 깊이에 도달되려는 능동적인 행위에서 또한 나온 것이리라. 그리하여 이는 상상력이 우리에게 부여하는 행복한 수직 비상의 순간이 될 것이다. 고로 초월, 이는 이 세상에 등 돌리는 행위가 아니라, 이를 더 진정으로 사는, 이를 더 확장시키는 방법인 것이다. 이는 하늘의 신이 되거나 혹은 현실과 거리를 두는 소극적인 현실 살기를 지향함이 아니라, 인간으로서 가장 큰 웃음을 획득하는 신 즉 생의 가장 귀중한 정점을 소유하는 힘의 근원지가 되는 일이고, 이생을 가장 그 본래의 모습 속에서 -어쩌면 우주적 합일의 순간이 될- 가장 절실하게 가장 뜨겁게 그리고 가장 신비롭게 껴안는 일이고, 그럼으로써 자신의 생에 가장 능동적으로 참여하는, 그로써 자신의 고유한 생을 이끌어내는 결국엔 가장 멋진 생의 주인이 되는 일인 것이다.

이는 어쩌면 '우주적 합일'과 같은 순간, 고대 원시 사회에서 집단적으로 거행되는 의식 -이는 종교학자 미르세아 엘리아데 M. Eliade에 의하면 '되돌아가고 싶은 순간에 대한 끊임없이 반복되는 의식'으로서의 '신화'라 불리게 될- 의 순간에 비유될 수도 있지만, 현대시의 초월은 이러한 과거 사회에서처럼 이미 집단적으로 상상된 동일한 순간으로의 회귀가 아니라, 아마도 오로지 자신의 고유한 감각이 찾아낸 초월의 순간에 더 가까운 것이리라. 고로 우리 자신의 초월은 보들레르의 초월과도 랭보의 초월과도 다르고, 또한 르네 샤르의 그것과도 또 다른 것이다.

이리하여 우리가 초월을 열림으로 규정짓고자 할 때 이는 한 방향으로의 열림이 아니라 숱한 방향으로의 열림을 의미하고, 각 개인은 그만의 고유한 열림을, 그만의 고유한 초월을 경험하게 되는 것이다. 결국 초월은 이 세상에서 다른 세계로의 갈망인 것이고, 이는 매번 그 자신의 고유한 깊이로 귀착된다. 사실 '이 세상에서 다른 세계의 추구'는 프랑스의 현대 창조의 존재론적 정의가 되어왔는데, 이는 또한 예술가를 자신만의 고유한 세계를 최초로 여는 하나의 神으로 보고자 하는 현대 프랑스 비평의 시각에 더욱 힘입고 있다. 이는 결국 이 세상을 떠남이 아니라, 또 다른 생의 형태, 다른 생의 방식, 소위 프랑스 시 또는 예술에서 그토록 자주 언급되는 "세상에서 존재하기 l'être-au-monde", 혹은 "살기의 방식 la façon de vivre"의 가장 진정한 형태에 이르길 바라는 일일 것이다.

5. 사물-감성을 위한 소고

1.

한 점이 되라. 오로지 감각하는 한 점. 사물을 탐닉하는 한 점. 사물과 교감하는 한 점. 인간에 의한 의도 혹은 비 의도에 의한 사물 혹은 대상 -창조된 것- 이나 감각만의 한 점을 이토록 확대하는 일. 최대의 행복. 깊이 속에서 내면에서 사물과 만나게 되는 일, 교감하게 되는 일. 사물과 감각의 교감을 터 둔 자 ! 가장 행복한 자여 !

2.

인터불고에서 스페인풍 기와를 보면서 그 짙 주황의 밀도 있는 골의 기와를 누가 처음 이 세상 위에 존재하게 하였는가. 그것이 보는 자에게 줄 그 거대한 기쁨의 감각을 어찌 그는 이미 알았던가. 이를 보는 존재로 하여금 그와 같은 밀도로 그와 같은 강한 힘으로 세상에 서 있게 하는 것을. 고로 사물은 -창조된 것이든 그렇지 아니하든- 어떤 힘을 분명히 전달하고 있음이다. 그 자체로 숨 쉬고 보는 이에게 어떤 힘을 준다는 사실. 이는 사물을 보는 자의 감각에 의해 생은 달리 누려지는 일인 것이다. 어쩌면 이런 만남 이전에 그 스스로 살아 있는지도 모를 일이다.

 사물이 보는 자의 감각을 두드리는 일. 아름다운 사물은 어떤 놀라운 힘을, 추한 사물을 계속 보는 자에게는 추한 슬픔의 기운을 전달한다는 사실. 분명 사물은 살아 있다. 이는 사물은 유용성의 존재만이 아니라는 사실을 전한다. 그는 어떤 존재가 되어 우리에게 끊임없이 그의 감각을 통해 무언가를 던지고 있다. 우리의 감각만이 그의 메시지를 순식간에 새로운 길을 타고 감지할 뿐이다. 그러나 이는 우리를 확장시키는, 있는 현실을 넘어 그 사물을 통해 다른 인식의 순간으로 이끄는 문이 되며, 기존 현실보다 더 깊은 현실을 누리게 하는 놀라운 힘이며, 이로써 다른 곳에서는 구할 수 없는 어떤 지복을 그 어떤 존재론적 지복을, 그 확장된 생의 환희를 돌려주게 된다. 고로 사물은 무용성의 존재로서 새로운 차원을 우리에게 낳고 싶어한다. 사실은 이는 우리의 감각 저 깊은 곳의 고백인 것이다.

3.
사물 속의 신, 나 안의 신

 진정한 예술은 우리를 멈추게 한다. 이와 마찬가지로 사물의 놀라운 형태 또한 순간적으로 우리의 정신 즉 이성을 정지시킨다. 즉, 그 놀라움이 우리의 호흡을 정지시키는 일, 바로 여기서 시작된다. 우리는 이 멈춤에서 우리의 일상적 체계, 그 논리의 틀을 벗어나게 된다. 이 행복한 탈출, 이 무질서로의 함몰 또는 녹음은 이성에 눌려있던 감성의 구멍을 열게 한다. 이는 감성의 생의 시작인 것이다.

 무지의 감성, 무질서, 카오스, 이는 감성의 땀구멍으로부터 무언가 서서히 녹아 흘러내리는 것을 말한다. 이는 내 감성의 어느 영역, 무엇이라 분명히 명명할 수는 없지만 우리 존재의 근원으로 이르는 통로가 될 감성의 길이 될 것이다. 즉 다시 말해 무명의 이 지대는 상상의 힘이 자신의 감성 속에서 새로운 질서를 읽었던 자신, 자신이 본래의 모습으로 순간 되돌아간 듯, 원래로 끼워 맞추어진 듯한 순간 그리하여 내 속의 가장 진실한 세계를, 더 나아가, 우주적 질서와 일치된 가장 큰 세계인 코스모스 cosmos를 획득하는 순간이 되는 것이다.

 이 세상에서 파라다이스를 구축하는 방법으로서 인간은 현상학을 얻게 되었던 것인가. 인간으로서 저 세상을 믿지 않고 이 세상을 믿는 방법으로서 이 비의의 방법론을 알아내었는가. 이리하여 신보다는 사물과 교통하는 법을 알아내게 되었고, 이 지상 위의 파라다이스를 위해 인간은 그 교류의 대상을 바꾸었던 것이 아닐까. 결국 인간은 사물을 통해 神을, 자신 속의 神을, 그로 인한 그 완전한 충족의 순간을 찾게 되었던 것은 아닐까?

 요컨대 20세기에 와서 인간은 사물로부터, 감성으로부터 -이 낯익은 존재들로부터- 새로운 차원을 획득시켰다. 이 두 차원의 전적인 혁명인 것이다. 유한의 존재인 인간은 사물과 감성의 만남으로부터, 이 세상을 무한히 확장하는 법을 배웠고, 가장 깊이 있는 생을, 가장 깊이 있는 세상을 만나는 법을 알게 되었고, 가장 큰 비밀의 세상을 사는 법을 만나게 되었기 때문이다. 닫혀 있고 한계 지워져 있던 세계가 이 감성-사물로부터 열리고 확장되고 다른 세계가 되고 그리하여 가장 깊고 가장 비밀스럽고, 궁극적으로는 우주적 생과 가장 일치됨으로써 가장 큰 환희, 가장 큰 지복의 비밀을 알았기에. 이곳 외 그 어디서 파라다이스를 구할 것인가? 바로 이런 순간, 이런 세상이 파라다이스가 아닌 것일까?

에필로그
-현대 안의 두 세계-

  참으로 역설적이지 않은가. 우리가 현대를 정의하는 중심에 문명과 과학의 진보가 놓여있는데, 서구 예술, 특히 프랑스 시는 현대성을 정신의 회복에 둔 것은. 그런데 실은 이것이 보들레르가 열게 된 상징의 위대한 회복이다. 이로써 서구엔 보이는 세계 밖의 세계가 다시 열리게 된다. 이는 정신계의 회복이고 또한 신성의 회복이라 말할 수 있다. 하지만 이때 신은 과거의 신이 아니라, 인간의 신, 인간의 영원을 사는 신이었다. 이는 그때까지의 물질과 문명의 맹신에 대한 위대한 경고였던 것이다. 그리고 그는 보이는 세계를 넘어 보이지 않는 정신계, 결국 영원의 진리를 만날 수 있는 방법론을 열어주었기에 그의 위대함은 더욱 무한한 것이리라. 이때 이것은 이성이 아닌, 감성의 영역으로부터 그 해답을 구했고, 이는 정확히 감각의 다른 방식으로서 시인 스스로 정의한 '환기'가 그것인 것이다. 이리하여 서구 현대 예술은 이성이 아닌 감성의 역사를 열기 시작했던 것이다. 이는 물론 기존의 감성, 보이는 세계 즉 이성적 지식에 복종된 감성이 아닌, 새로운 감성이었던 것이다. 요컨대, 서구의 현대성은 보들레르에서 시작되어 지금까지 새로운 감성에 의해 이루어지고 있고, 이 감성은 몇 차례의 변주를 거쳐 오늘날의 차원에 도달했다. 이 변주가 지금껏 차례로 만나보았던 보들레르의 '환기'이고, 초현실주의의 '무의식'이고, 나아가 초현실주의 이후 사물과 만나는 무의식, '사물-감성'인 것이다. 그리고 이러한 새로운 감성을 통해 도달하고자 한 '보이는 세계 밖의 세계'는 환기에 의해서는 '영원'의 현실이었고, 랭보와 그 후예인 초현실주의 무의식에 의해서는 '미지'의 현실이었으며, 이제 오늘날엔 '정수' 혹은 '근원'의 현실이 되었던 것이다. 결국 보들레르가 과거의 신을 해체시키고 새로운 신, 인간이 도달하는 신, 영원의 현실이 되는 신을 다시 세우게 되었다면, 이제 이 신은 보편이라는 이름을 획득하게 되고, 또한 근원이라는 이름을 획득하게 된 것이며, 이는 궁극적으로 대우주와 만나는 일이 되는 것이다. 결국 보이는 세계 밖의 세계, 영원의 세계, 미지의 세계는 이 땅에서의 상상력을 통해서 만날 수 있게 된 것이다. 이는 이곳에서 시작되어 저곳의 세계를 불러내는 일 즉 환기에서부터, 이제는 이곳과 저곳을 오고 갈 수 있는 소통, 그 뜨거운 소통을 통해 문제없이 저곳에 도달할 수 있는 무의식이 이 길을 열었기 때문이다. 저곳의 진리, 영원한 진실을 만나는 일은 이곳에서 사물을 관통하는 무의식을 통해 가능하게 되었기 때문이다. 사물 한가운데서 펼치는 무의식을 통해 서구는 세상의 정수 또는 근원을 만날 수 있었고, 동양은 더 나아가 사물을 뚫고 들어가고, 또 잉여를 완전히 녹여 무로 이르는 상상력을 통해 생의 가장 깊은 향기에 도달하는 무의 상태로서 근원을 만나게 되었던 것이다. 하지만 결국 서구도 동양도 보이지 않는 세계, 저곳, 저 생을 진정 인간과 완전히 다른 존재로서의 신의 세계로 보지 않게 되었기에, 이 보이는 세계 밖의 세계는 실은 인간 세계의 연장이라는 것, 인간의 감성에 의해 도달될 수 있는 세계라는 것, 이 땅의 연장이라는 것, 이 땅을 가장 깊게 껴안을 수 있을 때 도달되는 세계라는 것, 그리고 그때라서야 영원이라는 진실, 근원의 세계가 펼쳐진다는 것이다. 이 근원은 대우주에 다름 아니고, 인간은 이 대우주를 닮은 소우주이므로, 근원은 저곳에 있음이 아니라, 나 안에 들어 있었던 것이다. 내가 대우주가 되는 일, 즉 내가 근원에 도달하는 일은 나의 생에 의해 가능하고, 이는 무엇보다 상상력이라는 생, 감성의 생을 통해 그 비상이 가능한 것이다. 이 비상이 바로 초월인 것이다.

요컨대 이 땅을 껴안는 초월, 이 땅의 연장으로서의 초월, 다름 아닌 이 땅 안에서의 초월, 그리하여 도달되고자 하는 보편, 진리의 세계 즉 근원의 세계는 동양도 서양도 같은 추구 방향이지만 둘은 또한 차이를 보여준다. 서양은 이 땅에서의 초월로 가는 길, 근원으로 가는 길에 숱한 감각의 생을 두어 그토록 행복한 지상 위의 생의 장치를 두고자 한다면, 동양은 근원으로 가는 길로 너무도 빨리 날아가는 속도 속에서 지상의 향기, 그 감각의 생을 덜 누리게 된 것은 아닐까. 비록 이 무진장한 속도, 서구의 무의식이 따라올 수 없는 속도, 즉 무속 혹은 무라는 무의식의 속도 끝에 지상에서 가장 깊은 생의 향기를 맡을 수 있게 될지라도.

참으로 슬픈 일은 서구의 현대는 이 감각의 생의 회복을 통해 숱한 생의 경이를 거쳐 근원이라는 가장 고차원의 생을 누리는 일을 귀중히 한다면, 우리 동양은 이 귀중한 과거의 상상력을 물려받은 존재가 이 과거 생의 전략을 다 잊어버리고 문명, 이성의 세계, 결국 보이는 세계만을 신봉하는 생을 살고 있다는 사실이다. 서구는 이제 그들의 물질의 생을 동양에 내어주고 감성의 생, 초월적 감성의 생을 통해 진정한 생으로 회귀하는 법을 알고 있는데, 소위 생의 연금술의 비의를 펼치고 있는데, 동양은 물질의 생 속에서 살아가고 있는 것이다, 그들보다 더 깊고 차원 높았던 우리 과거 생의 전략을 다 잊고서. 즉 서구가 사물과 통하는 감성, 그런 감성의 생을 열어 보이는 세상을 멀리 저 너머에서 그토록 깊고 진실하고 풍요롭게 살아가는 생을 펼치고 있다면, 동양은 물질 속에 갇힌 생, 사물과 통하는 비밀을 모르는 생, 그저 보이는 세계 속에서 어떤 깊이도 어떤 진실도 어떤 풍요도 모르는 생을 살아가는 것이리라. 또한 사물과 통하는 법을 아는 일은 세상 위의 사물과 혼례를 치루는 고독하지 않은 생, 고로 세상의 진정한 군주가 되는 생을 열어, 이 땅에서의 생을 파라다이스의 생으로 연금술 하는 마술을 서양이 펼치게 되었다면, 이와 반면 사물과 결합할 줄 모르는 동양의 생은 이 땅에서 고독에 갇힌 존재의 생을, 궁극적으로는 생의 진리, 생의 근원을 한번 만나 본 적 없는 생을 살게 될 것이다. 그리하여 그들이 오래전부터 멀어지려는 문명, 이성만을 맹신하는 문명에 우리는 너무도 가까이서 이 문명의 생을 살아가고자 하는 것이다. 그들이 문명으로부터 멀어진 여백의 생, 감성의 생을 소중히 할 때, 우리는 과거 생이 그토록 정통해 있던 여백의 생, 초월적 감성의 생을 오히려 망각한 채 살아가고 있는 것이다.

< III부 도입을 위하여 >

 한국 지형은 그 곳의 존재로 하여금 뜨거운 상상력, 녹는 상상력, 프랑스 남불의 것보다 더 강한, 무속이라는 지극한 무의식을 열어 어떤 지형에서도 줄 수 없을 생의 신비로 바로 들어갈 수 있게 하는 공간임을 우리는 보았다. 서구의 현대 예술이 말하는 열림과 생의 증가를 어쩌면 가장 정곡의 방향으로 이끄는 한국. 하나 한 가지 결여된 것이 있다. 이 생에서 저 생으로 너무 빨리 도달한다는 점이 그것이다. 이 생의 기쁨 위에서 감각으로 더 오래 머물고, 그 감각의 생을 즐기면 안 될 것인가. 그로부터 감각이 열어주는 지극한 깊이, 그 깊은 행복을 우리의 근원으로 가는 길 위에서 좀 더 머문다면 안 될 일인가. 바로 우리에게 결여된 이 감각의 생을 프랑스는 그토록 잘 보여주고 있었다.

 우리는 신비를 열어주는 지복의 땅에도 불구하고 감각 열기를 너무 빨리 혹은 오로지 한 방향으로의 초월로 데려가기에, 이를 교정할 생의 책략을 얻으러 프랑스 감각의 생을 만나보고자 한다. 이를 가장 잘 보여주는 현대 예술, 그 중에서도 시의 영역, 그 중에서도 시인 르네 샤르를 통해 배워보도록 하자. 그리고 무엇보다 이 시인의 놀라운 생의 감각은 남불로 왔다는 것 또한 만나보려 한다. 샤르를 만나러 간 남불이 우리에게도 시인에게 열어준 감각의 생을 허락해 줄 것인가. III 부에서 이를 보고자 한다.

차례

프롤로그 · 9

I. 공간과 경이

1. 공간에서 경이로 · 16
  1. 그르노블 최초 공간의 다른 생의 차원 · 17
  2. 새로운 생의 방식, '경이', 현대시 벡터 · 18
  3. 감각과 공간, 경이의 촉매 · 20
  4. 그르노블, 무의식과 자장의 공간 · 21
  5. 일상 한 가운데서의 경이와 자장 · 24
     초현실주의에서 일상의 경이와 자장으로
     샤르의 경이와 자장
     사물-감성이 연 경이와 자장
     문명 너머 공간이 알려준 진정한 생, 그리하여 시

2. 경이의 정의, 새로운 감성 감성, 경이의 우물 · 30
     현대시, 새로운 감성의 연대기
     경이의 특별한 정의, 감성의 연대기 달기 : 시의 생 열기
  1. 위고, '다른 현실'이라는 경이 -현대시를 연 먼 시조- · 37
     신비한 동굴, 일상을 넘는 신비한 울림
     자연의 다른 얼굴, 현대 상상력의 근원적 우물
     경이, 다른 현실의 샘
  2. 보들레르, 감성 연대기 달기의 경이 · 43
     현대 상상력 : 인간 현실을 말하는 상상력

모호함, 인간의 진정한 현실의 지대

경이, 모호한 현실에 감각의 연대기 달기

3. 초현실주의 경이, 무의식의 연대기 달기 · 48

경이를 가장 사랑한 이즘

환각적 무의식의 연대기 달기

무의식, 그 영원한 향기

4. 초현실주의 이후, <사물-감성>의 연대기 · 52

실험실의 경이에서 일상의 경이로

환각적 무의식에서 <사물-감성>으로

<사물-감성>, 무의식과 만난 감각

<사물-감성>, 사물과 감성의 일원론

일원론이 세우는 진정한 낙원

감성을 울리는 사물-공간, 그르노블

3. 경이를 여는 사물-공간 -공간, 경이의 스승 · 62

모호함의 공간, 새로운 감성의 우물

1. 유용성 아닌 무용성의 공간 · 65
2. 공간의 경이, 탈 연대기에 진정한 생의 연대기 낳기 · 67
3. 파리 아닌 그르노블 · 68
4. 권태, 그 이미지를 보여준 파리 · 70
5. 파리가 데려간 먼 고독 · 71
6. 연대기의 비 울림의 공간, 파리 · 75
7. 파리의 연대기에 나의 모호한 연대기 달기 · 76
8. 탈 연대기의 울림의 공간, 그르노블 · 83
9. 권태의 마술적 치유 공간, 자연 · 84

II. 산

1. 그르노블, 울림의 공간 · 90

1. 경이의 우물, 산 공간 · 91
2. 공간의 모호한 분위기, 매혹의 우물 빛 · 93
3. 첫 번째 울림, 원초 빛 · 95
4. 두 번째 울림, 폐허 빛 · 96
5. 울림에서 이르는 근원, 현대시의 길 · 98

2. 외적 경이 · 100

1. 울림의 첫째 우물, 원초 빛 · 101

   원초 빛, 창조의 '시작점'

   낭불 포도밭, '시작하는 자'의 스승

   바슐라르의 상상력, '시작'을 여는 힘

   원초를 가르쳐준 그르노블 최초의 산

2. 그르노블 서쪽의 원초 빛 −빌라르 드 랑 과 베르꼬르 · 111

   a. 빌라르 드 랑

   b. 베르꼬르

3. 그르노블의 동쪽 원초 빛 · 118

   a. 여름 눈(雪)과 산, 샴후스

   b. 침엽수림, 그 이미지적 정의

   c. 절망과 희망의 대위법, 신의 작품

   d. 파노라마의 욕망

3. 내적 경이 · 126

울림의 둘째 우물, 폐허 빛

파리의 폐허와 그르노블의 폐허

1. 환기에서 열리는 경이

  1. 폐허 빛, 환기의 자궁 · 129

  2. 폐허 빛, 환기의 스승 · 130

    * 폐허 빛, 나의 환기의 스승

  3. 브리앙송, 환기의 스승 · 133

  4. 브리앙송 전 도멘느, 소박한 유추의 행복 · 136

  5. 브리앙송 이후의 단상 · 137

  6. 나의 나라에서 만난 브리앙송 · 139

2. 무의식에서 열리는 경이

  1. 폐허 빛, '사물의 모국어', 그 웅얼거림 · 142

  2. 환기를 넘어, 사물로 열린 무의식 · 143

  3. 무의식에서 열린 고대 빛 신화 · 146

  4. 신화 빛 황금 불 · 148

  5. 신화, 미궁의 행복 · 151

  6. 무의식에서 열리는 나의 고대 · 151

  사물의 고대에서 나의 고대로

  나의 고대, 심층 고고학

III. 길

Prologue · 165

1. 폐허의 새로운 정의 · 170
    1. 과거 생과 미래 생을 여는 폐허 · 171
    2. 폐허, 편리함 대신 껴안은 무용의 행복 · 172
    3. 폐허, 편안한 감각으로의 회귀 · 173
    4. 폐허, 희미함의 존재, 문명의 여백 · 174
    5. 폐허, 검음의 미학, 생의 비밀의 색 · 175
    6. 폐허의 검음, 현대 창조의 단절의 색 · 175
    7. 폐허의 검음, 창조의 단절과 신비를 사는 이중 색 · 176
    8. 희미함, 여백의 몽상의 길 · 177

2. 길의 생 · 180
    1. 길의 생을 열며 · 181
    2. 길이 여는 경이 · 182
    3. 길, 감각의 또 다른 스승 · 183
        외부 공간마저 인식의 장으로
        감각이 최초로 만난 길, 베르딩 광장
        최초의 성박의 생의 고해
        거리 미학의 최초의 정의, 베르딩
        감각 생의 스승, 베르딩

4. 과거의 돌 길 · 189

　돌의 원초성을 사는 길

　환기를 여는 길

　원초성의 감각 생, 진정한 귀족 생

　과거의 감각을 여는 돌길

3. 거리 생이 낳은 일화들 · 194

　1. 길에서 만난 별, 게으름, 시 · 195

　　a. 봉봉의 집

　　b. 게으름, 그 아름다운 여백

　　c. 초현실의 생에서 시의 생으로

　2. 기와와 볼레, 그리고 발코니의 생 · 206

　　a.. 기와

　　b. 볼레

　　c. 발콩

　3. 길에서 만난 음, 물, 불의 꽃 · 221

　　a.. 음의 불꽃, 음악 축제

　　b. 불의 꽃, 불꽃놀이 축제

　　c. 물의 꽃, 산-호수

　　d. 물의 몽상, 감성의 산책

　　e. 감성의 꽃, 상상력의 꽃

IV. 공간과 정수

Prologue －정수를 만나는 일 · 249

1. 감각의 정수 정수의 연대기 단서

   1. 지형의 정수, 사실의 선에서 감각의 선 끌어내기 · 255

      어떤 정수, 흔들리는 선

   2. 감각의 정수, 사실의 선에서 기하학의 선 뽑기 · 259

   3. 리샤르의 〈시와 깊이〉, 감각의 정수 만나기 · 261

      〈데르발의 지리학적 마술〉, 지형의 정수 연대기

   4. 현대 비평의 길들 – 최초의 감각과 깊이의 이해 · 265

    a. 리샤르의 길, 감각 생의 〈깊이〉, 곧 〈시〉

      상상력의 상류와 하류

    b. 바슐라르의 길 : 사물의 영원한 현재성, 원형을 찾아서

      회귀하는 상류와 하류

2. 공간에서 온 정수, 시 · 272

   1. 최초의 공간, 진정한 경이, 정수의 예고 · 273

   2. 본느프와의 정수 공간, 〈뒷면의 나라〉 · 276

      〈높은 장소는 존재하는가?〉

      본느프와가 만난 프란체스카의 〈뒷면의 나라〉

   3. 샤르의 정수 공간, "나의 뒷면의 나라" · 283

   4. 정수의 공간, 명명할 수 없는 나라 · 286

   5. 샤르의 정수, 한 점의 공간 · 289

6. 근원, 복수로 이르는 한 점 · 291

　　　근원, 살아있는 총체

　　　샤르로부터 온 나의 한 점

7. 특별한 공간이 여는 시의 공간 · 296
8. 남불과 정수, 공간-녹는 감성의 스승 · 298

3. 녹음과 열락의 공간, 한국

1. 녹음의 공간, 열락의 공간 · 303
2. 과거의 공간, 무와 무속으로 가는 길 · 306
   1. 무의 공간 · 309
   2. 무속으로 가는 공간 · 316
3. 선(Ligne)에서 선(Zen)으로 · 329
   1. 현재에서 길어낸 한국의 선 · 329
   2. 근원의 지평선, 삼덕동 · 335
       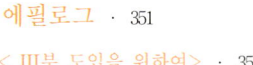
       나의 과거로 가는 선의 공간
   3. 프랑스가 연 삼덕동 · 338
   4. 초월의 스승, 용지 · 340
       초월, 행복의 존재론
   5. 사물-감성을 위한 소고 · 345

에필로그 · 351

< III부 도입을 위하여 > · 357